游戏化项目式学习的设计与应用研究

YOUXIHUA XIANGMUSHI XUEXI DE
SHEJI YU YINGYONG YANJIU

黄文丹 著

·广州·

版权所有 翻印必究

图书在版编目（CIP）数据

游戏化项目式学习的设计与应用研究／黄文丹著. --广州：中山大学出版社，2025.6. --ISBN 978-7-306-08374-6

Ⅰ．G442

中国国家版本馆 CIP 数据核字第 2025Y0L084 号

出 版 人：	王天琪
策划编辑：	杨文泉
责任编辑：	杨文泉
封面设计：	曾 斌
责任校对：	靳晓虹
责任技编：	靳晓虹
出版发行：	中山大学出版社
电　　话：	编辑部 020-84110283，84113349，84111997，84110779
	发行部 020-84111998，84111981，84111160
地　　址：	广州市新港西路 135 号
邮　　编：	510275　　　　传　真：020-84036565
网　　址：	http://www.zsup.com.cn　　E-mail：zdcbs@mail.sysu.edu.cn
印 刷 者：	广州市友盛彩印有限公司
规　　格：	787mm×1092mm　1/16　14.5 印张　273 千字
版次印次：	2025 年 6 月第 1 版　2025 年 6 月第 1 次印刷
定　　价：	45.00 元

如发现本书因印装质量影响阅读，请与出版社发行部联系调换

内容提要

随着育人观念逐渐由"知识灌输"式的被动学习转变为核心素养导向下的主动学习，PBL（project-based learning，项目式学习）成为近年来国际上教育研究的热点。PBL 模式鼓励学生在参与设计、规划和执行具体项目的过程中，主动掌握和应用知识，这样的学习方式有助于学生理解知识的实际应用价值，并将其与日常生活的情境紧密联系起来。与传统的讲授式教学模式相比，PBL 更加强调学生的主动学习和批判性思维能力的培养，以及问题解决技能的提升。然而，实施 PBL 并非没有挑战，且这些挑战可能导致学生出现消极情绪，进而影响到他们的学习动机和学习效果。

游戏化学习作为一种新兴的教育模式，通过将游戏元素、设计和思维应用于非游戏环境当中，以激化参与者的积极性，提升其参与度和学习效果。尝试将 PBL 与游戏化学习整合形成 GPBL（gamified project-based learning，游戏化项目式学习）是推动 PBL 在教学中高质高效实施的一条独特途径。目前，GPBL 作为一种教学模式仍然处于发展初期，其潜在的教育价值和功能还没有在广泛的教学实践中得到充分挖掘和应用。因此，对其进行深入探究兼具理论与实践双重意义。从理论的角度来看，对 GPBL 进行深入研究可以为教育工作者提供明确的指导方针，帮助他们设计和实施更有效的教学方案，有助于突破传统教学方法的局限，推动 PBL 乃至整个教育领域的创新与发展。在实践层面，深入研究 GPBL 能够进一步验证和提升该模式在不同教育场景中的可行性和效果，促进其在更多学校和课堂中的应用，从而优化教学过程和提高教育质量。总之，对 GPBL 的探究不仅能丰富教育理论，还能促进教育实践的进步，对于当前和未来的教育改革具有重要意义。

为了应对当前 GPBL 在教育领域应用不足的现状，本书将进行一项从理论到实践的全面研究，旨在深化对游戏化项目式学习的理解，并探索其在实际教学中的有效实施策略。本书具有双重目标：一是深入剖析 GPBL 的本质和特性，以理解其作为一种教学方法的内在价值和潜在优势；二是通过实证研究，探究如何设计和运用 GPBL，以及如何最大化其教育效果。

研究的核心内容围绕以下三个关键问题展开：

一是如何设计 GPBL 活动？

这一问题涉及对 GPBL 活动的案例、运作机制、设计与实施流程的详细探讨，包括如何构建环境，以及如何设置符合学习目标的一系列任务。此外，研究还将提出设计 GPBL 活动时应该遵循的原则和策略，确保活动不仅能吸引学生参与，同时也能有效地促进学习。

二是 GPBL 的学习成效是否优于传统的 PBL？

在此部分，研究将比较 GPBL 与传统 PBL 的教学成果，包括项目的成果产出、知识与技能的掌握程度、学生的学习动机、活动中的表现以及整体的学习体验。通过定量和质性分析，评价 GPBL 在不同维度上对提升学生学习成效的影响。

三是"游戏化"在 GPBL 中的具体作用是什么？

此问题聚焦于游戏元素对学生的学习过程和结果产生的积极效应。

针对上述三个研究问题，首先，本书通过文献梳理，对 GPBL 进行概念界定，归纳出当前 GPBL 的研究进展。其次，依据相关理论和多案例研究，构建出 GPBL 的机制模型、GPBL 的设计与实施框架，进而提出 GPBL 的设计原则和策略。再次，对小学数学比例尺知识单元进行 GPBL 活动改造，并通过获得领域专家、一线教师对活动方案的评价，以及两轮活动实施情况的反馈，对活动进行迭代设计，形成最终方案。与此同时，基于获得的设计经验，对 GPBL 设计与实施框架进行二次优化。至此，通过研究产出的 GPBL 设计原则与策略，以及 GPBL 设计与实施框架，回答了第一个研究问题。最后，针对研究问题二，本书基于最终 GPBL 活动设计方案进行对照实验。研究发现，GPBL 较 PBL 具有更好的学习成效，具体包括更好的项目成果、知识与技能、学习动机、活动表现，以及活动体验。针对研究问题三，本书根据研究结果，归纳出"游戏化"能够在 GPBL 活动中起到情境支撑、强化知识与技能、激发学习动机，以及发展社会性四大主要作用。

本书在内容与方法两个层面均具有较高的创新性。在内容层面，研究对游戏化项目式学习进行了全面而深入的探讨，触及了该领域未被充分挖掘的多个方面。具体而言，本书详细阐述了 GPBL 的核心内涵，构建了其运作机制的理论模型，提出了具体的设计与实施框架，并制定了活动设计的原则与策略。同时，研究还对比分析了 GPBL 和传统 PBL 的学习成效差异，并深入剖析了游戏化在学习过程中的实际作用，为 GPBL 的理论建构和实践应用做出了一定的学术贡献。在方法层面，本书展现了一种创新的研究路径：以基于设计的研究作为主要研究范式,并通过融合多种研究方法如内容分析、多案例研究、准实验研究等来探索GPBL的多维度问题。这不仅提升了研究的严谨性和深度,也有效地将理论研究与实践研究进行了结合。这种方法论上的融合,有助于从不同角度验证GPBL的效果,同时也加强了理论与实践之间的互动,使两者能够螺旋式上升。

尽管本书在GPBL领域取得了一定的理论和实践进展,但仍存在一些局限性,为未来的研究方向提供了发展的空间和可能性。首先,本书仅以小学数学学科为例进行了GPBL活动的设计和实施。在未来的研究中,有必要将GPBL应用到更广泛的学科和教育层次中,从而全面评估其适用性和效果。其次,本书受限于研究资源条件及GPBL领域当前已有理论与实践路径的研究范围,尚未能开展大规模的实证性验证,尽管在理论建构与实践探索方面已取得一定进展,整体仍存在一定的局限性。再次,本书还未从神经机制的视角对GPBL的学习过程进行深层次的探索。随着认知科学和神经科学的发展,未来研究可以利用脑成像等技术,探讨学习过程中大脑活动的规律,揭示GPBL对认知和情感过程的影响机制。最后,本书没有深入分析"游戏化"不同作用之间的相互关系。未来研究需要明确这些要素如何相互作用,以及它们是如何综合影响学习效果的。

目　　录

第 1 章　绪论 ··· 1
  1.1　研究背景 ·· 1
    1.1.1　核心素养导向的教育改革促育人观念转变 ·············· 1
    1.1.2　PBL 成为我国落实教育改革的重要路径 ·················· 3
    1.1.3　在 PBL 中面临的挑战导致学习者参与积极性下降 ····· 4
    1.1.4　GPBL 助推 PBL 变革与实践发展 ···························· 5
  1.2　研究问题 ·· 6
  1.3　研究思路及框架 ··· 7
  1.4　研究方法 ·· 9
    1.4.1　内容分析法 ··· 9
    1.4.2　多案例研究法 ··· 10
    1.4.3　基于设计的研究 ·· 11
    1.4.4　准实验研究法 ··· 11
  1.5　研究意义 ··· 12
    1.5.1　理论意义 ··· 12
    1.5.2　实践意义 ··· 13

第 2 章　文献综述 ·· 14
  2.1　核心概念界定 ·· 14
    2.1.1　项目式学习 ·· 14
    2.1.2　游戏化学习 ·· 16
    2.1.3　游戏化项目式学习 ··· 17
    2.1.4　GPBL 与 PBL 的区别和联系 ····························· 17
  2.2　关于 PBL 的研究 ·· 18
    2.2.1　教学设计 ··· 19
    2.2.2　评价体系 ··· 19

2.2.3　教学实践 …………………………………………… 20
　　　2.2.4　学习成效 …………………………………………… 21
　2.3　关于游戏化学习的研究 ………………………………………… 22
　　　2.3.1　分类 ………………………………………………… 22
　　　2.3.2　教学设计 …………………………………………… 23
　　　2.3.3　教学实践 …………………………………………… 24
　　　2.3.4　学习成效 …………………………………………… 25
　2.4　关于 GPBL 的研究 ……………………………………………… 26
　　　2.4.1　研究概况 …………………………………………… 28
　　　2.4.2　应用模式 …………………………………………… 30
　　　2.4.3　技术应用 …………………………………………… 33
　　　2.4.4　学习结果 …………………………………………… 35
　　　2.4.5　理论贡献 …………………………………………… 40
　　　2.4.6　GPBL 述评 ………………………………………… 45

第 3 章　理论研究 ………………………………………………… 50
　3.1　理论基础 ………………………………………………………… 50
　　　3.1.1　GPBL 强调自主探究 ……………………………… 51
　　　3.1.2　GPBL 强调认知建构 ……………………………… 53
　　　3.1.3　GPBL 强调游戏化的作用 ………………………… 55
　　　3.1.4　GPBL 机制模型初探 ……………………………… 59
　3.2　案例分析 ………………………………………………………… 62
　　　3.2.1　案例描述 …………………………………………… 62
　　　3.2.2　理论发现 …………………………………………… 76
　3.3　模型构建 ………………………………………………………… 81
　　　3.3.1　GPBL 机制模型优化 ……………………………… 81
　　　3.3.2　GPBL 设计与实施框架初探 ……………………… 84
　　　3.3.3　GPBL 的设计原则和策略 ………………………… 89

第 4 章　课程设计与开发 ………………………………………… 95
　4.1　课程总体设计与开发流程 ……………………………………… 95
　4.2　课程具体设计 …………………………………………………… 97
　　　4.2.1　动力系统设计 ……………………………………… 97

  4.2.2 结构系统设计 ························· 98
  4.2.3 控制系统设计 ························· 98
  4.2.4 具体流程规划 ························· 99
 4.3 意见反馈及优化策略 ························ 100
  4.3.1 领域专家评价 ························ 100
  4.3.2 一线教师评价 ························ 101
  4.3.3 基于评价的优化策略 ···················· 101
 4.4 第一轮迭代 ······························ 103
  4.4.1 活动实施 ·························· 103
  4.4.2 反馈 ····························· 103
  4.4.3 基于反馈的优化策略 ···················· 106
 4.5 第二轮迭代 ······························ 108
  4.5.1 活动实施 ·························· 108
  4.5.2 反馈 ····························· 108
  4.5.3 基于反馈的优化策略 ···················· 110
 4.6 GPBL 设计与实施框架优化 ····················· 111
  4.6.1 优化的部分 ························· 111
  4.6.2 优化版 GPBL 设计与实施框架说明 ············· 113

第 5 章 准实验研究 ····························· 115
 5.1 研究设计 ································ 115
  5.1.1 研究对象及环境 ······················· 115
  5.1.2 研究工具 ·························· 116
  5.1.3 实施过程 ·························· 117
 5.2 数据分析 ································ 119
  5.2.1 项目成果 ·························· 119
  5.2.2 数学测试 ·························· 121
  5.2.3 学习动机 ·························· 123
  5.2.4 自我评价 ·························· 125
  5.2.5 课堂表现 ·························· 128
  5.2.6 看法与感受 ························· 129

5.3 研究结果 ·· 139
　　　　5.3.1 GPBL 更能促进学习者产出高质量的项目成果 ········· 139
　　　　5.3.2 GPBL 更能促进学习者对知识与技能的掌握 ············ 140
　　　　5.3.3 GPBL 更能提高学习者的学习动机 ····················· 140
　　　　5.3.4 学习者在 GPBL 活动中表现更佳 ······················ 141
　　　　5.3.5 学习者在 GPBL 活动中活动体验更佳 ·················· 142
　　　　5.3.6 "游戏化"在 GPBL 活动中的作用 ····················· 143
　　5.4 讨论 ·· 146
　　　　5.4.1 GPBL 的成效 ·· 146
　　　　5.4.2 游戏、游戏元素的应用 ································ 147

第6章 总结与未来展望 ·· 150
　　6.1 研究总结 ·· 150
　　6.2 研究创新点与价值 ·· 152
　　6.3 研究局限 ·· 153
　　6.4 未来展望 ·· 154

附录 ··· 156
　　附录 A　35 项研究内容编码表 ····································· 156
　　附录 B　最初设计 ··· 160
　　附录 C　第一轮活动实施方案设计 ··································· 165
　　附录 D　第二轮活动实施方案设计 ··································· 172
　　附录 E　最终设计 ··· 180
　　附录 F　基于设计的研究——访谈提纲（针对第一轮实施活动） ······ 188
　　附录 G　基于设计的研究——访谈提纲（针对第二轮实施活动） ······ 188
　　附录 H　基于设计的研究——知识水平测试题 ······················ 189
　　附录 I　准实验研究——知识水平测试题 ··························· 191
　　附录 J　准实验研究——师生访谈提纲 ······························ 193
　　附录 K　准实验研究——活动看法与感受问卷（GPBL） ············ 197
　　附录 L　准实验研究——活动看法与感受问卷（PBL） ·············· 198
　　附录 M　学习动机量表 ·· 199

参考文献 ·· 202
攻读博士期间科研成果 ·· 217
后记 ·· 219

第1章 绪论

1.1 研究背景

1.1.1 核心素养导向的教育改革促育人观念转变

多年来,受我国传统考试文化的影响,教师、家长和学生形成了在考试中获得高分是学业生涯中最重要甚至是唯一目标的思想,而这一思想导致我国中小学生在学校课堂中的学习方式以听课和做题为主。经过研究长期的教学实践,我们发现,这样的学习方式虽然具有高效获得学科知识的优势,但这种"灌输式"的学习也会对学生起到一定的负面作用:第一,学生对学科知识的认同度下降。学生很少有机会在现实情境中对它们加以运用,因此这些知识往往是惰性的,学生便会认为许多知识"无用",进而降低学习兴趣(赵言诚等,2016)。第二,学生对学科知识的好奇心丧失。学生长期处于以知识直接传授为主的课堂环境当中,这样的学习环境很难提供让他们主动探究知识的机会和乐趣,容易抑制住他们对知识的好奇和探究欲(王舒婷和许昌林,2019),使他们无法发挥主观能动性参与学习活动。第三,学生长期面临作业繁重的负担(周序和郭羽菲,2022)。一些教师和家长认为对学生知识能力的训练越多越好,越难越好。学生只好在来自外部的逼迫下机械式地完成练习题,这种做法会让学生感到压力繁重且学习索然无味,最终将学习视作负担。第四,学生核心素养缺失。由于过度关注考试分数,学校很容易忽视对学生在问题解决能力、批判性思维能力等核心素养方面的培养。

"以教师为中心,忽视学生兴趣,重应试,轻素质"的现象引发了国内教育者对教育目标和教育质量的反思:教育的目标不是为了解题而去记忆知识,而是要让学生通过知识和技能的学习,提前做好适应未来社会的准备。基于此,在2010年,我国就针对上述问题开展了一轮教育改革,国务院印发的《国家中长期教育改革和发展纲要（2010—2020）》（简称《纲要》）在第十一章中提到要培养能够适应国家和社会需要的创新型人才，倡导启发式、探究式、参与式等以学生为中心的培养方式，以激发学生的好奇心，培养学生的兴趣爱好，营造自由探索、创新的环境（中华人民共和国教育部，2010）。在此基础上，2013年教育部委托北京师范大学组织专家团队成立课题组，于2016年研制出了《中国学生发展核心素养》（简称《素养》）研究成果。它指出，发展学生的核心素养要以培养学生的全面发展为核心，使学生具备适应终身发展和社会发展的必备品格和关键能力。核心素养具体细分为"人文底蕴""科学精神""学会学习""健康生活""责任担当"和"实践创新"。其中"学会学习"是与如何学习联系紧密的一项素养，它又细分为"乐学善学""勤于反思"和"信息意识"三项基本要点；"人文底蕴"和"科学精神"则侧重于应该具备哪些知识能力，它们分别细分为"人文积淀""人文情怀""审美情趣"，以及"理性思维""批判质疑""勇于探究"（核心素养研究课题组，2016）。核心素养是学生在应对复杂问题时做出明智判断、决策、行动的一种能力，它虽不是学科知识，但它的形成需要知识作为资源支撑，如果仅以灌输方式教授知识，知识的积累反而会导致素养的泯灭，因此应舍弃无法穷尽的"知识点"，转而从核心学科的"大观念"入手，并结合学生的生活情境开展深度学习，旨在让知识学习过程成为素养形成过程（张华，2016）。

  2022年4月，随着《义务教育课程方案和课程标准（2022年版）》（简称《新课标》）的颁布，我国基础教育课程教学改革再次掀起了新一轮全面改革浪潮，推动教师教学模式和学生学习方式的同步转变。《新课标》再一次提到了要聚焦学生核心素养的培养。在课程知识上，要"强化学科内知识整合，统筹设计综合课程和跨学科主题学习"；在教学方式上，一方面要"引导学生参与学科探究活动，经历发现问题、解决问题、建构知识、运用知识的过程，体会学科思想方法，另一方面要加强知识、学习与学生经验、现实生活、社会实践之间的联系，注重真实情境的创设，增强学生认识真实世界、解决真实问题的能力"（教育部，2022）。教育部基础教育教学指导委员会副主任张卓玉指出，此次教学改革的重点是要让学生主动参与到对知识的深入探究和实际运用中来，以此激发学生的学习内驱力。基于此，《新课标》以大观念、大任务、真实性和实践性四个核心概念作为改革的指导方针。大观念强调要关注零散知识背后的结构、联系、规律，知识能力的应用与迁移，以及知识能力带来的价值观转变。大任务是大观念的载体，它强调通过一件事、一个问题或一个任务将学生所学的知识点整合在其中，帮助学生在完成任务的过程中逐渐掌握知识，并最终产生可视化、共享化的学习成果。真实性强调学习内容和学习过程要有情境性，并鼓励学生在学习过程中像专家一样真实思考和解决问题。实践性强调要增加学生的实践活动，让学生亲历设计、制作、创造、实验、考察等学习过程。

从《纲要》到《素养》再到《新课标》，育人观念逐渐由"唯分数论"导向转变为核心素养导向，形成了学习是学生在情境中发挥主动性去创造意义和解决问题，最终实现学生核心素养发展这样一个过程的学习观。它既体现出我国对综合型人才的殷切期望，也体现出我国在教育理念上从以教学为中心向以学习为中心的重大转变。

1.1.2 PBL成为我国落实教育改革的重要路径

《新课标》为我国实施教育改革提供了具体指导方针，它强调要让学生以主动参与探究实践的方式参与学习。在落实改革的多条有效实施路径中，PBL成了近乎最热门的选择。近年来，我国许多中小学一线教师开始尝试将PBL运用到学科教学当中。本书研究者曾在《新课标》出台后不久，对北京市海淀区42名小学一线教师进行了一项问卷调研，调研的目的是了解小学教师对PBL的看法。调研结果显示，所有教师都认为PBL能为学生带来积极影响，约81%的教师认为PBL能促进学生对学习活动的主动参与。在教学实施层面，所有教师表示都愿意将PBL方法运用到课堂中。其中，约90%的教师希望能够参加PBL的系统培训。有教师指出，基于PBL的教学设计（约29%）与教学工具（约24%）是实施PBL的主要障碍。总体来说，教师对PBL抱有积极态度，并希望从多方面获得教学上的支持。

事实上，PBL并不是近期才出现的学习方式，它早已在全球范围内被普遍应用于科学、数学、社会科学之中（Chen and Yang，2019）。PBL之所以越来越受欢迎，是因为教育需要适应不断变化的世界，传统的教学形式可能会限制学生的发展。在传统教学课堂上，学生通常只使用较低的认知技巧来完成基本任务，如观察和记忆。因此，学生对知识点的理解可能是较为肤浅的；他们难以应用所学知识，也难以激发学习热情（Thomas，1998）。而PBL鼓励学习者在学习过程中使用他们所知道的东西来探索、创造和构建解决方案（Oguz-Unver and Arabacioglu，2014）。传统教学与PBL的区别在于传统教学只是简单地让学生掌握课堂上所学的知识，而PBL则要求学生在完成项目的过程中应用所学知识。PBL以边做边学的活动形式让学习者以学习主体的角色参与学习活动，并在此过程中将知识与日常生活联系起来（Baran et al.，2018）。研究表明，学生主动参与 PBL 有助于有意义地学习（Kizkapan et al.，2017）。

可见，PBL 不仅得到国内教育部门在政策上的支持、一线教师的认可，同时也获得了众多国内外学者的关注。美国巴克教育研究所于 1987 年成立至今已有 30 余年的历史，它致力于 PBL 在全球各地的普及与推广，包括与各国教育界展开合作，提供相关专业支持等。张文兰和苏瑞（2018）通过对 2007 年至 2017 年国内外 PBL 的重要文献进行分析发现，PBL 的文献发表数量和引文数量整体都呈现上升趋势。曹培杰（2018）在对国外几所学校进行案例分析后，认为未来学校的一大特征就是开展跨学科 PBL。PBL 之所以如此受欢迎，是因为它为传统课堂教学注入了新鲜血液。它通过让学生参与项目探究的方式来激发学生的学习动机（Blumenfeld et al.，1991；Hallermann et al.，2011；Krajcik and Czerniak，2014），并在动机的推动下完成项目任务，从而达到课程目标。PBL 模式体现了以学生为中心的教育思想（Kokotsaki et al.，2016；Uziak，2016），旨在通过充分发挥学生的主动性来推动学习活动。

1.1.3 在 PBL 中面临的挑战导致学习者参与积极性下降

目前 PBL 在我国基础教育领域的各学科中被积极推广和实践，但是与根深蒂固、课堂活动较为单一的传统讲授式教学模式相比，学生在参与 PBL 时会面临更多挑战（胡佳怡，2021），特别是学科知识以外的挑战。

第一，难以适应学习模式及角色的转变。PBL 通常强调实践与经验，从而获得有意义的知识或技能。而受传统教学模式的影响，学生更注重理论知识的学习。因此在 PBL 过程中，他们的表现较为被动，主动性较低（谭杰和李咏梅，2018）。此外，PBL 模式在一定程度上改变了传统学习过程中教师作为课堂主体的角色定位。PBL 中，教师的角色通常是引导者、指导者，而非传统意义上的讲解者、传授者，这需要学生对教师角色有正确的理解。而要在短时间内适应这样的角色转变对学生而言是困难的（Grant，2002）。

第二，缺乏合作经验和意识。PBL 需要学生与同伴一起在合作中完成，因此需要有较强的团队合作能力，包括沟通、协调、分工等。而大多数学生长期以来养成了独自完成学习任务的习惯，较难适应 PBL 中涉及的小组学习和团队合作模式（车炼红，2020）。此外，有的学生合作意识较差，表现在缺席小组讨论、对团队缺乏贡献等（Frank and Barzilai，2004；Hall et al.，2012；Lipson et al.，2007）。如果学生缺乏合作经验和意识，则可能会在沟通和协调方面出现问题，也可能无法发挥出每个团队成员的优势，从而导致团队效率低下，进而影响项目成果的质量。

第三，难以在活动中保持持久热情。PBL通常周期较长，项目任务较多，难度也较大。在此过程中，学生需要不断驱动自己去战胜遇到的各种挫折并坚持到项目任务完成。而如果任务过于繁重或者难以完成，学生可能会感到沮丧和挫败，导致学习的热情降低（Kurzel and Rath，2007）。

除上述挑战外，他们在实践中还会遇到来自其他方面的挑战。这些挑战在学生平时的课堂中较少遇到，因此他们在面对挑战时可能束手无策。为确保PBL活动能够顺畅进行且达到预期效果，大部分教师会对学生所面临的挑战进行干预，比如搭建脚手架、协调团队等。但应注意，这样做的确会有成效，而教师在PBL中不再是主导者角色，无法完全控制学生的学习（Tamim and Grant，2013），因此教师无法确切了解每个学生在活动过程中遇到的各种不同困难，就算了解了，也没有时间和精力一一解决。此外，教师干预过多也会让学生在项目活动中失去锻炼问题解决能力的机会。不同于传统的听课和做题模式，PBL要求学生依靠自己的能力主动克服重重挑战，达到学习目标，从而获得一份完整且丰富的成长经验。活动过程中，教师不会手把手传授每一个知识，转而代之则是给予学生一些指导性支持。

然而，如果这些挑战难度过高，学生感到棘手时，就可能会产生消极心理，进而导致积极性下降（Bandura，1997；Van den Bossche et al.，2006）。因此，除了要考虑来自教师方面的支持，还更应关注如何提高学生的积极性，从而调动学生的主动性来完成项目任务。

1.1.4　GPBL助推PBL变革与实践发展

当学生在PBL中遇到较高难度的挑战时，其积极性极大可能会下降，那么有什么方法可以为学生提供额外动机，帮助学生勇于面对项目活动中的挑战，获得更大的学习收获呢？游戏化学习可以有效改善学生的学习动机和学习结果（Prensky，2001），这似乎能为解决这些问题提供新的思路。一直以来，游戏化学习以其教育理念和独特优势吸引着研究学者们的关注。在英国开放大学2014年出版的《地平线报告》中强调游戏化学习是影响未来教育的重要教学方法，在2015年的《地平线报告》中又特别提到数字徽章是游戏化的一个组成部分，预计它将被广泛应用于激励、跟踪学习者的学习，以及将学习者的学习体验可视化。此外，英国开放大学出版的《创新教学法报告2019》也将游戏化学习列为创新教学法的第一位。在我国，北京大学教育学院联合各大高等院校、学术研究机构、企业、地方教育主管部门、中小学等成立了中国教育技术协会教育游戏专业委员会。

许多研究已经表明游戏化学习，即通过游戏和游戏元素能够有效提高学习者的动机（Huang and Huang，2015），从而激发并维持某一目标导向的行为（Mayer，2009）。那么在游戏化学习与 PBL 结合后，能否激发学生的动机呢？事实上，已有研究者探索了 PBL 和游戏化学习的融合与互补，形成游戏化项目式学习（gamified project-based learning，GPBL）模式，并检验该模式在不同学科领域中的学习结果，证实了 GPBL 能够激发学生的动机。比如 Schaffer（2012）认为 PBL 与教育游戏相结合能促进学生的动机，如自我效能感。另外，马卡姆（2015）认为将游戏元素应用于 PBL 当中，不仅能吸引学习者全身心投入其中，还能促进他们在项目活动中将自己的技能和创造力发挥至最大程度。由此马卡姆总结出使用游戏元素促进 PBL 的五点启示：第一，学习者在游戏中的熟练度和成就感，对学生的成功表现起着关键的作用；第二，当学习者在项目活动中表现好时，可以给予他们有意义的奖励作为及时反馈，同时也允许他们在学习过程中失败；第三，游戏鼓励学习者在项目活动中通过合作的方式解决问题；第四，游戏提供清晰明确的目标、理想的工具和丰富的反馈信息，有助于学习者高效率解决问题；第五，游戏为学习者提供"史诗般宏伟的"任务，激励学习者在项目活动中挑战自我。可见，游戏化的加入将逐步变革 PBL，让 PBL 持续散发生命力和创造力。

1.2 研究问题

尽管有学者已经对 GPBL 展开了研究，然而本书研究者在国内外数据库中搜索该研究主题时发现其文献数量很少，这说明当前学界还没有对该模式展开系统性的研究，因此目前学界对 GPBL 仍缺乏更深层次的认识。而如果在对 GPBL 有了较为系统的认识后，再在此基础上去理解动机等学习成效，那么其脉络就会变得十分清晰。

要将 GPBL 的作用发挥至最佳，教学设计是关键所在。基于上述背景，本书希望在对 GPBL 相关理论和实践进行系统梳理和分析的基础上，重点探究 GPBL 的设计方法及其学习成效。因此，本书将重点围绕以下几个问题展开探索：

研究问题一：如何设计 GPBL 活动？

子问题1：GPBL 活动的运作机制是怎样的？
子问题2：GPBL 的活动设计与实施流程是怎样的？
子问题3：设计 GPBL 活动时应遵循哪些原则和策略？
研究问题二：GPBL 的学习成效是否比传统 PBL 更好？
子问题1：GPBL 能否产出质量更高的项目成果？
子问题2：GPBL 能否进一步促进学习者对知识与技能的掌握？
子问题3：GPBL 能否进一步促进学习者的学习动机？
子问题4：GPBL 能否进一步促进学习者在活动中有更好的表现？
子问题5：GPBL 能否带给学习者更好的学习体验？
研究问题三："游戏化"如何在 GPBL 活动中发挥作用？

1.3 研究思路及框架

为回答上述研究问题，本书共经历四个研究阶段。阶段一、阶段二和阶段三旨在回答研究问题一，阶段四旨在回答研究问题二和研究问题三。具体来说，在第一阶段，对 PBL、游戏化学习、GPBL 三者的内涵和相关研究进行梳理。在第二阶段，首先，从理论层面对 GPBL 的相关理论进行梳理与分析，构建出 GPBL 机制模型；其次，从实践层面对多个典型案例进行分析；再次，根据案例分析结果对 GPBL 机制模型进行优化，并基于该机制及相关理论框架构建出 GPBL 设计与实施框架；最后，在对 GPBL 探索结果的基础上，产出 GPBL 的设计原则与策略。在第三阶段，基于上述产出的 GPBL 设计与实施框架、设计原则与策略，对 GPBL 活动进行多轮迭代设计与实施，形成 GPBL 最终活动方案，并再次完善 GPBL 设计与实施框架。在第四阶段，对 GPBL 与传统 PBL 这两种方式进行对照实验，旨在对 GPBL 的成效（项目成果、知识与技能、学习动机、活动表现、活动体验）和"游戏化"在 GPBL 活动中所起的作用进行探究。

基于研究问题及思路，本书的研究框架如图 1-1 所示：

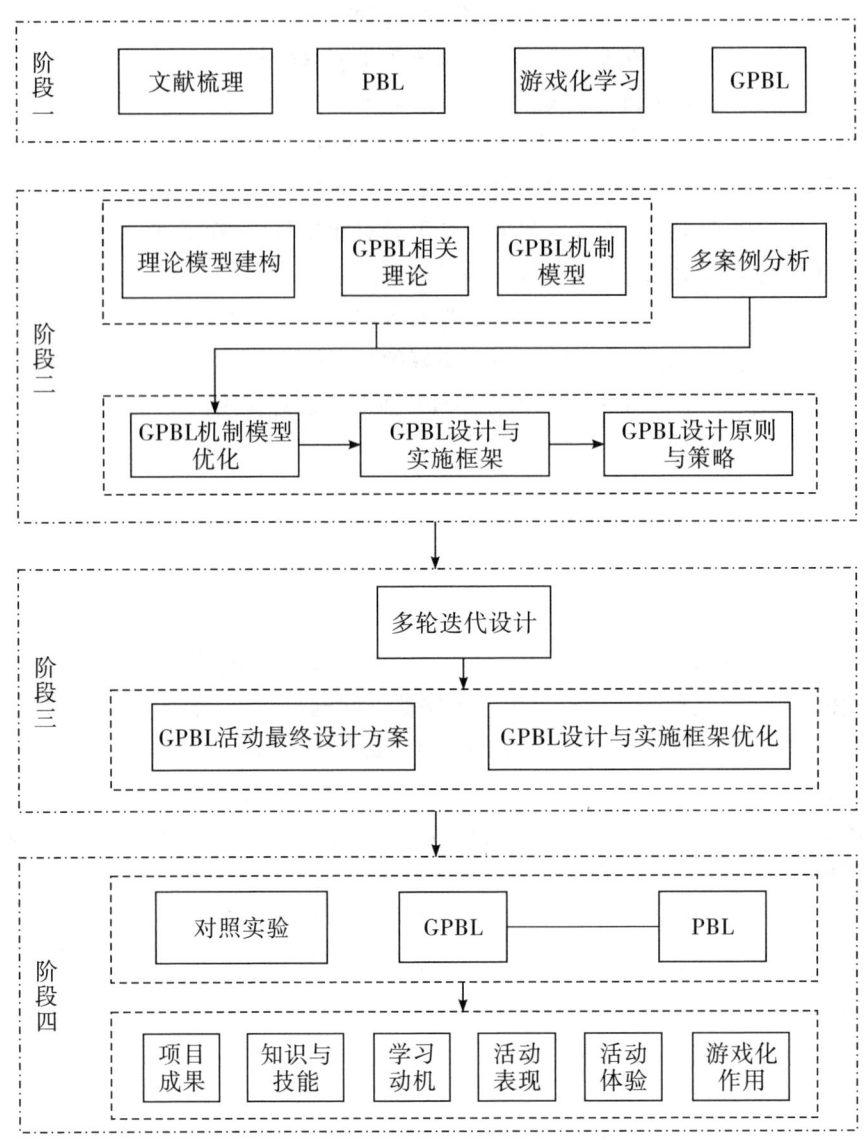

图1-1 研究框架

1.4 研究方法

本书采用混合研究方法展开研究，运用到的主要研究方法包括内容分析法、多案例研究法、基于设计的研究以及准实验研究法。

这些研究方法分别应用于研究的四个阶段当中：内容分析法可以做到对大量文献的词语、句子等进行编码、统计和分析，从而精准把握当前研究领域的总体特点和趋势，便于定位后续具体研究方向，因此将该方法用于阶段一中的文献梳理。多案例研究法能够对几个不同的典型案例进行描述与分析，从而达到理解事物的本质或运行机制的目的。因此，该方法有助于阶段二的理论的建构。基于设计的研究倡导将需要优化的内容进行多轮迭代实践，使之逐步得到完善，从而提高其在现实环境中的适用性，因此将其用于阶段三中活动方案和GPBL设计与实施框架的优化。准实验研究法能够在真实环境中比较两组或多组变量之间的差异，并有助于差异探究，因此适合将该方法应用于阶段四当中。

另外，研究中还使用了课堂观察法、问卷调查法、访谈法、实物分析法和测验法获得研究数据。

1.4.1 内容分析法

内容分析法是通过系统和客观识别文本特定特征进行推论的研究技术。与其他技术相比，内容分析法是一种非干扰性的测量方法，因为它只是对文本进行分析，而不涉及文本的发送者和接收者。该方法的核心思想是将具有相似含义的词语、句子等文本单位归入相同类目中，是一个编码的过程。编码过程主要包括以下几个步骤（罗伯特，2019）：第一，界定编码的单位为词语、词义、主题、段落或全文；第二，创建要分析的类目；第三，对文本进行测试编码，判断编码规则是否需要再调整；第四，评估编码过程的信度，从而解决编码员之间的分歧；第五，如果信度过低，则修订编码规则；第六，返回步骤三；第七，对所有文本进行编码；第八，评估达到的信度。编码完成之后，研究者通常会把注意力集中在检视高频词上，或是对已被归入某些类目的词语使用比例或百分比的方式进行计数。如果一个词语所占比重越大，则说明它的关注度越高。

在本书中，为深入了解 GPBL 相关研究的整体趋势，首先在 GPBL 述评部分借助内容分析法对近几年来的 GPBL 相关文献做系统梳理及分析。具体过程为：一是对 GPBL 相关文献进行大范围检索；二是对所获得的文献进行筛选，主要经历三个阶段。在第一阶段，通过查看标题和摘要初步筛选出研究中同时提及游戏化学习和 PBL 两项主题的文献。在第二阶段，通过通读全文筛选出围绕 GPBL 主题的文献，排除：①研究内容只涉及游戏化学习、PBL 其中一项；②只是将两者作为研究背景的研究；③将 PBL 与游戏化学习进行对比的研究。在第三阶段，通过查看文献类型及出版物筛选出实证类期刊文献，排除没有数据收集过程和结果的非实证类研究，以及排除非期刊类文献如会议、硕博士学位论文等。三是将每篇文献按研究环境、研究方法、应用模式、信息技术的应用、学习结果和理论贡献六大类别进行详细编码。四是在每个类别分出几个子类别，并将相应的文献内容归类到子类别中。五是对每个子类别进行计数。六是对数据统计结果及其结果背后所隐含的深层含义进行分析，达到对当前 GPBL 领域进行全面且深层次探索的目的。

1.4.2　多案例研究法

案例研究法是一种对真实现象中复杂事件进行整体性研究的方法。该方法主要用于对活动进行深入、详细和具体的探索（马尔科姆·泰特，2019）。它强调研究者要在研究过程中收集和整理多源数据，以确保数据的完整性。研究者需要以研究者视角和参与者视角对事件进行解读。为了能把有限的时间和精力集中在对事件的详细分析上，案例研究方法适用于小样本研究。Eisenhardt（1989）认为多案例研究中最适合的案例数为 4～8 个，Yin（2009）认为运用 6～10 个案例的多案例研究方法能让两个或两个以上案例相互印证，以便研究者识别出案例间的相似性和异质性（Eisenhardt，1989，1991），并实现对其内在机制的把握，从而进行理论扩展（Yin，2009）。

在本书的多案例研究设计中，将采用等结果设计（equifinality design）方式，即对不同 GPBL 活动模式的案例进行分析，旨在探索它们的特点和运作机制。研究先是采用案例内容分析，即从具体的活动实施方式视角出发，对国际上不同类型的 GPBL 活动进行详细描述，获得海量数据，从而使每个案例独特的模式涌现出来，这样做的好处在于可以深入了解每一个案例，用于后续对结果的提炼。在完成案例内容分析后，就开始进行跨案例分析，通过对案例之间进行反复比较，从而归纳出不同类型 GPBL 活动所具有的重要共性和运作机制。

由多案例推导出的结论被认为更具说服力,也更能经得住推敲(Herriott & Firestone,1983)。

1.4.3 基于设计的研究

基于设计的研究(designed-based research)是研究者、实践者、设计者等共同参与改进特定情境下的教学设计,最终形成可靠有效的设计方案的一种研究方法。该方法需要针对具体场景中的教学进行反复设计和实验,它适合对新型学习方式的探索、完善和验证,兼具促进理论和实践发展的双重目的(张文兰和刘俊生,2008)。王文静(2011)总结了基于设计的研究的五个主要特征:理论取向、实用主义导向、干预主义取向、过程取向和迭代循环。具体而言,基于设计的研究既以理论为基础,也同时促进理论的发展,在真实的情境中对设计内容进行实践,通过对实践效果的综合性评价确定研究的价值,实施迭代循环以不断改善研究。

本书采用基于设计的研究方法,根据 GPBL 设计与实施框架,对活动设计进行多轮迭代设计,使其更加适合在真实情境中实施。在迭代过程中,笔者参考了领域专家和一线教师的评价,并结合多次活动实践反馈进行调整。这些反馈数据主要通过课堂观察、问卷调查、访谈法和实物分析法获得。采用课堂观察法收集整个 GPBL 活动的实施是否顺畅,学习者在活动中的表现等数据。采用测验法获得学习者在活动前后其测试成绩的变化情况。访谈主要在活动结束后进行,通过对教师和学生进行一对一访谈,获得他们对课程实施方式的感受和改进建议,从而对教学设计做进一步完善。实物分析法主要用于分析项目成果的完成情况及完成质量。测验法主要用于获悉学习者在活动前后对学科知识的掌握情况。

1.4.4 准实验研究法

准实验研究法是指在接近现实的条件下,利用原始群体而不是随机安排被试,尽可能地按照真实验设计的要求实施实验。准实验研究虽然相较于真实验在某些方面降低了控制水平,但它的实验结果有较强的现实性(穆肃,2001)。为验证所设计的 GPBL 的效果,本书对其进行了准实验研究。通过比较分析实验组(实施 GPBL)与对照组的(实施 PBL)的定量数据和质性数据,揭示 GPBL 对学生学习的影响。

研究中采用课堂观察法观察实验组和对照组学生在课堂中的表现；采用问卷调查法收集实验组和对照组学生的学习动机、对活动的态度与看法；采用测验法获悉实验组和对照组学生在活动前后对学科知识的掌握情况；使用访谈法收集实验组和对照组中教师与学生对活动体验的感受、学习者知识与技能的掌握情况，以及游戏化在活动中的作用；使用实物分析法对实验组和对照组中学习者的自我评价进行分析。

1.5 研究意义

虽然 PBL 和游戏化学习均经历过较长时间的发展，但目前有关将 PBL 与游戏化学习两者相结合的研究较少。鉴于此，本书将对 GPBL 进行一系列理论与实践探索，具有两个层面的意义。

1.5.1 理论意义

首先，本书为 GPBL 的设计与实施提供一套系统的指导方针。通过对 GPBL 概念的深入剖析，对其研究现状进行全面梳理，从而加深对 GPBL 的理解。在此基础上，构建出 GPBL 机制模型，旨在揭示 GPBL 的本质特征，有助于人们进一步理解 GPBL 的内部构造及运作方式。例如，通过探讨"游戏化"与 PBL 在 GPBL 模式中的关系，可以明确"游戏化"在 PBL 中如何发挥作用，以及发挥怎样的作用等关键问题。最终，基于 GPBL 机制模型，构建出 GPBL 设计与实施框架，并提出一套设计原则和策略，为不同学科、学段的 GPBL 活动设计提供一个基础性路径。

其次，本书对于推动 PBL 的创新和发展具有重要意义。GPBL 强调学生的主动性和创造性，注重培养学生的核心素养，从而打破了传统教学方式的局限性。通过引入游戏化元素，GPBL 创造了一个更为自由、多元、开放的教学环境，激发学生的学习兴趣和动力。此外，GPBL 还倡导以学习者为中心的过程性教育评价，关注学生在学习过程中的成长和进步。这种教育理念对于提高学生的核心素养、创新精神和实践能力具有显著的优势，对 PBL 的发展和推广具有重要的推动作用。

1.5.2 实践意义

首先,本书通过多轮迭代设计,对小学数学关于比例尺的单元进行 GPBL 活动改造,从而积累丰富的活动设计直接经验。通过对活动案例的多次优化,最终得到一套经过验证的 GPBL 活动案例。这些设计经验和活动案例不仅能为一线教师提供宝贵的参考资源,还能丰富学校的教学案例资源库。这有助于支持教学资源的进一步整合,从而提升 PBL 的成效。通过借鉴和运用这些经验和案例,教师们可以更好地设计和实施 GPBL 活动,提升教学质量和学生学习效果。

其次,本书对于促进 PBL 在学校教育中的积极开展具有重要意义。当前,许多教师在实施 PBL 时面临着种种困难,这导致 PBL 的实施受到来自不同方面的阻碍。然而,通过在 PBL 中嵌入"游戏化"元素,我们可以在一定程度上减少这些阻碍。因此,探究 GPBL 的实践能够促进 PBL 学习模式在学校中的顺利开展。这将不断扩大 PBL 的应用范围,为传统教学模式注入大量新鲜血液,从而推动教育改革的实现。

第 2 章 文献综述

GPBL 学习模式由 PBL 与游戏化学习融合而成，深入了解这两者的内涵对于界定 GPBL 十分重要。另外，梳理 PBL、游戏化学习以及 GPBL 的研究现状不仅能够全方位了解相关领域，还能认识到已有研究存在的优点与不足，从而为后续的 GPBL 研究提供借鉴和启示，避免重复研究或走入错误的研究方向。因此，为深入理解 PBL、游戏化学习以及 GPBL 三者的内涵及它们当前的研究现状，本章先是对 PBL 和游戏化学习进行概念界定，并基于此进一步界定 GPBL 的概念。接着，再分别对 PBL、游戏化学习以及 GPBL 领域的最新研究进行梳理。

2.1 核心概念界定

2.1.1 项目式学习

项目式学习在国内也被称为项目化学习、项目学习或基于项目的学习。它是一种围绕项目组织学习的模式（Thomas，2000），其关键在于项目本身（Trilling and Fadel，2009），而这一点也是 PBL 区别于其他教学方法的重要特征。此外，PBL 的另一个重要特征是，问题用于组织和驱动学习活动（Blumenfeld et al.，1991）。

从学习过程的角度来看，它是对复杂、真实问题的探究过程，也是精心设计项目作品、规划和实施项目任务的过程（巴克教育研究所，2007）。学生在学习中自主地、有目的地一起工作，以完成一个项目（Dado and Bodemer，2017；Thomas，1998）。具体来说，学生在真实情境中、同伴的讨论与合作中提出问题、进行假设、设计方案或实验、收集和分析数据、得出结论并最终创造出项目制品，达到解决问题的目的（Blumenfeld，1991；Johnson et al.，2013；克拉斯克和布鲁门菲尔德，2010；Barron and Darling-Hammond，2008；Thomas et al., 1999; Bell, 2010; Blumenfeld et al., 1991)。

从知识获取的角度来看，PBL 的核心活动涉及新知识的转化和建构（Oguz-Unver and Arabacioglu, 2014; Thomas, 2000）。PBL 的理念认为，在学习过程中，当学生认为知识是"我需要知道"，而不是"老师说我应该知道"时，学生的参与度更高。此外，PBL 也是理解和运用的结合，即学生不仅要学习核心课程中的知识，更关键的是要将所学到的知识用于解决真实的问题（Markham, 2011），获得解决真实世界实际问题的技能和方法，对相关概念有更深刻的理解（Krajcik and Czerniak, 2014），从而实现有意义的学习（Baran, 2018; Kizkapan and Bektas, 2017）。因此，它注重学生对知识的有效迁移，倡导学生主导学习活动，从而加深对知识的记忆（达林·哈蒙德，2010）。此外，它还能提高学生的软技能如合作、交流等高阶思维。

巴克教育研究所（2007）认为优秀的 PBL 应具备这八个特征：以学生为中心开展活动；学生能够在活动中学到核心概念；教师能提出驱动性问题；学生能够在活动中促进技能的发展；学生能够说明并呈现出作品的相关信息；学生能够在教师的不断反馈中反思；教师采用表现性评价方式对学生进行评价；学生能以小组的形式开展活动。此外，巴克教育研究所还提出设计 PBL 的一个核心和七大要素，统称为"八大黄金标准"：一个核心指关键知识的理解和技能的发展；七大要素包括一个有挑战性的问题，持续性的探究，真实的项目，学生表达想法和做决策，学生和教师在项目活动中进行反思，评论和修正，以及公开展示项目成果。

Krajcik 和 Shin（2014）总结了 PBL 的四个关键要素。第一，设置一个让学生感兴趣的能够驱使他们进行探索的问题。通过驱动性问题的设置，让学生在寻求问题的解决方案时，对关键知识和概念建立有意义的理解。第二，鼓励学生通过合作的形式进行科学探索。第三，使用技术工具来支持学习。在学习技术工具的帮助下，教师可以摆脱在传统教学中所扮演的"知识传授者"的角色，让学生可以通过自己探索环境来建构知识。第四，创造出一个项目制品。创造项目制品的过程同时也是学生实际运用所学知识的过程，这有利于增强学生对于相关知识的理解。

国内的夏雪梅（2018）博士提出了学习素养视角下的 PBL。它具有四个特征：一是学生对核心知识的再建构能力；二是真实问题来源于真实情境，或模拟真实情境，这种情境使学生进行真实的思维，从而使项目成果对真实生活产生意义；三是让问题解决、创造、决策等高阶思维带动收集、存储、比较等低阶思维；四是学生在解决问题的实践中获得学习素养，如团队沟通能力、探索能力等。

归纳起来，PBL 的特征包括：驱动问题基于真实情境而形成；学生以小组合作的方式围绕问题进行探究；注重学生关键知识和技能的发展；学生最终可以产生能够公开展示的作品；学生在参与项目活动的过程中不断反思。此外，学生可以通过使用技术来加强对知识概念的理解或完成项目作品。综合上述学者的观点，本书认为，PBL 是一种围绕项目进行探究的学习方式。具体来说，PBL 是让学习者以真实问题为载体，运用相关学科知识对项目方案进行设计与实施。在这个过程中，学习者不断与他人交流与反思，最终创造出能够公开展示的项目成果，与此同时，也获得对学科知识更深层次的理解，以及核心素养的提升。

2.1.2 游戏化学习

游戏化是在游戏基础上延伸出来的更为广泛的概念。游戏通常被认为具有四大决定性特征：目标、规则、反馈系统和自愿参与（麦戈尼格尔，2012）。目标指玩家要达成的游戏结果，玩家在游戏目标的驱动下持续参与；规则指对玩家实现目标方式的限制，它推动玩家在游戏规则中探索、创造和发展策略性思维；反馈系统指通过点数、得分、进度条等元素反映玩家距离目标还有多远，它为玩家提供了持续参与的动力；自愿参与是指玩家了解并愿意接受游戏中的目标、规则和反馈系统，玩家有任意参与和离开游戏的自由，因此可将具有高水平挑战的游戏视为安全且愉快的活动。

在教育界，游戏是一种教育技术，它的特征包括：具有互动功能、在时间和空间上是有界限的、自愿参与、玩家在游戏中拥有身份、游戏并不都相同、是再创造的过程、具有社交功能（Botturi and Loh, 2009）。尚俊杰和裴蕾丝（2015）认为游戏在教育中的应用价值包括激发学生动机，构建游戏化学习环境，培养知识、技能、态度等，并提出了游戏的三层核心教育价值，分别是游戏动机、游戏思维和游戏精神。游戏动机在基础层，它有助于激发学生的学习动机，因此最具操作性价值；游戏思维在中间层，则是在学习活动中融入游戏化元素、游戏设计或游戏理念，目的在于激发深层的内在动机；游戏精神处在最高层，它强调学习者在学习过程中借助内在的动机，用对待游戏的态度来对待学习，注重学习的过程而非结果，这样就能够全身心投入学习当中。

游戏化则主要体现在使用游戏中的元素、机制等。Deterding 等（2011）将游戏化定义为在非游戏环境中使用游戏设计元素。Lee 和 Hammer（2011）将游戏化定义为使用游戏的机制、动力学和框架来促进期望的行为。Kapp（2012）

认为游戏化是通过使用游戏机制、美学和游戏思维，促进人们联系、行动、学习和解决问题。

韦巴赫、亨特（2014）认为游戏化是指在非游戏情境中使用游戏元素和游戏设计技术，游戏化的目标并不是要建立一个游戏，而是利用游戏元素，因此"游戏化"比游戏更灵活，发挥作用的范围也更加广泛。他们将游戏化元素分为三类（韦巴赫、亨特，2014）：动力元素、机制元素和组件元素。所有的元素都存在于一个金字塔分层结构中。动力元素是游戏化系统的整体概念，它包括约束、情感、叙事等 5 项元素；机制元素是指对一个或多个动力元素的实现，它包括挑战、机会、竞争等 10 项元素；组件元素是动力元素和机制元素的具体形式，包括成就、头像、徽章等 15 项元素。

关于游戏化学习，尽管目前其定义没有明确，但无论哪一种定义都会提及游戏元素（如奖励体系）的使用，以此激励参与者投入到他们原本并不感兴趣的任务中（Plass el al.，2015）。比如尚俊杰和曲茜美（2019）从狭义和广义两方面出发，认为"狭义的游戏化学习是指将游戏尤其是电子游戏运用到学习中，广义的游戏化学习是将游戏或游戏化元素、机制或设计用到学习中"。

综合上述学者的观点，"游戏化"可以嵌入多种非游戏情境的活动当中，形成游戏化活动。"游戏化"包含游戏活动，但不局限于此。基于此，本书认为游戏化学习是指将游戏、游戏元素或游戏机制等应用到学习活动中的一种学习方式。

2.1.3 游戏化项目式学习

游戏化项目式学习是将游戏化学习与项目式学习整合而成的一种学习方式。基于本书对 PBL 与游戏化学习的定义，笔者认为 GPBL 是指将游戏化学习运用到 PBL 当中。具体来说，是将游戏、游戏元素或游戏机制等应用到学习者以真实问题为载体，运用相关学科知识对项目方案进行设计与实施的学习过程当中。在这个过程中，学习者不断与他人交流并反思，最终创造出能够公开展示的项目成果，达到解决问题的目的。与此同时，学习者也获得对学科知识更深层次的理解，以及核心素养的提升。

2.1.4 GPBL 与 PBL 的区别和联系

从 GPBL 和 PBL 的定义来看，GPBL 是在 PBL 的基础上嵌入了"游戏化"，从而增强活动的游戏化体验，提高学习者的参与动机。Hassinger-Das 等（2017）提出了游戏化学习的主要原则包括主动、投入、有意义、社会互动以及愉快。"主动"强调通过提问和反思的方式让学生专注地参与到学习的过程中；"投入"强调让学生在不受干扰的学习环境下专注于手头上的任务；"有意义"强调让学生将他们的学习与自己的生活联系起来。"社会互动"强调学生要与他人互动，如交流、合作等；"愉快"强调学生要在玩乐学习中保持积极的情绪。当教学者将游戏应用于教育中时，也应遵循这五条原则。

游戏化学习鼓励学习者进行主动学习，并强调在特定的游戏背景下，设置具体情境，为学习者提供可以锻炼其问题解决能力的机会（Ebner and Holzinger, 2007）。仅仅从理论的角度来看，游戏化学习可以被归为主动学习的范畴（Sandrone el al., 2020），旨在提高学生的学习参与度和积极性。

根据 GPBL 的应用模式分类，PBL 与以下四种游戏化方式进行结合，都可以被称为 GPBL（见表 2-1）。许多 PBL 都包含情境、角色的创设，这些活动是否属于 GPBL 的范畴，可以根据 Hassinger-Das 等（2017）提出的游戏化学习原则来进行判断：当游戏、游戏元素或游戏机制在 PBL 活动中的设计符合上述原则时，就可以认为该活动为 GPBL。

表 2-1 GPBL 的判断原则及其四种应用模式

原则	主动、投入、有意义、社会互动、愉快			
	"PBL+轻度游戏化"	"PBL+深度游戏化"	"PBL+完整游戏"	"PBL+游戏开发"
应用模式	为 PBL 披上一层游戏的外衣，增加积分、奖励、排行、徽章等奖惩机制	引入能改变项目内容的游戏化元素，例如叙事场景、角色、挑战等	在 PBL 中植入一个或多个完整的教育游戏/严肃游戏	以游戏开发作为 PBL 的任务情境和最终目标，学生站在游戏设计师的角度考虑游戏的设计和实现

2.2 关于 PBL 的研究

近年来，学界普遍认为 PBL 具有若干关键特征，包括驱动性问题、小组探究、知识与能力发展、作品展示、反思以及技术支持等，这些特征共同构成了

PBL 的核心理念。一些研究者基于 PBL 的特征，以不同学科和学习环境为出发点，聚焦于课程设计、评价体系等方面的理论探究。与此同时，也有研究者对 PBL 的教学实践及其学习成效如动机、高阶思维、学科知识等展开探究。

2.2.1 教学设计

在有关课程设计的研究中，一些研究者针对单学科课程、跨学科课程、非正式环境课程、网络环境下的课程等展开了探索，旨在提供适合特定课程或环境的设计思路。

针对单学科课程，侯肖、胡久华（2016）针对中学化学学科总结和提炼了在常规课堂教学中 PBL 的两个步骤和六条策略，步骤包括确立项目阶段和规划项目阶段。确立项目阶段要基于课程标准、教学内容和学生经验，而规划阶段则包括确立项目的基本问题、规划活动安排及系统审视活动设计。策略包括让学生亲历解决问题的过程、注重对学生技能的培训和指导、统筹安排时间、评价设计要有针对性、应对和处理突发事件，以及教师要养成 PBL 的教学观念。针对跨学科课程，吴晗清和穆铭（2019）探索将物理、化学和生物三个学科融合成跨学科的 PBL，并将其核心素养整合为科学观念、科学思维、科学探究及社会责任四个维度，旨在促进培养学生全面发展的核心素养。

针对非正式环境课程，董艳等（2019）针对研学旅行存在的课程实施困境，提出使用 PBL 来解决，并构建了优化学生学习体验的"DONE"计划。该计划包含四个关键环节：在第一个环节中，建议教师使用真实问题、熟悉的生活、学科内容研学情境来设置驱动问题；在第二个环节中，教师安排学生提前组成小组，让学生充分讨论并制订计划，并在研学期间，为学生创造充分探究的机会；在第三个环节，要注重学生的协作探究，教师要开展多样化教学，同时要创设开阔的成果展示情境；在第四个环节，要注重评价方式的多元化、全面性以及多样化。此外，PBL 也可以在线上开展。张文兰等（2016）构建了网络环境下的 PBL 模式和流程。学习模式包含网络环境支持、项目设计和网络行为三个部分，实施流程包含六个步骤，每个步骤都由多种技术支持。

2.2.2 评价体系

评价体系的构建有助于教师对学生或课程做出科学评价。有学者对 PBL 评价进行了研究。如刘瑞（2019）指出与传统教学评价相比，PBL 评价应关注从选题、设计、实施到成果的全过程评价。另外，也有学者致力于构建系统的评价观测指标。如余明华等（2021）设计了支持学生能力画像建模的评价指标体系，该体系关注学生在问题解决过程中所反映的行为表现。它包括提出问题、理解问题、收集资源、分析推理和总结呈现 5 个一级指标和 20 个二级指标。强枫和张文兰（2018）构建了基于课程重构的 PBL 评价指标体系，关注学科课程与 PBL 的有机融合。该体系涵盖项目建设、驱动问题、项目评价、项目管理和项目实施 5 个一级指标、15 个二级指标和 36 个三级指标。

2.2.3 教学实践

教学实践方面的研究涉及教师对 PBL 的看法、教师角色的定位、技术工具、实施方式等。

Gómez-Pablos 等（2017）通过对教师进行抽样调查，发现大多教师表示 PBL 可以促进学生积极参与活动，激励学生学习，并帮助他们获得各种课程技能。在项目活动中，学生的学习方式、教师的教学方式以及师生的互动方式都发生许多变化（胡红杏，2017）。由于教学方式的改变，教师在项目实施中承担多重角色，如项目管理者、教练、观察者、促进者、联络员等（王淑娟，2019）。

技术工具在支持 PBL 方面也起到了积极作用。如 Baser 等（2017）通过访谈、观察、档案、网站评价等方式对土耳其某 K-12 学校 15 名参与 PBL 的学生进行了研究，发现虚拟空间如在线课程、论坛、协作和交流工具对协作式 PBL 是有益的。

在教学实施方式上，Sormunen 等（2020）通过对定性数据的分析，发现教师在以创客为主体的活动中加入反思性的讨论可以提高学生的合作能力，并促进学生参与。此外，也有研究者对学习的严谨性进行了研究。严谨的指标如要求学生解释或证明他们的想法；给他们总结和概括的机会；让他们比较不同的答案，解决方案；将知识运用于新情境等。Edmunds 等（2017）通过对 10 所中学的学生进行调查，探讨了 PBL 与课堂严谨性之间的关系。结果发现，在 STEM（科学、技术、工程和数学教育）课堂上，更高水准的项目教学实施与学生更高的严谨性感知相关，但没有 PBL 的课堂也可以是严谨的。此外，PBL 可以在严谨性程度较低的情况下实施。

2.2.4 学习成效

许多实证研究已经证明 PBL 应用于基础教育和高等教育学科中具有积极效果，这些积极效果体现在学科知识、高阶思维能力、学习动机等方面。

在基础教育学科中，PBL 被证明能够帮助学生学习多种学科知识，并能够让学生意识到项目活动与未来职业的关联。马志强和刘亚琴（2019）针对 2006 年到 2019 年间的 33 项实验研究进行元分析量化统计，其中一项结果表明：PBL 是发展计算思维的重要教学方法。Kimsesiz（2017）调查了 PBL 在土耳其幼儿园英语课堂中的应用效果，结果表明与传统教学相比，项目式教学法不仅能提高英语词汇学习的效果，学习者在课堂上也更加积极主动。Hastie 等（2017）采用对比实验，将 PBL 应用于小学五年级健康课当中，结果显示参与 PBL 教学课堂的学生在知识测试中表现更佳。Virtue 和 Hinnant（2019）使用定性数据调查高中生对 PBL 教学的看法，结果显示他们能够理解完成 PBL 活动的价值及其对未来工作环境的适用性。

在高等教育学科中，PBL 帮助大学生提高学科知识与技能。Assaf 等（2018）探讨了 PBL 教学的正面影响与传统教学的负面影响，研究结果显示，在采用 PBL 教学后，学生的动机水平、语言技能、团队工作能力等均有显著提高。Berbegal-Mirabent 等（2017）将 PBL 应用于管理课程当中，研究发现活动能够帮助大学生提高项目管理经理所需的技能。Costa-Silva 等（2018）将 PBL 应用于细胞生物学课程中，并探究 PBL 与传统教学之间的差异。研究发现参与 PBL 的学生在知识测试中表现更佳，同时他们也更能够意识到科学研究与实践的相关性。Mohamadi（2018）探究了传统项目式教学（PBL）、电子项目式教学（EPBL）和传统教学对大学生英语学习的影响，结果显示，在学习结果和知识保留方面，PBL 优于 EPBL，PBL 和 EPBL 均优于传统教学。Rajan 等（2019）探究 PBL 在塑料废物管理课程中的实施效果，研究结果表明 PBL 能够提高学生的积极性和批判思维能力。

在情感认知方面，不少研究表明 PBL 能够提高学生的学习兴趣等。Belagra 和 Draoui（2018）将 PBL 应用于通信技术课程当中，研究发现该方法能够激发学生的学习动机。Celik 等（2018）将 PBL 应用在编程课程当中，学生表示 PBL 能够帮助他们获得有意义的学习，并提高对课程的兴趣。Mou（2019）探究学生在 3D 设计课上以课堂和课外互补的方式进行 PBL 教学，研究结果发现学生对课程表现出了更多的兴趣和学习动机。此外，学生的信心、自我管理能力也得到了提高。

2.3　关于游戏化学习的研究

近年来，相关研究较多关注游戏化学习的分类、教学设计、教学实践以及学习结果，特别是游戏化学习与技术的融合设计，实施游戏化教学的策略如探究教育游戏的种类、单人／合作模式的效果、游戏元素的作用等。许多研究认为游戏化学习能够让学习者获得积极的认知结果和情感结果，尤其是动机、满意度、兴趣等情感结果。此外，也有一些研究探究游戏化学习对性别的不同影响（Yeo el al.，2022），教师接受教育游戏的影响因素等（赵永乐等，2022）。

2.3.1　分类

在以往的研究中，一些研究者尝试对游戏化学习方式进行分类。Van Eck（2006）将游戏化学习分为以下三类：学生制作游戏、教师制作游戏，以及利用现成的电子游戏。第一类是让学生通过自主开发游戏的方式获得知识与能力，如编程知识、问题解决能力、合作能力等；第二类是让教师将学习内容与游戏进行整合，从而使教学兼具教育性与娱乐性；第三类是将现成的电子游戏应用到课堂中，用以支持学生学习。

类似的，Nousiainen 等（2018）将游戏化教学分为四类：娱乐游戏、教育游戏、制作游戏（学生）和游戏化。这四种类型都具有玩乐性。娱乐游戏并不是为了学习目标，但可以作为情境、游戏玩法等方面的支持；与娱乐游戏不同，教育游戏则是旨在支持学习者达到特定的学习目标；与 Van Eck 的观点相似，制作游戏的方式用于让学生获得一系列知识与技能；游戏化则是将非游戏活动变为游戏化活动，从而使教学更具吸引力。

另外，卡尔·M. 卡普等（2017）提出了两种游戏化做法：结构游戏化和内容游戏化。两种游戏化做法不会相互排斥，实际上它们经常出现在同一个课程里并互相补充。结构游戏化是指利用游戏元素来驱动学生完成学习，而不会改变学习的内容。这类游戏元素包括积分、关卡、进度条、排行榜等。内容游戏化是指利用游戏元素和游戏思维使课程内容具备游戏特征，但没有变成游戏。这类游戏元素包括故事情节、挑战、角色、好奇心等。结合上述研究者们对游戏化学习的分类以及游戏化的程度，可将游戏化学习分为以下四类（见图 2 -

1）（Huang el al.，2023）。

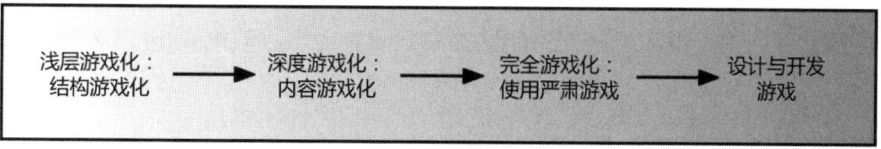

图 2-1　游戏化学习的分类

2.3.2　教学设计

在教学设计方面，张靖等（2019）在分析了游戏化的核心价值和在教育技术中的应用后，提出了教育技术领域中的游戏化设计流程，包括明确游戏化的目标，描述学习者特征，提出动机激励模型，设计游戏化活动，以及反思与优化。李秀晗和曲茜美（2018）针对儿童阅读构建了游戏化阅读设计模型，认为游戏化为阅读提供了动机支架、认知支架以及元认知支架。陶佳和范晨晨（2021）探讨了构建游戏化课程目标的七个原则（符合认知的体验设计、合情合理的代入感、边界清晰且内部自由、跨界体验模拟工作场景、提供更多视角与参考、基于学习者特征的"压力阀"设计、用"同僚压力"代替"规则压力"）和五个策略（阶段性、持续性、递进性、层次性、整体性）。

此外，不少研究聚焦于游戏化学习与技术的融合设计。如甘容辉和何高大（2020）探讨了在 5G 新时代下，游戏化学习方式的二语习得特征，包括沉浸性、智能性、社交性、协作性和多操作性。也有研究聚焦将游戏化学习与近年来国内兴起的学习方式如 STEM 学习、MOOC（大规模在线开放课程）学习等相融合。苏仰娜（2017）探讨了基于 STEM 理念而设计的移动学习游戏积件，学习者可以利用积件库中的资源整合生成学习性游戏，从而提高创新意识、批判性思维、信息技术等能力。该学习方式体现了游戏化、DIY 实践、跨学科、通用共享等特点。于颖等（2021）提出了 STEM 游戏化学习设计框架，该框架包含七个步骤：设定指向高阶思维的学习目标；在选取的跨学科内容中设置具有挑战性的任务；设置游戏化情境；组建小组并说明游戏规则；明确学习任务与规划设计；在制作过程中体验玩中学；以及建立奖赏机制、积极评价反馈。曲茜美等（2019）将游戏化设计与 MOOC 相结合，其中"故事情境"是设计的关键，能够解决 MOOC 学习中情境缺失的问题。朱云等（2017）也提出采用故事情节的游戏化设计与 MOOC 相结合，并通过实验对该方式进行了评估，结果发现，与未添加故事情节过渡视频的 MOOC 课程相比，添加了故事情节过渡视频的 MOOC 课程在选课人数上实现了快速增长。同时，过渡视频对学习者有一定的吸引力。研究验证了该方式能够提高学习者的学习动机。

2.3.3 教学实践

当前，不少国内外研究者对游戏化教学实践进行了多种角度的研究。比如有研究者对游戏化教学的形式进行研究。陈博殷等（2002）从游戏化形式的角度出发，对国内外化学学科的游戏化教学进行对比后发现，国内外教育游戏形式丰富多样，但略有差异：国内的非电子类游戏实物包括卡片、桌游、棋类、麻将等，电子类游戏包括游戏机游戏、电脑游戏、移动游戏等；游戏化教学活动包括实验类、表演类、语言类和竞技类；国外的非电子游戏主要为游戏卡片及桌面游戏，电子游戏与国内大同小异，游戏化教学活动主要为情境任务类。Chen、Wang 和 Lin（2015）发现无论是学生在游戏化学习活动中开展自主学习还是合作学习，在改善学习效果方面都有积极作用，不过两种方式对学习动机的影响并不明显。

与此同时，较多研究者从游戏元素的视角进行分析。比如 Vrugte 等（2015）比较了学生在合作和竞争中产生的学习结果，发现学习能力较弱的学生更适合合作学习，竞争方式更适合学习能力较强的学生。Kyewski 和 Krämer（2018）在一门线上课程的教学过程中引入了"徽章"这一游戏元素，研究结果表明"徽章"对学生的学习动机没有产生显著的影响。Filsecker 和 Hickey（2014）发现在教育游戏中引入外部奖励不会削弱学习者的学习动机，但也不会增强学生的学习参与度。Vandercruysse 等（2013）将"竞争"这一游戏元素加入商务英语会话技巧的学习过程中，探究游戏元素与学习动机和学习成果之间的关系。Giannakos（2013）通过研究发现学习者在进行教育游戏过程中的愉悦程度（即教育游戏本身的趣味性）和学习成绩之间有着显著关系。

此外，也有研究者从学习者的性别角度来分析学生的游戏化行为。Dindar（2018）发现男性的游戏经验更丰富，掌握的游戏技巧更多，花在电子游戏上的时间也更长。而女性玩游戏的频率则比男性更高。

2.3.4 学习成效

许多研究表明，游戏化学习可以让学生在不同学科中，提高知识和能力、激发学习动机、优化学习体验等。

在知识与能力方面，和文斌、董永权（2021）采用元分析方法对教育游戏的 41 项实验和准实验进行了梳理和分析发现，教育游戏能够为学生的学习效果带来正向影响。在 Grizioti 和 Kynigos（2021）的研究中，设计了一款可编程的 3D 数字游戏，研究者发现该游戏环境能够提高学生的计算思维能力。Hsu 和 Cheng（2021）开发了一款生物侦探游戏，研究者发现该游戏环境能够培养学生的问题解决能力。张露等（2022）通过设计并应用游戏让学生学习分数概念，发现该游戏能促进学生对分数概念的理解。李玉斌等（2019）对国内外游戏化学习的相关实证研究进行了元分析，总体来看，游戏化学习能够对学生的学习效果产生积极的影响，其效果不受学科、学段的影响，其结果存在差异性。具体来说，对外语、计算机、地理、数学等学科具有显著的影响。与此同时，段春雨（2017）通过回顾教育游戏对学生学业成就影响的研究，发现在学习效果的差异上，也得出了相似的结论。Alonso-Díaz 等（2019）指出角色扮演类电子游戏可以帮助玩家学习和发展 21 世纪所需的各种技能（决策能力、实践能力和执行力等）。张靖等（2018）综述了国际游戏化语言学习研究的现状，研究证实了游戏有助于提升语言学习的效果，并发现开展游戏的方式有练习式、探索式、对话式、现实式和素材式。李宜逊等（2017）探究了拼音游戏对儿童的学习效果。研究发现，儿童仅参与游戏 2.5 个小时就能显著提高拼音能力，并且训练的时间越长，进步越大。Kourakli 等（2017）在有特殊教育需求的 20 名儿童中进行包含基于动作的教育游戏研究。研究结果表明，这些游戏对孩子的学业成绩有积极影响，并且提高了他们的认知、运动和学习技能。

在动机与学习体验方面，Chung 和 Lin（2022）采用基于问题的 3D 游戏化在线教学模式，发现该模式不仅能够提高学生在人力资源发展课程中的成绩，还能提高学生对课程的满意度。Zou 等（2021）设计并开发了一款角色扮演类的数字游戏，研究表明该游戏不仅能提高学生的信息素养，还能提高学生的动机、自我效能感和心流。Wrzesien 和 Raya（2010）认为教育游戏作为一种强大而有效的教育工具，在学习过程中不仅能够激发学习者的学习动机，还能够提升满意度。刘兴波等（2020）发现在一款益智类游戏中，场依存型学生和场独立型学生的学习动机都会随着支架强度的增加而提升，其中场依存型学生的学习动机趋势高于场独立型学生，此外任务支架能够为场依存型学生提升沉浸感。朱鹏等（2019）基于期望确认、感知有用性、满意度和游戏化的因素，构建了一个 MOOC 期望确认模型来探究用户的持续使用意愿的关键影响因素。研究发现游戏化在 MOOC 用户的持续使用意愿影响中起着显著的作用。Lu 和 Lien (2020) 以 362 名小学五、六年级的学生为实验对象，通过聚类分析确定了三类感知特征：强烈的学习和玩耍感知，中度的学习和玩耍感知，以及强烈的玩耍感知但较弱的学习感知，并发现无论何种特质类型，学生都表现出积极的自我效能感，其中强烈的学习和玩耍感知显著高于其他两类感知特征，说明学生对学习和玩耍的积极感知对游戏化学习的自我效能感激发至关重要。Araiza-Alba 等（2021）招募了 120 名 7～9 岁儿童，将其随机分配到三种条件下的解决问题的游戏中：桌面游戏、平板电脑、沉浸式虚拟现实（immersive virtual reality，简称"IVR"）。结果显示，总体而言，完成解决问题游戏的儿童在 IVR 条件下的比例（77.5%）高于平板电脑（32.5%）及棋盘游戏（30%）。他们还发现，使用 IVR 的参与者的兴趣和体验感明显高于其他两种条件下的参与者，IVR 环境下的儿童在任务执行过程中表现出初步的问题解决能力，并将他们所学迁移到物理游戏中。因此，IVR 是一种能够吸引用户兴趣和激励用户的技术，并具有协助认知处理和知识迁移的潜力。Hwang 等（2017）探讨了不同英语焦虑水平学生的学习行为模式。根据三个阶段的学习情况，他们发现游戏方式有利于提高学生的学习成绩和激发学习动机。此外，焦虑水平越高的学生在游戏情境中表现出越复杂的学习和游戏行为，学习成绩越好。然而也有研究者认为尽管教育游戏带来的愉悦感能够提高学习者的学习动机，但无论是从自我报告还是测试结果来看，教育游戏产生的学习效果并不明显（Iten and Petko, 2016）。

2.4 关于 GPBL 的研究

本书重点关注 GPBL 的实证研究现状和国际动态梳理，因此选定权威学术数据库 Web of Science（WoS）、ERIC 和 ScienceDirect 作为文献检索来源，对 2015 年 1 月到 2020 年 12 月这 6 年间的相关文献进行了检索和筛选，并根据 PRISMA（Preferred Reporting Items for Systematic Reviews and Meta-Analyses，系统评价与荟萃分析的首选报告项目）指南进行系统综述。目前国际学术界对游戏化学习的定义较为宽泛，涉及的概念包括 "gamified learning" "game-based learning" "playful learning" "educational game" "gamification of learning"。这些名词尽管在概念解释上存在差异，但都包含着游戏化元素、机制和策略等共同要素。因此，本书将上述所有游戏化学习概念作为相关文献检索的关键词。

由于 GPBL 概念较新，很多研究并未在标题及关键词中直接将"游戏化"和"项目式"两个概念同时表现出来，因此本书研究者在数据库中的检索策略是先分别对游戏化学习和 PBL 进行检索，主题检索式为 TS =（"project-based learning *"）；TS =（"game-based learning *" OR "playful learning *" OR "gamified learning *" OR "educational game *" OR "gamification of learning *"）。初步检索出文献 397 篇，之后继续对这些文献进行筛选，筛选标准包括：一是提供全文内容；二是存在证据收集的实证研究；三是同时提及游戏化学习和 PBL 相关概念，但要排除：①只在文献综述中提及游戏化学习和 PBL，②与游戏化学习和 PBL 缩写形式相同，但含义不同的学习方式，如基于问题的学习；四是重复的文章；五是同行评议的 SSCI 文章。最终，通过搜索和筛选获得 GPBL 相关文献 34 篇，其中有 1 篇文献涉及两项实验，因此共计 35 项研究（见图 2-2）。

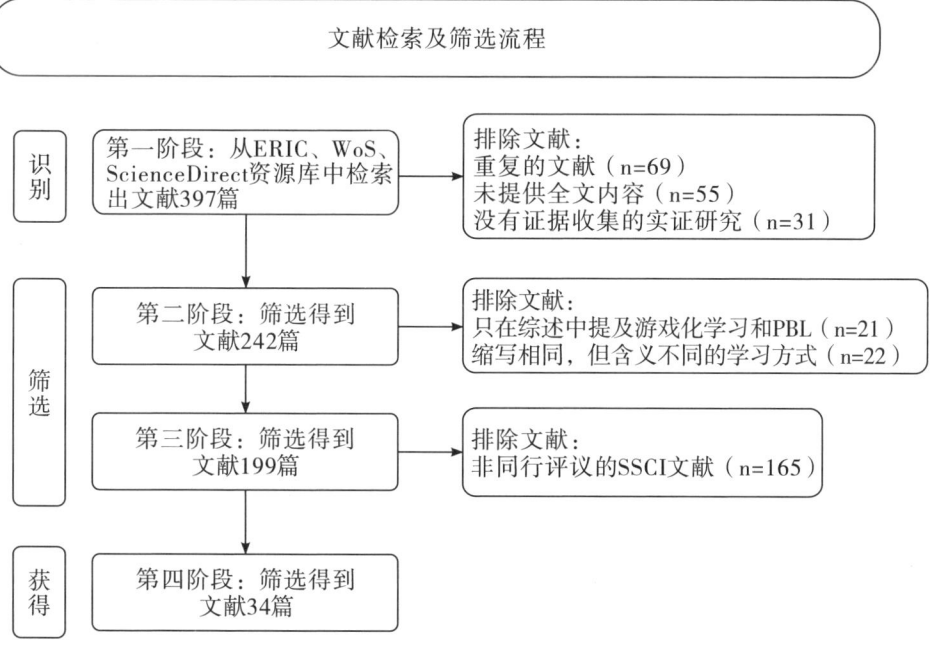

图 2-2 GPBL 文献检索及筛选流程

在梳理文献的过程中，笔者与另一位研究者共同对目标文献深入阅读并采用质性分析软件 NVivo 12.0 进行独立编码，两份编码 Kappa 系数达 0.82（Kappa＞0.75 则一致性良好），可靠性水平良好，不一致的编码内容则通过讨论来解决。为了更好地呈现文献内容，两位研究者从研究环境、研究方法、应用模式、信息技术的应用、学习结果以及理论基础六个方面对文献进行了编码，接下来将从这六个方面进行分析。

2.4.1 研究概况

35 项研究的研究概况如附录 A 所示，在研究所在的国家方面，这些研究遍布于欧洲、亚洲、北美洲、南美洲以及大洋洲。欧洲国家的研究数量最多（16 项），随后是亚洲（9 项）、北美洲（6 项）、南美洲（1 项）和大洋洲（1 项），有 2 项研究通过跨国合作完成。就课程实施的情境而言，聚焦正式学习环境下的课堂学习研究有 28 项，而针对非正式学习环境下的课外学习研究仅 7 项。35 项研究中共有 33 项研究报告了样本量，其中样本数最大的一项研究包含 395 人，最小的研究是一项面向 3 位学习者的案例研究。在研究对象的学段分布上，面向大学生的研究有 22 项，面向中学生的研究有 8 项，而面向小学生的研究仅有 3 项，其中有 2 项研究同时包含中学生和小学生。如表 2-2 所示，GPBL 在高等教育中的应用远远高于其在基础教育（包括小学阶段和中学阶段）中的应用。GPBL 在高等教育中的主要应用领域为工程学和计算机科学学科，比如工程学和建筑学课程（6 项）、计算机和编程课程（8 项）。在基础教育领域，GPBL 通常用于工程类和科学类学科，如 STEM、编程和自然科学课程。

表 2-2 学段内的课程分布

学段	课程	学科领域	研究数
大学	工程学、建筑学	工程学	6
	计算机、编程	计算机科学	8
	创业、信息系统	管理学	2
	计算机支持的协作学习、体育	教育学	2
	历史	历史学	1
	地貌学	地理学	1
	游戏开发	跨学科	2

续表 2-2

学段	课程	学科领域	研究数
中学	综合实践	跨学科	2
		数学	2
	计算机及编程	计算机科学	2
	物理、化学	自然科学	2
小学	科学	自然科学	1
	综合课程	跨学科	2
	STEM		1
	编程	计算机科学	1

研究中共用到四种研究方法：单组前后测对照实验（5项）、对比实验（6项）、案例研究（16项）和基于设计的研究（8项）（见图2-3）。实验研究是一种检验自变量对目标结果影响的传统和常用的方法。在11项实验研究中，5项使用了单组前后测对照实验，6项使用了组间对比实验，即将使用了GPBL的小组和没有使用GPBL的小组进行对比。案例研究旨在通过分析经典案例，对一个特定的主题进行深入调查（Verschuren，2003）。此外，基于设计的研究强调通过设计、实施、评估和修订的迭代过程来找出问题的解决方案。

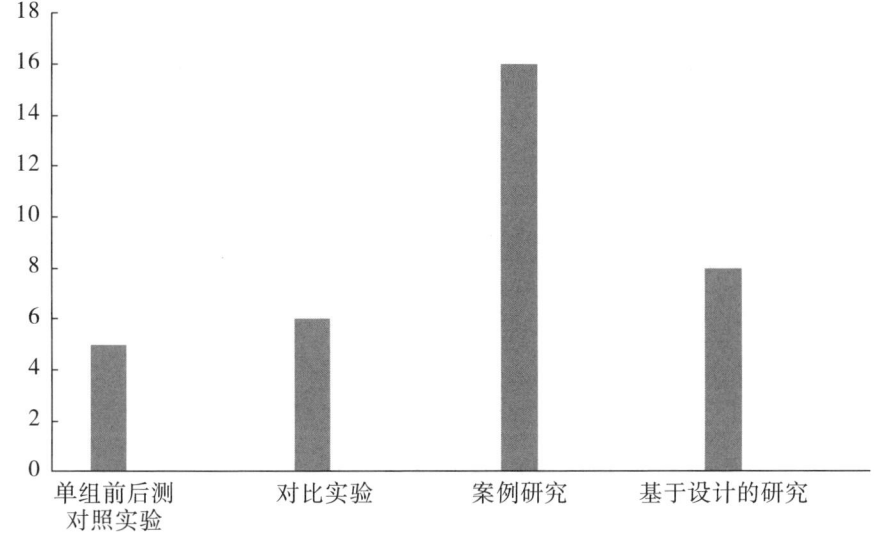

图 2-3 实证研究方法

在数据收集方面，超过一半的实证研究（20/35）采用混合方法来收集定量和定性数据，并为相关的研究问题提供了丰富的信息。混合方法设计是一种在社会学、行为学和教育科学领域广泛使用的研究方法，它利用不同的工具和方法来收集各种数据（Creswell，2008）。量化研究侧重对实施设计干预后的目标群体完成的测验和量表进行评估，质性研究则侧重对参与 GPBL 的学生和教师进行深入访谈，对学习活动进行观察，以及对项目作品进行分析。研究的数据来源涵盖问卷及量表（27 项）、观察（18 项）、访谈（14 项）、项目制品（9 项）、测试（9 项）和文本（7 项）。

2.4.2 应用模式

依据 2.3.1 中总结的四种游戏化学习类别，GPBL 也可分为四类应用模式。附录 A 记录了每个研究中涉及的 GPBL 活动类型。

2.4.2.1 第一类：使用轻度游戏化为 PBL 披上游戏的外衣

轻度游戏化（shallow gamification）是指为 PBL 披上一层游戏的外衣，增加积分、奖励、排行、徽章等奖惩机制，而没有改变学习项目本身的内容。轻度游戏化也是教师在进行教学设计时使用最广泛、最直接和最容易的方式，常见的表现形式为竞赛挑战、积分排名、趣味奖惩等，其作用机制表现在为学习者提供外在的激励举措，激发学习者在活动中的取胜心理。这些游戏元素在一些文献中被称为初级的游戏化元素，因为它们起到的是辅助作用，并不会从根本上改变学习的过程。

几乎所有的综述研究在设计 PBL 时都设置了初级游戏化元素，因为初级游戏化元素是游戏化的典型特征，约半数的研究只是使用初级游戏化元素来包装 PBL 的活动。例如，Fuster-Guilló 等（2019）在计算机工程课中，指导教师使用游戏化竞争答题平台 Kahoot 让学生掌握理论知识。Isabelle（2020）将基于网络的游戏化平台 OVC（online venture challenge）与电子商务平台 Shopify 配合应用于创业教育课程中，教师可在 OVC 设置学习材料、任务和问题，OVC 平台中的游戏化元素包括徽章、积分、团队实时排名等，学生团队可以在电子商务平台 Shopify 中开启创业项目。团队的学习任务完成情况和 Shopify 的销售额、利润等信息都会转换为积分、排行榜的形式实时显示在 OVC 平台中。

2.4.2.2 第二类：使用深度游戏化重塑 PBL 的内核

与第一类轻度游戏化相比，第二类则是对 PBL 的内容进行游戏化，在某种程度上可以称为"深度游戏化"（deep gamification）。这类 GPBL 的设计是通过叙事和角色，以及将游戏过程与学习目标联系起来，改变 PBL 的内容和方法。深度游戏化的特征：即使没有积分和奖励，学生也能沉浸其中。

Warin 等（2015）采用多角色项目管理（MRP）的方法开展信息系统项目课程，MRP 包括四个主要角色：为客户工作的学生团队，确保团队正确使用该方法执行项目的 MRP 专家，定义项目目标并进行验收的客户，以及具有特定学习技能的专家。就像角色扮演游戏一样，学生需要解决真实的问题，提高在游戏中的表现。Wu 等（2016）让学生在建筑管理课上扮演正在进行校园项目的团队，角色包括顾问、项目经理、业主代表和项目工程师。在辅助技术课程中，学生根据分配到的故事案例来准备自己的角色扮演。Gándara 等（2020）让学生组成工作团队。工作团队的任务是设计一个团队游戏，以此来获得人力资源主管（教师扮演）的聘用。角色扮演、故事情节、设计任务是第二类 GPBL 中使用最多的游戏元素。一些研究认为，深度游戏化让学生将知识点联系起来，创造出内在动机而不是外部激励。

2.4.2.3　第三类：将完整的游戏植入 PBL 中

该模式的显著特征是在 PBL 中植入某一个或多个完整的教育游戏/严肃游戏，让学生通过玩游戏的方式强化认知并推进项目。该策略的具体实施又可以分成三种方式。

第一种方式是将游戏设置在项目活动的导入环节，作为构建知识与技能的工具和活动，在提升趣味性的同时，强化对知识与技能的理解和掌握，为推进后续的活动做准备。例如 Alden 等（2020）让学生在进行正式的编程活动之前，通过玩电子迷你游戏来获得编程的概念。Gabriele 等（2017）使用 BrainFarm 软件设计了一款严肃游戏，指导学生在项目实施前通过玩游戏来学习有关机器人的基础知识。在 Wang（2020）的对比实验设计中，学生在参与制作科学玩具项目之前，对照组通过参与基于电子书的电子游戏来学习电路和电学等科学概念并加以实践，实验组通过参与基于增强现实（AR）的电子游戏来学习概念。游戏中有三个关卡，两组学生都需要先用自己的虚拟角色在游戏中进行探索，遵循指示正确回答问题以完成挑战。对照组学生将电子书中的文字和图片作为脚手架来完成项目活动，实验组学生则使用增强现实的方式获得更多互动性的指导。

第二种方式是将教育游戏用于项目进度管理，贯穿整个项目环节中。例如 Punia 等（2020）让学生在社交视频游戏中表征目标、相互交流、分享图片、查看项目进展等。

第三种方式是将教育游戏作为项目探究的基地或实施情境，整个 PBL 活动都是在一个系统性的游戏环境和机制下进行，使得学生在其中具有明显沉浸感。例如 Callaghan 等（2016）和 Hewett 等（2020）组织中学生通过游戏《我的世界》参与构建自己的作品。Ke 等（2019）让学生在游戏化学习平台 E-Rebuild 中参与建筑建造和问题解决，从而获得数学实践。Díaz-Lauzurica 等（2019）使用了一款在线教授编程入门的游戏 Blockly Games，Blockly Games 包含七个活动，每个活动都有十个难度递增的挑战。

2.4.2.4 第四类：将游戏开发作为 PBL 活动的主要任务

PBL 的典型特征是产生项目成果，并围绕项目成果进行演示及交流。因此，GPBL 的第四种类型是将游戏开发作为 PBL 的最终任务和可见目标，这体现了基于设计学习的教学思想（Nelson，2004）。以游戏开发作为 PBL 的任务情境和最终目标，学生不再是学习者或者玩家，而是站在游戏设计师的角度考虑在游戏中采用哪些游戏元素和机制以及如何去实现。制作游戏工具本身是一项有价值的活动，因为它将学生的偏好与教学目标相结合，学习者通过制作游戏来巧妙地将学科知识和技能整合到游戏当中，并在这个过程中习得这些知识与技能。此外，在测试游戏时，学习者能感受到游戏所带来的玩乐感。

游戏开发包括数字游戏开发（Engström et al.，2020；Gestwicki et al.，2016；Romero et al.，2019；Gaeta et al.，2019；Costa et al.，2018；Prigmore et al.，2016；Kapralos et al.，2015；Osman et al.，2020；Arnab et al.，2019；Topalli et al.，2018；Altanis et al.，2018）和非数字游戏开发（Baran et al.，2018；Arnab et al.，2019）。数字游戏开发多适用于编程课程，例如 Yoon 等（2015）让学生在游戏《愤怒的小鸟》的基础上开发 AI 模块。研究中提到的技术开发工具包括 Scratch（Costa et al.，2018；Topalli et al.，2018），Create@School App 和 Project Management Dashboard（PMD）（Gaeta et al.，2019），Box2D 引擎和 Powerpoint（Osman et al.，2020）。

非数字游戏的开发多以现实生活中的游戏为原型，在游戏内容中融合具体的学科知识，并需要提供工具和材料作为游戏道具。Rodríguez-Oroz 等（2019）描述了一门地貌学课程，每个小组的学生负责一个特定地貌的信息收集，接着共同制作一个有关某国家地貌知识的棋盘游戏，并在课堂上一同玩这个游戏。类似地，制作和玩棋盘游戏的方式也被用于历史课上（Rajkovic et al.，2019），不同的是该游戏由班里的 13 位学生制作，由另外的 45 名学生体验并评价该游戏在历史课教学中运用的可能性。

2.4.3 技术应用

在 36 项研究中,有 22 项研究 (61%) 提到技术工具如何在 GPBL 中应用,这些技术工具根据各自的功能可以分为四类 (见表 2-3):第一类工具为用于搭建游戏环境的数字化游戏 (8 种),包括 Angry Birds、Kahoots、Coding4Girls 等。第二类工具为用于管理课程或项目的平台 (3 种),包括 Project Management Dashboard、Online Venture Challenge、Moodle 等。第三类工具为一些通用技术工具 (4 种),主要用于演示、沟通和协作,包括 Powerpoint、Google Earth、Dropbox 等。第四类工具为用于特定领域如商业、工程、建筑和编程的专业技术工具 (13 种),某些专业技术工具被用于支持项目成果的制作,如在 Engström (2020) 等和 Kapralos (2015) 等的研究中,学生使用游戏开发引擎 Unity 来开发游戏,游戏本身就是项目成果。除了 Unity 之外,类似的软件还包括 Scratch、Github、mBlock 等。

表 2-3 技术工具

类型	名称	性质	文献
数字化游戏	Kahoot	游戏化学习平台	Fuster-Guilló et al. (2019)、Díaz-Lauzurica et al. (2019)
	Coding4Girls	游戏化编程学习平台	Alden et al. (2020)
	Blockly Games	编程游戏	Díaz-Lauzurica et al. (2019)
	BrainFarm	基于仿真机器人的严肃游戏	Gabriele et al. (2017)
	E-rebuild	建筑游戏	Ke et al. (2019)
	Angry Birds	视频游戏	Yoon et al. (2015)
	Minecraft	沙盒游戏	Callaghan et al. (2016)、Hewett et al. (2020)
	Kinect	运动感应输入设备	Altanis et al. (2018)

续表 2-3

类型		名称	性质	文献
课程/项目管理平台		Project Management Dashboard	项目管理平台	Gaeta et al.（2019）
		Online Venture Challenge	项目管理平台	Isabelle（2020）
		Moodle	课程管理平台	Warin et al.（2015）
通用技术工具		Powerpoint	演示文稿软件	Osman et al.（2020）
		Google Earth	地球3D呈现电脑程序	Wu et al.（2016）
		Google Apps	协作式应用程序	Wu et al.（2016）
		Dropbox	文件托管服务	Wu et al.（2016）
专业技术工具	商业	Shopify	电子商务平台	Isabelle（2020）
	电信工程	Software Defined Radio	无线电广播通信技术	Gelonch-Bosch et al.（2019）
	土木工程	PGSuper	预制预应力梁设计、分析和荷载评级软件	Mantawy et al.（2019）
	建筑	PlanGrid	建筑生产力软件	Wu et al.（2016）
		SketchUp	三维建模计算机程序	Wu et al.（2016）
		Sefaira	建筑节能分析软件	Wu et al.（2016）
		Autodesk	设计软件	Wu et al.（2016）
		On-Screen Takeoff	施工估算软件	Wu et al.（2016）
	编程	Scratch	图形化编程软件	Costa et al.（2018）、Topalli et al.（2018）
		mBlock	图形化编程软件	Shih et al.（2017）
		Github	互联网托管服务平台	Francese et al.（2015）
		Crear@ School App	图形化编程应用程序	Gaeta et al.（2019）
		Unity	游戏引擎	Engström et al.（2020）、Kapralos et al.（2015）

2.4.4 学习结果

本书在美国"21世纪技能联盟"学习分类框架（Kay and Greenhill，2011）的基础上增加了学科知识与成绩、学习动机和元认知三项，将 GPBL 结果分为六类（见图 2-4 和表 2-4）：学习与创新技能（13 项）；信息媒体与技术技能（9 项）；生活与职业技能（9 项）；学科知识与成绩（12 项）；学习体验与动机（25 项）；元认知与自主学习能力（8 项）。在 35 篇综述研究中，有 31 项研究报告了学习结果（见附录 A），而其他 4 项研究侧重于解释 GPBL 的实施过程和技术：1 项研究探究了不同学科背景的学生共同参与游戏开发的可能性（Engström et al.，2020）；1 项研究调查了教育类电子游戏开发过程中的乐趣、游戏和学习之间的关系（Gestwicki et al.，2016）；1 项研究探索了调查在游戏设计的团队合作中，不同歧义容忍度水平学生的活动表现（Romero et al.，2019）；1 项目研究探讨了学生自主性与 PBL 的学习动机之间的关系（Prigmore et al.，2016）。

数据表明，在 31 项研究中，学习体验和动机排在第一位，之后是学习与创新技能。这意味着 GPBL 的最大优势在于可以帮助学生优化学习体验和动机以及高阶思维能力。此外，绝大多数（30/31）研究表明 GPBL 对于学生的各类学习结果是积极的，但有 1 项研究显示学生对课程活动感到失望（Gelonch-Bosch et al.，2019），文中解释有些学生不喜欢充满竞争挑战的学习环境，或是不喜欢以探索未知的方式开展学习活动。

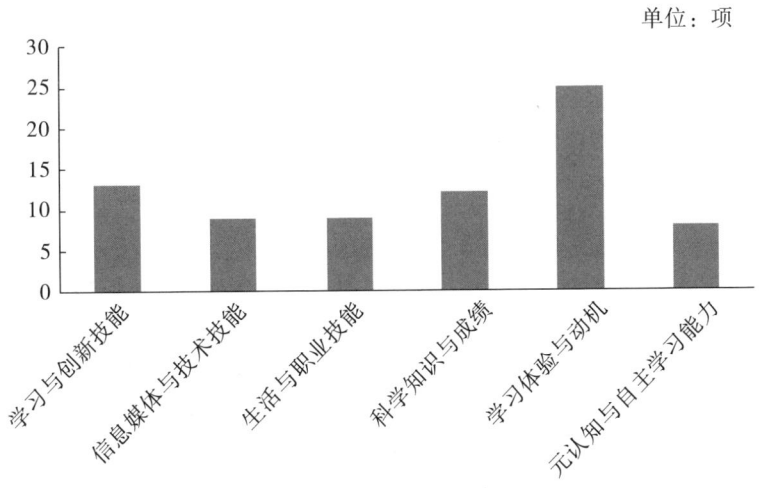

图 2-4 学习结果

表 2-4 GPBL 的学习结果编码

学习结果分类	核心关键词	作者（年份）
学习与 创新技能 （13 项研究）	批判思维与 问题解决能力	Callaghan et al.（2016）、Yoon et al.（2015）、Isabelle（2020）、Mantawy（2019）、Hewett et al.（2020）、Díaz-Lauzurica et al.（2019）、Arnab et al.（2019）、Wu et al.（2016）
	创造与创新能力	Hewett et al.（2020）、Callaghan et al.（2016）、Gaeta et al.（2019）、Osman et al.（2020）、Rajkovic et al.（2019）
	沟通与合作能力	Hewett et al.（2020）、Chua et al.（2017）、Shih et al.（2017）
信息媒体与 技术技能 （9 项研究）	计算机与 编程技能	Fuster-Guilló et al.（2019）、Díaz-Lauzurica et al.（2019）、Alden et al.（2020）、Punia et al.（2020）、Altanis et al.（2018）、Francese et al.（2015）、Gaeta et al.（2019）
	媒体素养	Costa et al.（2018）、Osman et al.（2020）
生活与 职业技能 （9 项研究）	创业技能	Isabelle（2020）
	社交技能	Osman et al.（2020）、Ke et al.（2019）、Hewett et al.（2020）、Chua et al.（2017）、Altanis et al.（2018）
	工程技能	Warin et al.（2015）、Chua et al.（2017）、Mantawy（2019）
学科知识 与成绩 （12 项研究）	知识测试	Wang（2020）、Baran et al.（2018）、Ke et al.（2019）（2 项）、Rodríguez-Oroz et al.（2019）、Osman et al.（2020）、de-Juan et al.（2016）、Shih et al.（2017）、Topalli（2018）
	自我评估	Baran et al.（2018）、Yoon et al.（2015）、Isabelle（2020）
	比赛成绩	Yoon et al.（2015）
	焦点小组访谈	Rodríguez-Oroz et al.（2019）
	项目报告	de-Juan et al.（2016）、Wu et al.（2016）
学习体验 和动机 （25 项研究）	满意度	Ke et al.（2019）、Gaeta et al.（2019）、Francese et al.（2015）、Gelonch-Bosch et al.（2019）、Isabelle（2020）、Mantawy et al.（2019）、Shih et al.（2017）、Warin et al.（2015）、Altanis et al.（2018）、Rodríguez-Oroz et al.（2019）、Yoon et al.（2015）、Fuster-Guilló et al.（2019）

续表 2-4

学习结果分类	核心关键词	作者（年份）
学习体验和动机（25 项研究）	动机	Gabriele et al.（2017）、Wang（2020）、Díaz-Lauzurica et al.（2019）、Ke et al.（2019）、Arnab et al.（2019）、Chua et al.（2017）、de-Juan et al.（2016）、Altanis et al.（2018）、Fuster-Guilló et al.（2019）
	参与度	Callaghan et al.（2016）、Gelonch-Bosch et al.（2019）、Isabelle（2020）、Wu et al.（2016）
	兴趣	Wang（2020）、Díaz-Lauzurica et al.（2019）、Yoon et al.（2015）
	玩乐	Gabriele et al.（2017）、Baran et al.（2018）、Alden et al.（2020）、Kapralos et al.（2015）
	兴奋	Callaghan et al.（2016）
	投入	Callaghan et al.（2016）
元认知与自主学习能力（8 项研究）	注意力	Wang（2020）、Díaz-Lauzurica et al.（2019）、Rajkovic et al.（2019）
	独立	Ke et al.（2019）、Chua et al.（2017）
	自我效能感	Isabelle（2020）、Wu et al.（2016）
	自信	Chua et al.（2017）
	毅力	Rajkovic et al.（2019）

在计算机科学领域，Díaz-Lauzurica 等（2019）发现学生在游戏中学习，其编程知识、技能、推理能力和解决问题能力都得到了提升，同时，课堂注意力得到了提升、学习动机和学习兴趣也得到了激发。Punia 等（2020）发现实验组（在多维游戏中开展项目）在编程知识的获得、项目质量和项目成果上都比对照组表现更佳。Altanis 等（2018）让学生设计体感游戏与通过玩卡牌游戏来学习自然用户交互技术，发现该方式能提高学生的计算思维能力、社交技能和动机。虽然学生和教师以前没有此类项目的经验，但大多数学生对项目活动感到满意。Alden 等（2020）发现学生在教师设置的数字游戏中完成了挑战，从而获得了编程技能，大多数学生表示活动很有趣，这证明了该方法的可行性。Yoon 等（2015）让学生以竞赛的方式开发游戏 AI，研究结果表明，该方法具

有更高的编程学习效率，学生对该方法表现出了很高的学习兴趣和满意度。

在工程领域，Chua 等（2017）发现通过让学生参与基于项目的机械设计大赛的形式，能够提高学生的工程技能和一些软技能，如沟通技巧、团队合作能力、独立性等。同时，学生认为通过参与竞争的方式获得了更多的动力，并认为比赛的方式提高了他们的信心和独立性。Mantawy 等（2019）让学生使用一款商业软件来进行桥梁的分析和测试，并以竞赛的方式比较他们的设计。研究发现学生对整个项目活动和软件使用都给了很高的评分，并且他们认为为了获得对设计的信心，这个过程是必要的。de-Juan 等（2016）让学生通过竞赛的方式进行针对实际问题的工程设计。研究发现 96% 的学生通过了该课程，证明他们理解了相关的知识概念，同时，他们认为用解决实际问题的方式开展学习具有吸引力，能够激发动机。

在数学、自然科学、历史学等单学科领域，Callaghan 等（2016）让学生在游戏《我的世界》中创建作品。研究发现，学生对使用《我的世界》软件感到很兴奋，在课程中的参与度和投入度都很高，并且会运用更高阶的"创造"和"评估"技能。Baran 等（2018）让学生在 PBL 中设计基于物理原理的游戏工具。研究发现，学生通过这样的方式进行学习比传统上课的方式获得更高的物理测验分数，并认为这样的学习十分有趣。Osman 等（2020）让四所中学的 138 名学生参与了一项准实验研究，该研究在正常的上课时间进行，学生被分为对照组和实验组。对照组通过传统的方法学习盐这一主题，实验组则通过开发数字游戏的方式来学习相同主题。两组学生都完成了这一主题的知识测试（前后测）以及马来西亚的 21 世纪技能问卷，研究结果显示，两组的前测成绩相当，而实验组的后测成绩显著高于对照组。Costa 等（2018）让四所学校的 60 名学生通过 PBL 的方式来制作数字游戏，以此来提高媒体和信息素养。研究者采用了自制的媒体和信息技能问卷，学生在 PBL 之前和之后填写。问卷结果显示该方式能够显著提高学生的媒体和信息素养；Gaeta 等（2019）让学生使用 Create@ School 应用程序和项目管理仪表板来设计和编程游戏。研究发现，这种方式能够激发学生的创造力，使学生获得有关课程的知识，同时该项技术能够为用户带来积极的体验。

在跨学科领域，Shih 等（2017）让学生运用他们的历史、地理、数学、物理学、力学和自然科学等知识来制作可通过手机软件来进行控制的船，并参与到游戏当中。结果显示，学生的整体后测成绩（包括历史、编程和数学）都有了显著提高，合作技巧也得到了提升。此外，学生表示对该课程感到满意，特别是游戏部分。Rajkovic 等（2019）发现创造桌面游戏的学生和玩该游戏的其他学生能够分别从不同的角度获取历史知识,并发挥创造力。此外研究者发现,学生在游戏中的专注力和毅力能持续较久,即使他们可以随时离开游戏。学生认为在学习过程中,他们可以在内容选择、计划和组织项目的过程中自由发挥创造力。Kapralos 等(2015)发现学生认为基于问题的游戏设计课程充满乐趣。Topalli 等(2018)对比参与游戏开发项目来获得编程知识的小组和参与传统课程的小组,发现前者的课程成绩更高。Gelonch-Bosch 等(2019)让学生通过竞赛的方式开发一个无线通信系统。研究发现有 40% 的学生对这种方法感到失望,此外,让学生参与竞赛规则的制订能够提升他们的参与度。Wu 等(2016)通过角色扮演的方式让学生围绕学校项目进行 PBL,结果发现学生能够从实践中获得知识,并且表现出扎实的解决问题的能力和批判性思维的能力。然而在合作方面,团队合作的效果不佳,学生参与度较低,这可能与工作量较大,不愿为小组努力做贡献等因素有关。在自我效能感方面,学生对自我的评价分数比对队友评价的要高,通过访谈也发现,当队友之间发生冲突时,他们会责怪对方,而不是努力提高团队绩效。此外,学生缺乏自我激励和领导能力,很少有学生愿意走出舒适区并突破界限,以学得更多和做得更好。在活动体验中,学生认为由于与队友的其他课程冲突,他们缺乏见面交流的机会,计算机过时和应用程序的持续故障也让学生对技术使用感到沮丧。Hernández Gándara 等(2020)让学生在合作中设计和组织游戏。研究发现,他们在活动中获得了知识,对活动的满意度和参与度都很高。Rodríguez-Oroz 等(2019)通过让学生设计和玩该游戏来获得地理知识。研究结果,该方式有助于学生均等收获知识,此外,他们对活动表现出了很高的满意度。Wang(2020)对比采用教育游戏和电子书开展 PBL 的一组学生以及采用教育游戏和增强现实(AR)技术开展 PBL 的一组学生,研究发现两组的知识测试成绩和实践成绩均相似。此外,通过访谈发现,学生喜欢使用基于游戏的方式进行学习,使用电子学习材料不仅能够为学生的动手操作搭建脚手架,也能够提高学生的注意力和动机。Gabriele 等(2017)让学生在严肃游戏中开展 PBL,结果发现,从实验开始到结束,学生的动机都很高,有半数的学生认为学习的主题很有趣,但也有近半数的学生认为在项目工作和软件可用性方面存在一些困难。Francese 等(2015)让学生在一个竞争环境中设计和开发应用程序。研究结果发现,学生认为该课程提高了自己的开发能力,并对课程活动及支持活动的协作工具给予积极的评价。Fuster-Guilló 等(2019)让学生使用 Kahoot 平台中的严肃游戏进行理论课程的学习,并在基于项目的实践中通过竞争的方式比较项目成果。研究发现,相较于对照组,实验组学生的后测成绩略有提高。此外,研究还发现,Kahoot 有助于激发学生的动机，以及促进对学习活动的满意度。Hewett 等（2020）研究了在游戏《我的世界》中应用 PBL 对学生学习的影响，并发现该学习方式能够提高学生的核心素养。

2.4.5 理论贡献

大部分研究在文献综述部分对游戏和 PBL 的理论基础进行了论述，这些理论用于支持和指导教学实践。这些研究借鉴的理论主要包括建构主义学习理论、社会建构理论、发现学习理论、心流理论、情境认知理论、自我决定理论等学习科学理论。此外，也有研究引用了 Gamechangers 游戏设计思维五阶段（Arnab et al.，2019；Romero et al.，2019）。Gamechangers 是一个基于建构主义教学法的体验式学习项目，强调游戏的设计过程需要让不同水平的玩家都能更容易地获得游戏设计思维并在不同学习环境中（正式/非正式）通过使用游戏设计思维创造性地解决问题。

除借鉴已有理论外，不少研究提出了 GPBL 的概念模型和过程模型。概念模型主要是围绕 GPBL 中涉及的对象、工具、方法等关键概念的论述。Ke 等（2019）基于研究结论提出了基于数字游戏的创客空间概念（见图 2-5），以中学生建筑课程为例，描述了在创客课程中学习者与同伴和工具之间的交互以及学习者的自主性的调节作用，由此详细定义了游戏化创客空间这一新型教育形态。创客空间作为一个为学习者提供人力和技术资源的学习环境，帮助学习者在以创造为中心的学习过程中培养创新思维。

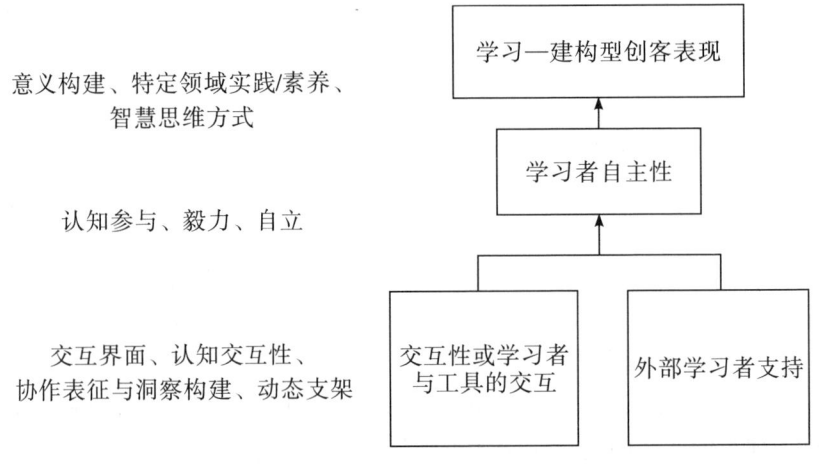

图 2-5　创客空间概念框架（Ke et al.，2019）

Isabelle（2020）提出了游戏化创业教育概念（见图2-6），并在研究中将真实的购物平台与可记录学生创业表现的游戏化平台相连，此外再与慈善机构合作，让学生参与真正的创业演练，获得创业经验，从而提高未来企业家的自我效能感。

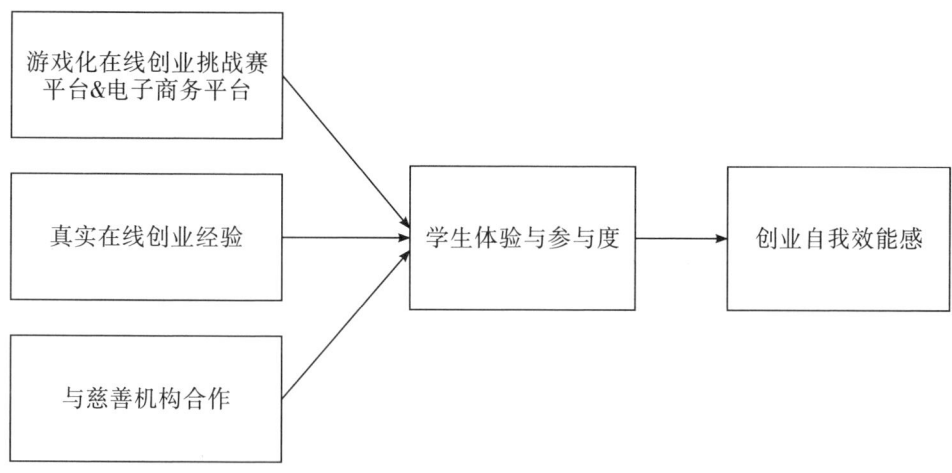

图2-6 游戏化创业教育概念框架（Isabelle，2020）

Warin等（2015）在STEM课程中引入多角色项目（MRP）方法（见图2-7），该方法的使用原则包括：责任分配，团队定期互动，参与和持续改进，相互依存和个人/集体工作的交替以及开放式沟通，并根据GPBL情境和特征对方法进行了再造和修改，形成了面向该模式的特定学习评价方法。MRP认为学生完成项目的过程中实际上是在玩一个角色扮演游戏。学生在游戏过程中需要完成两个项目：学习项目和工程项目。教师在学生完成项目的过程中会扮演一个或多个角色。

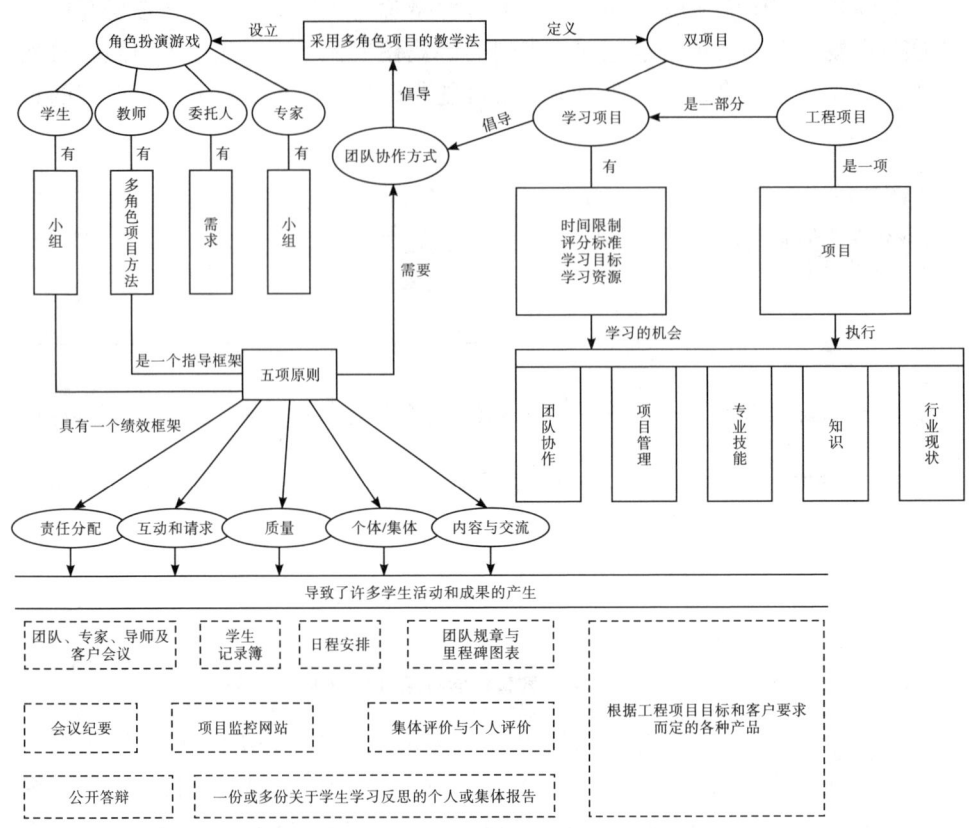

图2-7 多角色项目（MRP）概念框架（Warin et al.，2015）

Romero等（2019）提出了基于游戏开发的创造性教学法（见图2-8），该教学法包含五个要素，由外到内分别是创造性学习情境、创造性学习活动、鼓励创造的学习氛围、支持创造性学习的环境、用于创造的电子技术；五个要素相互融合促进学生的合作创造力。

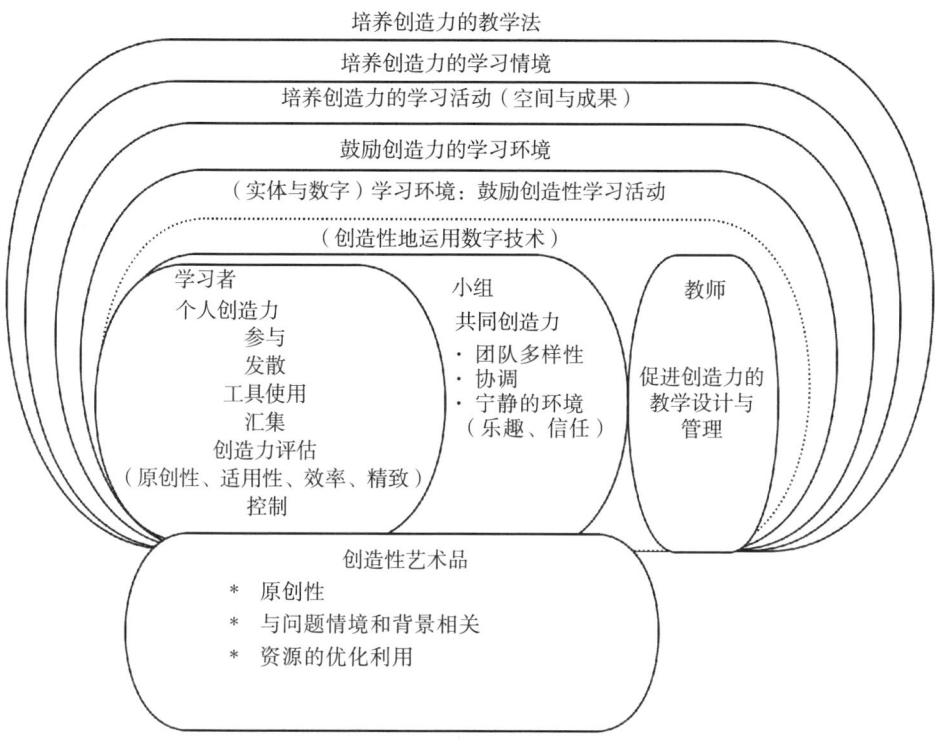

图 2-8 创造性教学概念框架（Romero et al.，2019）

Gestwicki 等（2016）根据六个基于设计的研究，提出了基于游戏开发的全浸式工作室活动系统（见图 2-9）。该系统由七个部分组成：学生团队、开发工具、游戏制作、游戏成果、工作室规则、共同体成员和劳动分工，为 GPBL 的教学管理提供了理论参考。

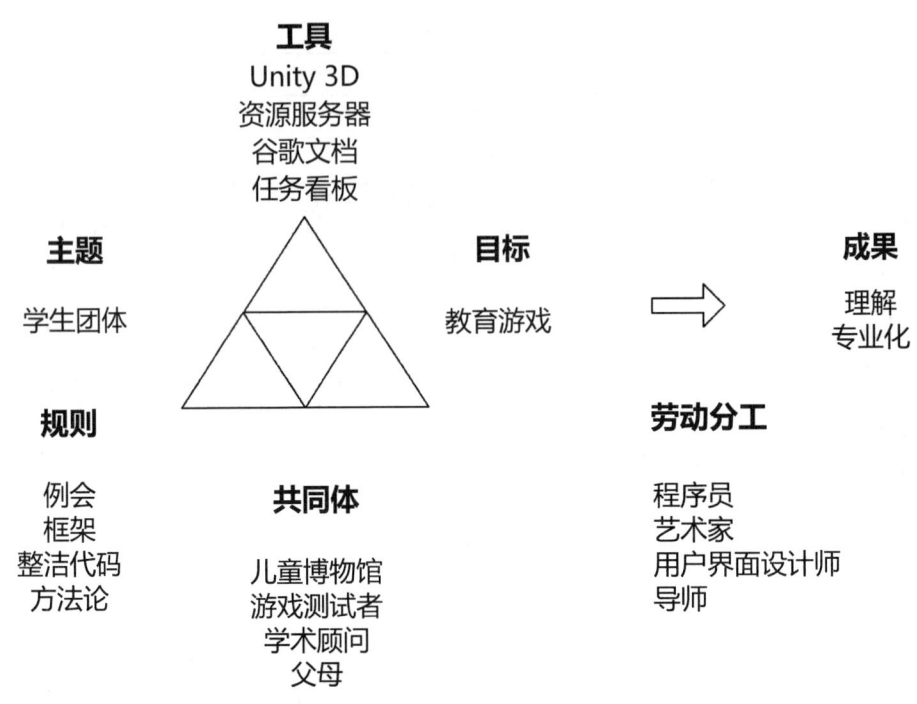

图 2-9　全浸式工作室活动系统概念框架（Gestwicki et al.，2016）

过程模型主要探讨 GPBL 的具体实施过程。比如在第一类 GPBL 模式的研究中，Gelonch-Bosch 等（2019）改进了工程课程中常用的动手学习方法，形成竞争模式下的 PBL 七阶段，分别是课程环境创设、开发和测试工具、参照过程链、竞赛规则、系统改善、学生评估以及学习方法评估。该方法并没有特定的主题，并且在学习过程中巧妙地将竞争性学习与合作学习进行融合。在第三类 GPBL 模式的研究中，Wang（2020）将 PBL 分为了问题驱动、探究和创造三个过程，并重点论述了在问题驱动过程中（项目探究之前）采用游戏方式学习知识的策略。Hewett 等（2020）提出基于游戏的双循环设计模型，用以解释游戏玩家在《我的世界》中如何进行批判性思考、创造、交流和协作。Alden 等（2020）在课程中引入了包括问题呈现、头脑风暴、主题挑战（挑战设计小游戏）、问题解决以及查看其他解决方案的五阶段模型。在第四类 GPBL 模式的研究中，Osman 等（2020）提出了以游戏开发为学习实践的项目式教学设计框架，它包括五项指导原则（知识构建、协作、探索、通过设计来学习、技术素养）和五个活动阶段（探究、发现、生产、交流和评价）。Altanis 等（2018）将游戏化项目式教学过程分为介绍、理解、设计、开发、测试及评估、完善六个阶段。以中学生编程课程研究为例,在第一阶段,教师要为学生提供课程结构、目标、时间表、技术工具等信息。随后,学生通过玩卡牌的方式理解自然交互技术(NUI)并初步设计一个体感(Kinect)游戏原型。在开发阶段,学生开始制作游戏,并对游戏进行内部和外部测试,根据反馈继续完善游戏。

2.4.6 GPBL 述评

本书通过对 35 项 GPBL 实证研究进行系统梳理和分析,构建了当前 GPBL 实证研究的全景图(见图 2-10),用于反映 GPBL 的理论、应用模式、研究方法、技术工具、学习结果和学科领域。它折射出 GPBL 研究现状的几个特点。

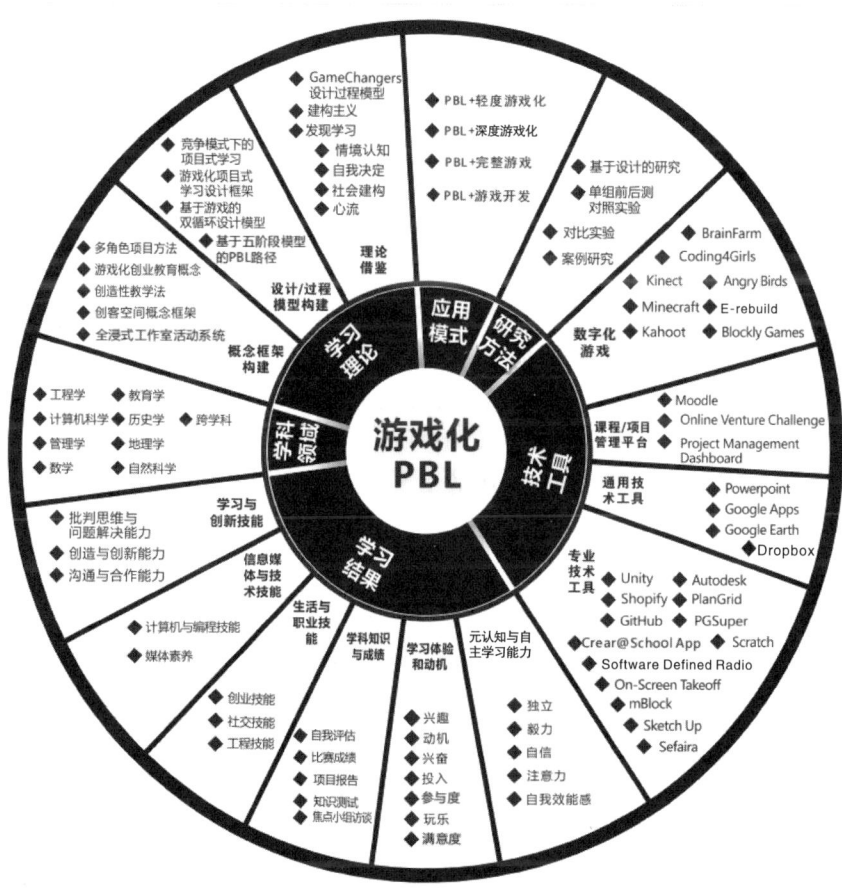

图 2-10 GPBL 实证研究全景图

2.4.6.1 研究趋势

35项实证研究的国别来源广泛，但鲜有研究探讨文化多样性对GPBL的影响。大多数研究针对大学学段，针对小学和中学学段的研究较少，一方面可能是由于研究者在大学课程中开展相关研究相对容易，另一方面大学生具有较强的自主学习能力和较多自由支配时间，适合开展游戏化项目式教学模式。然而PBL和游戏化学习在基础教育中的运用正逐步受到关注，目前中小学具备开展GPBL研究的成熟条件，因此有必要关注和分析GPBL在基础教育中的教学实践。与此同时，研究的样本量差异较大，从几人到几百人不等，其中少于20人的小样本研究占了三分之一以上。

研究方法上，有9项研究采用了基于设计的研究方法。与传统的实验方法相比，基于设计的方法正在成为教育技术和学习科学领域广泛使用的方法（Huang, Spector and Yang, 2019）。另外，很少有研究通过比较GPBL组和PBL组的差异来解释游戏化方法对PBL所起到的具体作用。数据收集上，超过一半的研究使用了混合收集定量和质性数据的方法，以深入解释学习过程。使用三角测量旨在从不同角度调查研究主题，平衡每种方法的优点和缺点（Creswell, 2012）。一些过程性数据包括草稿（Gestwicki et al., 2016）、活动日志（Díaz-Lauzurica et al., 2019）、学习报告（Warin et al., 2015）等，体现了过程评估的指导思想，鼓励学生自我探索和积极参与，注重学科知识的应用和动手能力。值得注意的是，近四分之一的研究在评估游戏化项目式的学习结果时报告了学生的项目成果（Gestwicki et al., 2016; Engström et al., 2020; Mantawy et al., 2019），认为项目成果能够反映学生的学习成效。

2.4.6.2 四种分类方式及其实践

从以往的研究来看，较少有学者对GPBL进行分类。因此，本书总结了在PBL中引入游戏或游戏化的方法，即前文描述的四种GPBL类型。一般来说，游戏化学习包含两种形式：基于游戏的学习和游戏化（Subhash and Cudney, 2018）。前者是指在教学过程中使用游戏，如严肃游戏等，而后者则强调在非游戏学习情境中应用游戏元素或游戏机制。严肃游戏尝试将游戏元素进行整合，其在一定程度上起到了教师的作用，只是教育游戏的应用对技术和设备方面提出了较高的要求。与之前的研究结论一样，将模拟类游戏、虚拟现实游戏与PBL相结合的形式最受学习者欢迎。

在GPBL的四种类型中，当把设计游戏作为项目成果时，教师会引导学生运用由 Doreen Nelson 提出的基于设计的学习。基于设计的学习是指学习者围绕"设计"任务或目标,通过循环迭代的学习过程,在新情境中迁移知识和技能,并发展学习者的高阶思维和问题解决能力,最终形成满足任务要求的方案或产品。此外,达林·哈蒙德(2010)提出了支持探究性学习的三种教学模式:PBL、问题驱动学习和基于设计的学习。可见,基于设计的学习是支持 GPBL 的一种有效方法(Altanis et al.,2018;Gaeta et al.,2019;Yoon et al.,2015)。学生自己设计的项目成果可以充分呈现出学生通过游戏制作获得的知识和技能水平,同时训练学生的创造性思维和设计技能。

第一和第二类 GPBL 模式主要是将游戏元素(如徽章、积分、排行榜、关卡、奖励、叙事、作品组合、进度条、冒险地图、化身)应用于 PBL 的不同方面,如项目管理(Isabelle,2020)、调查实践(Wu 等,2016)和项目评估(Isabelle,2020;Gelonch-Bosch et al.,2019)。第三和第四类 GPBL 则主要是将游戏应用于 PBL 中。人们普遍认为,游戏可以分为电子游戏和非电子游戏(巴格利,2012)。传统的非电子游戏活动对技术和设备要求较低,更容易在小学课堂上实现,也更容易被教师和家长所接受。然而,电子游戏不仅能提供即时反馈、增加互动,而且节省了活动材料和活动准备时间。

2.4.6.3 对学习结果的评价

研究结果表明,在 PBL 中应用游戏或游戏元素对提高 PBL 的体验和成果是有效的。GPBL 的潜力在于结合了游戏化学习和 PBL 的优势。GPBL 强调:以学习者为中心的环境、协作、课程内容、真实的任务、多种表达模式、时间管理、创新性评估。GPBL 可以在一定程度上忽略参与者之间的差异,促进彼此协作,最终达成学习目标(Callaghan,2016)。

绝大多数研究不仅关注 GPBL 对学生知识与能力的获得,也关注学生的学习过程体验,如动机(Gabriele et al.,2017;Wang,2020;Díaz-Lauzurica et al.,2019)、满意度(Ke et al.,2019;Gaeta et al.,2019;Francese et al.,2015)、参与度(Callaghan et al.,2016;Isabelle,2020)等。这些体验已被证明可有效促进学习。在六类学习结果中,"学习体验与动机"和"学科知识与成绩"这两类是被报告得最多的,这两类学习结果一方面反映出 GPBL 的突出优势在于激发学习动机,优化学习体验,另一方面体现了创新教学法的核心要求在于对标课程标准,丰富学科知识与提高成绩。

2.4.6.4 技术支持

大部分综述研究提到了技术在 GPBL 活动不同阶段中的具体应用,体现了技术工具和技术文化的双重价值取向，一方面借助各类信息技术工具和资源支撑游戏化项目式教学模式，例如游戏设计软件（Engström et al.，2020；Costa et al.，2018）、虚拟游戏场景和交互（Hewett et al.，2020；Callaghan et al.，2016）等；另一方面也体现了技术对学习文化的渗透和赋能。技术赋能下的游戏化PBL体现了一种全新的学习文化，强调乐趣、参与、过程和成果，同时借助技术实现最大程度的个性化教学，深入记录分析学情，为学生提供有针对性的指导和辅助。技术能够为学生提供多种收集信息以及交流互动的方式，使小组成员间能够进行知识和信息的分享，这有利于他们更好地学习和协作，并找出问题的解决方案（Blumenfeld et al.，1991；Hung et al.，2012；Krajcik and Czerniak，2014；Rick et al.，2009），从而提高学习效果（Gerard et al.，2011），并实现有意义的学习（Hwang et al.，2014）。

2.4.6.5 理论隐喻

综述研究的理论贡献集中关注两点：学习和游戏。

一方面，研究中引入了建构主义学习理论、发现学习理论、心流理论、情境认知理论等经典学习理论来指导GPBL的教学设计。此外，一些研究还引用了广泛使用的游戏设计理论，如Gamechanger的五个阶段（Arnab et al.，2019；Romero et al.，2019）。

另一方面，也有研究提出了新的GPBL理论。第一，提出并定义了一些新的概念，如基于数字游戏的创客空间概念（Ke et al.，2019）、游戏化创业教育概念（Isabelle，2020）。第二，总结了GPBL的创新方法、策略和教学方法，如多角色项目（MRP）方法（Warin et al.，2015）、游戏制作教学法（Romero et al.，2019）。第三，出现了一些基于过程的GPBL模式（Gelonch-Bosch et al.，2019；Wang，2020；Hewett et al.，2020；Osman et al.，2020；Altanis et al.，2018）。这些模式概括了不同学习环境中GPBL的特征、要素或阶段。提取出基于过程的GPBL模式，使得这种创新的教学方法更具有实用性和可操作性，有助于其他研究者更容易理解和实现GPBL。然而，大多数模式都来源于特定的内容或语境，导致人们对其泛化能力产生怀疑。此外，从理论角度探讨GPBL的学习机制也较少。

2.4.6.6 对本书的启示

GPBL是本书关注的重点，它大致可分为四种应用类型，这反映了GPBL的多样性特征。现有的研究在研究方法、学习目标、课程设计策略方面存在很大差异，这表明 GPBL 有着巨大潜力。

通过对 GPBL 的概念界定和述评可知：① GPBL 具有 PBL 的所有特征，因此将游戏化设计融入 PBL 中的目的不是将其改变为非 PBL，而是利用其优势来支持 PBL，以提高实施的效果。② GPBL 的本质仍属于 PBL。而游戏化学习的形式较为灵活，只要是具有游戏化思维的设计都属于游戏化学习的范畴，因此游戏化学习的本质也没有发生改变。③ GPBL 适用于小学、中学和大学中的单学科和跨学科课程，并能够在正式和非正式学习环境中发挥积极的学习作用。

然而 GPBL 存在两个突出局限：一是它缺乏从学习机制和活动流程角度构建的理论模型；二是针对基础教育的实证研究较少。可以看出，当前学界对 GPBL 的研究还处于萌芽阶段，亟须对其进行系统性的研究。该观点与本书第一章中的观点一致。基于此，本书接下来结合第一章提到的研究思路，拟从理论和实践两个方面展开研究：理论上，厘清游戏化学习与 PBL 在 GPBL 活动中的关系，并进一步从学习机制、学习过程以及设计原则和策略的角度进行探索；实践上，则加强对中小学生的实证研究。

第 3 章　理论研究

PBL 与游戏化学习一方面能够相互融合，另一方面它们也能保留各自的基本属性。基于此，GPBL 的理论基础既有来自 PBL 方面的理论支持，也有来自游戏化学习方面的理论支持。然而，简单罗列出两者各自的理论基础并不能体现出 GPBL 的底层逻辑，那么游戏化学习与 PBL 在本质上究竟存在怎样的关系，才使得 GPBL 方式行之有效呢？目前还没有出现能够解释 GPBL 运行机制的单个理论，而要构建出这样一个理论，需要对游戏化学习和 PBL 的核心理论进行梳理，从而找到理论之间能够互相融合和互相促进的节点，即理论之间的内在联系。

基于此，本章首先是对 PBL 和游戏化学习的核心理论进行梳理，并对这些理论的内在联系进行分析，初步构建出 GPBL 机制模型。其次是通过多案例研究方法，对不同的 GPBL 案例进行相互比对，从而完善 GPBL 机制模型。再次是结合 GPBL 机制模型，以及前人提出的 PBL 实施流程，构建出 GPBL 设计与实施框架。最后是基于对 GPBL 的整体认识，提出 GPBL 设计原则与策略。

3.1　理论基础

PBL 的核心理论包括实用主义理论、发现学习理论、情境认知理论和社会建构主义理论；游戏化学习的核心理论包括魔法圈、社会性发展、动机理论和强化理论。

3.1.1 GPBL 强调自主探究

3.1.1.1 实用主义理论

杜威（Dewey）在自传中提到《民主主义与教育》一书充分陈述了他的几点哲学思想，归纳起来，这些思想都强调了经验对学习者学习的重要性：首先，他提到教育即经验改造——教育的作用是使人类对原有经验进行改造。其次，杜威指责了当时学校忽视学生的需要和兴趣，拘泥于书本的灌输式教学方式，强调兴趣在教育中的能动地位和"在经验中学习"的重要性——尝试和承受结果，并发现事物之间的联系。他认为好的教学能将学校教材和现实生活联系起来，使学生养成一种习惯于寻找两者相互关系的态度。再次，杜威认为赫尔巴特的教育理论强调依靠外部教材来塑造心灵，其优点在于它使教育成为有目的和有意识的事情，并且强调要有明确的教学和训练；但它忽视了学生本身具有主动的机能。因此，要通过活动的方式，使学生在社会环境中通过活动的方式激发主动性，从而发展智力和道德品质。

基于此，杜威提出了教学法的五个具体要素，目的是让学生的学习与有目的的活动联系起来，使学生在活动中找到社会活动的意义，并逐渐具备主动调整自己以应对新的情况的能力。具体包括：①活动要能激发学生的兴趣，并且是在真实的经验情境中；②在情境中提出一个真实的问题，促进学生思考；③学生需要通过阅读资料和观察来应对这个问题；④学生要形成解决问题的方法；⑤学生要有机会验证发现结果的有效性。（Dewey，2020）

3.1.1.2 发现学习理论

布鲁纳（Bruner）是美国著名教育心理学家、认知心理学家，他曾领导美国进行课程改革，他的思想理论也被人们认为是继杜威之后对美国教育产生重大影响的理论。20 世纪 50 年代末，看到苏联的工业和科技取得了巨大进步，美国上下为之震惊，因此于 1959 年在伍兹霍尔召开会议，布鲁纳担任此次大会主席，讨论课程改革问题。他所著的《教育过程》是他对此次会议讨论的成果总结报告，内容包含了发现学习理论的基本观点，这些观点对当时的美国课程改革起到了重要的指导作用。其中一条重要观点是要让学生掌握学科的基本结构和原理（布鲁纳，1982），其重要性体现在以下几个方面。

首先，结构和原理能使学科更容易理解；其次，结构和原理是一种简化的表达方式，便于存储在记忆中；再次，理解结构和原理有助于理解其他类似的事物，达到学习迁移的目的；最后，掌握学科的结构和原理，可以缩小"高级"知识与"初级"知识间的差距。上述学习设计理念强调知识结构在学习中的作用及中心地位。因此，儿童要在早期就开始学习学科的基本结构和原理，通过原理的迁移了解结构和原理与事物之间的关联，从而不断构建出新的知识。儿童可以在任何年龄阶段以某种正确的方式学习任何学科，教师要以学习者的认知发展规律为中心开展"螺旋式课程"，即把教学材料转换成符合儿童的思维逻辑形式的内容，并引导儿童循序渐进地学习。此外，可让学习者使用触摸得到的实物来验证学科知识中的原理。有人曾问布鲁纳，那意思是不是说儿童也可以学微积分？布鲁纳解释道：并不是说儿童也可以学习微积分，但可以让儿童认识到极限的概念，而儿童是能够理解极限这一概念的。因此，学科知识须关注儿童要解决的问题与他们的能力是否相互匹配。

为完成培养学生掌握结构和原理的任务，可采用"发现式"教学法，它通过让学生用直觉思维产生假设，用分析方法验证假设，使学生在检验现实的过程中不断前进。"发现式"教学法能使学生在学习态度上发生改变。学生由于发现了未曾认识的关系和规律而产生兴奋感和自信感。对学生而言，当他们发现这是一个问题，并经过思考找到解决方案时，内心是愉悦的；而教师在这个过程中起到引导作用。发现学习教学法的六个步骤包括：提出使学生感兴趣的问题；用对问题的不确定性体验来激发学生的探究欲望；提供解决问题的假设；协助学生收集资料；组织学生审查资料；引导学生通过分析资料来验证结论，最终使问题得到解决（冯忠良、伍新春、姚梅林等，2015）。

杜威强调，学习者应通过实践活动在经验中学习，活动应激发学生的兴趣，同时培养其良好的学习态度。这体现了以活动为中心、以经验为中心和以学习者为中心的教育思想。布鲁纳的发现学习教学法是对实用主义哲学思想的进一步发展，它强调要让学习者像数学家、历史学家一样，通过自主探究的方式来发现问题和解决问题。PBL继承了实用主义理论与发现学习理论的思想观点，倡导以学习者为中心，将要探究的问题与现实生活联系起来，激发学生的探究兴趣，充分发挥学习者对真实问题的自主探究精神。

3.1.2 GPBL 强调认知建构

3.1.2.1 情境认知理论

情境认知理论的初步形成是在 20 世纪 80 年代中期。1989 年，布朗、柯林斯和杜吉德在杂志《教育研究者》上发表了一篇名为《情境认知与学习文化》("Situated Cognition and the Culture of Learning") 的文章，他们提到，知识具有情境性，它作为活动、环境和文化的一部分产物，不断发展和被使用（Brown，Collins and Duguid，1989）。也就是说，知识是处在情境中的，并在行为中得到进步与发展。此外他们还提到，应该放弃认为知识是抽象的、独立的看法，在某些方面可将知识看作工具，只有通过在活动中使用才能完全理解它们。而如果掌握了一种工具却不会使用它，那它就是惰性知识（Brown，Collins and Duguid，1989）。

与此同时，以莱夫为代表的人类学家也从人类学的视角对情境认知进行了研究。1991 年，莱夫和温格出版了《情境学习：合法的边缘性参与》（*Situated Learning*：*Legitimate Peripheral Participation*）一书。莱夫和温格（2004）在书中提到，学习是对不断变化的实践的理解与参与，它是情境性活动，是整体的、不可分割的社会实践。基于此，作者进一步提出，情境性活动的学习是在实践共同体中"合法的边缘性参与"的过程这一观点。边缘性参与指的是参与者多元地，或多或少地参与其中，"边缘性"是一个积极、肯定的术语。实践共同体并不意味着一系列个体必须在同一时空中共存，而是指对一个动态活动系统的持续参与。在这一系统中，参与者围绕真实的任务与共同的目标展开协作，学习者则通过合法的边缘性参与，逐步从新手变为专家。

3.1.2.2 社会建构主义理论

社会建构主义理论的形成，最早可追溯至 20 世纪 20 年代。韦伯与齐美尔是两位同时代的德国著名社会学家，他们都强调社会是由个体的行动和互动建构而成的。根据韦伯的"理解社会学"观点，社会是一个由社会行动者组成的系统，因此不能抛开个体去研究社会实体，而应分析真实的社会个体的行动。齐美尔的"形式社会学"观点认为，"社会是一个超越于个人的结构，但那不是抽象的。……社会是普遍的，同时也是具体而活跃的"，个体之间的相互作用构建了社会，人们有各自的目标和兴趣，可以利用外在的刺激来审视自己，并尝试和决定如何行动（Ritzer，2005）。

20世纪30年代发展起来的符号互动论继承了韦伯与齐美尔的思想，同时也保留了实用主义哲学的相关观点。该思想认为个体解释、评价、界定、设计自己的行动，是自身行为的积极建构者，而不是被外部力量影响的消极接受者（华莱士等，2008）。在米德看来，个体并不是一个对刺激做出反应的被动储存器，而是主动的，并具有创造性和可塑性的未完成的存在物，通过对客观现实进行内化和主观解释，从而形成主我与社会的客我不断互动的结果，这样的互动机能能够构建和指导他们的行为（丁东红，2009）。严格来说最早提出符号互动论的学者是布鲁默，他在1937年提出了三条基本假设：第一，人类对事物的行动是建立在事物被赋予意义的基础之上的；第二，事物的意义因人与人之间的社会性互动而起；第三，人们在诠释性过程中可以掌握并修订事物的意义（华莱士等，2008）。布鲁默更加关注意义在人类行为中的重要性，意义被视作指导和形成行动的手段。

到了20世纪40年代，现象学由哲学家兼社会学家舒茨创立。舒茨从意义构造的角度阐述了赋予行动意义的具体过程。他提到"反思性注视拣出了一个已渐逝去的生活经验，并且把它建构成有意义的"（Schutz，1972）。也就是说，通过反思，有选择地将经验赋予行动意义，就是意义构造的过程。

到了20世纪60年代中期，加芬克尔创造了"常人方法论"，他提倡把关注点从人转移到情景上来，认为事物都是在某一具体场合中被社会性地建构起来（Garfinkel，1967）。1966年，由伯格和卢克曼合著的《现实的社会建构》出版问世，此书被看作社会建构论的经典之作，社会建构论开始在社会学等学科中得到广泛传播。书中关注"知识被社会的接受为现实的过程"问题，并预设社会具有客观事实与主观意义双重属性的假设。具体来说，日常生活是首要的社会实在，而这个客观实在无法脱离人所附加的主观意义而孤立存在，它是靠人的行动产生和不断更新的，人在不断成长的过程中，通过将社会规范、价值、意义内化，从而获得对现实社会的理解，因此，社会具有主观现实性（Berger and Luckmann，1966）。也就是说，行动者不断将自身的主观世界与客观世界相对照，按照社会的形象进行自我塑造。正是在这种主观化与客观化的双向运动中，实在的社会被建构起来（林聚任，2016）。

到了20世纪70年代，维果茨基的基本思想与建构主义融合，形成了"维果茨基社会建构主义"。它的主要思想为，人在内化有关知识时，不仅受到当时社会文化因素（如家庭、学校、游乐场等）的影响，还会在与他人交流的过程中（如与同伴玩耍、与同学对话、与父母/老师交流等）不断调整和修正知识

（Vygotsky，1986）。该思想强调学习者可以通过与世界的互动和对世界的解释来建构意义。尽管上述学者从不同角度阐述了社会与个体的关系，但其主要观点大体一致：个体与社会是相互联系、密不可分的；个体在与社会不断交互的过程中构建主观的知识与意义，并指导其行为不断与客观世界相适应，从而得到发展。因此，基于社会建构主义理论的教学将学生视作学习共同体中知识的积极建构者（Krajcik et al.，2014）。

情境认知理论与社会建构主义理论具有一定相似性，比如它们都强调实践和情境的重要性，但其实两者的侧重点略有不同。情境认知理论侧重强调某个情境对知识习得的支持作用，比如在 PBL 中，学习者在项目情境中主动使用一些认知工具来完成项目任务，从而理解它的具体功能以及掌握它的使用方式。而社会建构主义理论侧重强调个体在主动与社会环境互动过程中的知识内化。在项目活动过程中，学习者通过行动与真实世界进行交互，如与环境交互、与他人讨论、观察现象等，并在社会和文化的影响下重构自己的知识。

3.1.3　GPBL 强调游戏化的作用

3.1.3.1　魔法圈

魔法圈（Magic Circle）从游戏视角解释了"游戏化"如何为 PBL 提供情境。魔法圈概念最早由荷兰历史学家赫伊津哈（Johan Huizinga）于 1938 年提出，他认为魔法圈可以看作与外界不同的游戏空间，具有与真实世界不同的行动规则（Huizinga，1980）。"比时间限制更醒目的是空间限制。所有游戏都是在游戏场所中进行、在游戏场所中存在的，这个事先划定的场所，或是现实的，或是想象的；或是特意为之，或是自然形成。正如游戏与意识在形式上并无二致，'祭坛'与游戏场所在形式上也绝无两样。竞技场、牌桌、魔法圈、庙宇、舞台、银幕、网球场、法庭……在形式上、功能上都是游戏场所，即隔开、围住、奉若神明的禁地，特殊规则同行其间。所有这些场所都是平常时间里的临时空间，用于进行与外界隔绝的活动。"（赫伊津哈，2014）在赫伊津哈看来，魔法圈是一种受特殊规则支配的空间。它有一个边界，这个边界能够让魔法圈在空间上与现实世界分隔。

Salen 和 Zimmerman（2004）强调魔法圈由玩家创造，是一种心理空间，魔法圈是游戏发生的地方，玩家开始玩游戏意味着进入一个魔法圈，魔法圈可能包含物理组件，如桌面游戏、棋盘游戏等，但大多没有物理界限。换句话说，当人们开始玩游戏时，游戏魔法圈就产生了。相似地，Calleja（2012）认为魔法圈区分人们是在游戏内还是在游戏外。不过，Juul（2008）认为这并不意味着游戏与游戏外的事物之间会有完全的分离。

　　魔法圈带有的游戏情境可以用作支持从提出到解决驱动性问题所需的情境。前文提到，魔法圈不只限于真实的物理空间，只要能让学习者感觉到自己身处其中，即构成了一个魔法圈。比如在电子游戏《我的世界》中，学生可以在游戏中建造防御型建筑来抵御怪物的侵害。《我的世界》构建了一个边界可见的魔法圈来支持学生开展项目。又比如在某卡牌游戏中，学习者根据抽到的数张卡牌确认自己的身份和拥有的资源，来规划一个可持续发展的城市。在这里，由卡牌构建的魔法圈是学习者以自己在游戏中的角色特征和资源基础构建出来的。上述两个例子说明游戏能够创建出多样化的项目情境，特别是它还可以创造出与学生日常生活不同的情境。游戏通过提供真实、解决问题的环境，让学生实现情境学习（Gee，2013）；可见，在学习者进入魔法圈后，他们必须在魔法圈的规则中行动，并能够在其中产生超越现实生活的意义。

3.1.3.2　社会性发展

　　以维果茨基为代表的社会文化历史学派认为，在参与活动时，个体会进行以语词符号为载体的社会交往活动，从而促进个体由低级心理机能向高级心理机能发展。高级心理机能最先表现为"人际的机能"，同时它也包括诸如逻辑记忆、概念思维等抽象机能（刘焱，2004）。可见，活动与语言对个体的社会性交互具有重要促进作用（高文，1999）。

　　而游戏活动能够为个体提供超越日常活动的社会交互支持。在维果茨基看来，儿童在游戏中玩什么、怎么玩都取决于他们的发展水平，同时他们在游戏中试图超越在日常生活中的行为水平，即游戏可以创造儿童的"最邻近发展区"（吕晓和龙薇，2006）。此外，游戏还可以使儿童摆脱知觉情景和具体事物的束缚，进入以符号的使用为标志的表征思维活动中（高文，1999）。比如在游戏中，儿童将棍子当作马骑，按照扮演的角色去行动等。

　　由此，游戏活动是对个体日常行为活动的扩展，能为个体提供更高层次的社会交互契机。一些研究者认为，不同类型的游戏活动在社会性发展上也有所不同。比如柏顿（Parten，1971）将游戏按社会性水平分为六类。其中合作游戏（围绕一个游戏主题，有计划进行）具有最高的社会性水平，第二和第三类分别为联合游戏（游戏活动无计划进行）和平行游戏（与其他人进行相同或相似的游戏，但不主动影响或干预同伴的游戏活动）。此外，豪伊斯根据幼儿在游戏活动中的接触密切程度,将社会性游戏分为五种水平,由低到高依次为互不注意的平行游戏、互相注意的平行游戏、简单的社会性游戏、互补的社会性游戏以及互补互惠的社会性游戏(刘焱,2004)。

3.1.3.3 动机理论

Malone 和 Lepper(1987)在研究为什么游戏对人们来说如此有趣和令人兴奋时,发现游戏能够激发人们的内在动机。他们认为内在动机是指人们参与活动纯粹是为了这项活动本身,而不是为了获得一些外部奖励或避免受到一些外部惩罚。内在动机分为个人动机和集体动机。个人动机包括挑战、好奇、控制和幻想四个元素;集体动机包括合作、竞争和尊重三个元素。

要增强挑战性,可在游戏中提供明确的目标和不同难度的任务,此外还应提供有关目标实现的反馈,这有助于增强游戏玩家的自尊。要增加神秘感,游戏可从感官好奇和认知好奇两方面入手,感官方面可通过图像、声音等激发,认知方面可通过不完整的、简化的观点来激发。要增强控制感,就要在游戏中提供反馈和让玩家选择的机会,并且让玩家在游戏中产生"强大的影响"。要增强幻想性,就要注意满足玩家的情感需求,可在呈现的材料中适当使用比喻和类推。与他人合作可以增强活动的吸引力,因此可以将任务分成相关联的几个部分,鼓励玩家在游戏中合作。与他人竞争同样也可以增强游戏的吸引力,因此可以创设一种竞争者相互影响的环境。在尊重方面,如果玩家的努力得到其他人的认可,游戏的吸引力就会增加,因此可以提供一种自然的方式,将玩家的成就展示给他人。

人本主义的代表人物马斯洛(1987)认为人类的动机由不同性质的需要组成。人类需要可根据迫切程度分为七个层次,由低到高依次为生理需要、安全需要、爱和归属的需要、自尊需要、认知需要、审美的需要以及自我实现的需要。生理需要是动机中作为出发点的需要,它指维持生存的需要;安全需要是指受到保护和免遭威胁的需要;爱和归属的需要是指希望与他人建立情感联系,得到爱和成为被爱的人;自尊需要是指希望获得周围人的尊重和较高的评价;认知需要是指对自己、对人和对事物的变化有所理解的需要;审美的需要是指对美好事物欣赏并希望周遭事物有秩序、顺其自然等心理上的需要;自我实现是最高一层的需要,指对获得完美人格、达到至高的人生境界,或实现梦想的需要。

陈怡安(2002)根据马斯洛的需要层次理论,解释了游戏是如何满足玩家的需求的。研究中提到,游戏中的攻击行为满足了玩家的生理需要;玩家在游戏中的匿名能够满足安全需要；游戏中的人际关系、他人认可、利他行为等能够满足爱和归属的需要；在游戏中获得成就并得到他人的肯定能够满足自尊需要；在游戏中超越自我和实现梦想则能够满足自我实现的需要。玩家在游戏中的各种需要并不一定按照马斯洛理论中的先后顺序以连续的方式被满足。

心流理论之父米契克森米哈赖教授曾对数百位以自己职业为乐的人进行了研究，试图分析幸福的感觉及形成的原因，发现心流是让人们幸福的源泉。心流是指"一个人完全沉浸在某种活动当中，无视其他事物存在的状态"（契克森米哈赖，2017）。比如当人专注于如舞蹈、下棋、阅读等活动中时，心流就会产生。人们愿意为这种体验付出，因为它能够带来巨大的喜悦。由心流而带来的乐趣与享乐是不同的。享乐的体验能够产生生理上的满足感，但不会耗费精神能量，因此它无法促进自我成长。在得到生理上的满足之后，享乐体验便会转瞬即逝。而由心流体验带来的乐趣是当人们全情投入到活动时，在"忘我"的境界中产生的，人们一旦体验到了这种快乐，就会加倍努力地投入精神能量来继续获得这种快乐，从而促进自我成长。

米哈里·契克森米哈赖认为有八个因素能够解释为何有趣的活动能带来巨大的满足感，这些活动至少包含下列的某个因素（契克森米哈赖，2017）：①活动具有挑战性，需要投入精神能量和适当的技巧才能完成。当挑战远高于技巧时，人们会感到焦虑。当挑战远低于技巧时，人们会感到无趣，并产生厌烦情绪。②活动使人全神贯注，与当下的行动合为一体，甚至失去对其他事物的感知。③活动有明确的目标。④活动有即时反馈。⑤人们能够主动深度投入活动当中，与之不相干的事被排除在脑海之外。⑥活动使人感觉能掌控自己的行动，特别是在艰难状况下自己能左右结果时。⑦人们在活动中达到"忘我"的状态，自我意识逐渐消失；当心流体验告一段落时，自我意识能逐渐恢复；在经历了心流体验之后，人获得了自我成长。⑧心流活动的过程会使人们的时间感发生改变。总的来说，心流最大的特点在于人们参与活动所追求的不是外在的回报，而是完全为活动本身投入全部心力，使乐趣代替无聊，控制感代替无力感，精神能量用于促进自我成长。基于以上八个因素，米哈里·契克森米哈赖（2017）解释了游戏活动如何能给人们带来心流体验。比如在竞争类游戏中，人们需要集中注意力把技巧发挥到极致，以应对对手的挑战；在角色扮演类游戏中，人们的体验跨越了现实的限制，与扮演的角色融为一体。

3.1.3.4 强化理论

强化理论的代表人物伯尔赫斯·弗雷德里克·斯金纳是美国行为主义心理

学家、新行为主义的代表人物。他将桑代克的效果律思想进一步深化为 ABC 理论。A 为 B 的前因，B 为 C 的行为，C 则为 B 的结果。他认为个体在环境中可以有多种反应，而行为是否发生以及发生的频率取决于行为发生之后是否得到强化。对行为进行强化要注意以下几个原则：①有些强化与生理需求有关，属于一级强化，如提供食物、去除痛苦等，而有的强化本身没有强化性质，其效能取决于与一级强化联结的频率，如表扬、注意等，这些属于条件性强化。当这类行为得不到强化时，相应的行为就会消退。②要及时强化行为，行为才能保留下来。③对学习者行为的强化应循序渐进，以使学习者最终掌握正确的行为。④对行为强化的时间安排，一开始可给予学习者定期的强化，之后给予不定期强化。⑤区分负强化与惩罚的概念。负强化是指减少或消除令人不愉快的刺激，比如撤销处分、降级等，从而强化行为。惩罚则是为了抹掉某些行为而给予人不愉快的刺激（李晓东，2020）。基于此，斯金纳提出了程序教学，该教学方式是将知识进行细分，使学习者每次的学习量不大，知识的内容逐渐由易到难。

此外，斯金纳还提出了三条学习原则：①学习者须对学习做出外显反应；②当学习者做出外显反应时，应给予及时强化；③遵循循序渐进的教学原则（Skinner，1953）。强化理论是教育学领域里一个重要的学习理论，目前在大多数学校的课堂上，教师依然在采用表扬、奖励等方式来鼓励学习者，即对学习者的学习行为给予及时强化。基于强化理论的设计在许多电子教育游戏的设计中十分常见，比如可通过游戏化学习中的奖励、积分、排行榜等反馈机制来强化学习者对知识与技能的掌握。基于强化理论的设计在许多电子教育游戏中被广泛应用，常通过奖励、积分、排行榜等反馈机制强化学习者对知识与技能的掌握。不少教育游戏也借鉴斯金纳提出的学习原则，将游戏关卡设置为由易到难的递进结构，并在每一步操作中提供及时反馈，以增强行为强化效果。

动机理论和强化理论是游戏化学习的核心理论基础，动机理论解释了游戏化学习为何能够激发学习者的学习意愿并支持其持续学习，而强化理论则解释了游戏化学习如何能够帮助学习者在学习中获得知识与技能。

3.1.4　GPBL 机制模型初探

上述理论有的来源于游戏化学习，有的来源于 PBL。在把游戏化学习与 PBL 结合成 GPBL 后，这些理论之间似乎能够产生联系，从而解释 GPBL 的运作方式。实用主义理论与发现学习理论解释了学习者在 GPBL 中的主要学习方式为自主探究；情境认知理论和社会建构主义理论分别强调了 GPBL 是如何帮助学习者获得知识与技能的。这四个理论说明了 GPBL 属于 PBL 的范畴。

魔法圈和社会性发展解释了"游戏化"如何为 GPBL 活动提供情境和社会交互支持，即为情境认知与社会建构提供支持；动机理论和强化理论则强调了"游戏化"对学生动机的激发和知识强化的积极作用。这四个理论主要说明了"游戏化"在 PBL 中是如何发挥以及发挥怎样的作用的。

基于此，本书对上述八个理论进行整合，初步构建出了能够解释 GPBL 运作机制的模型（见图 3-1）。

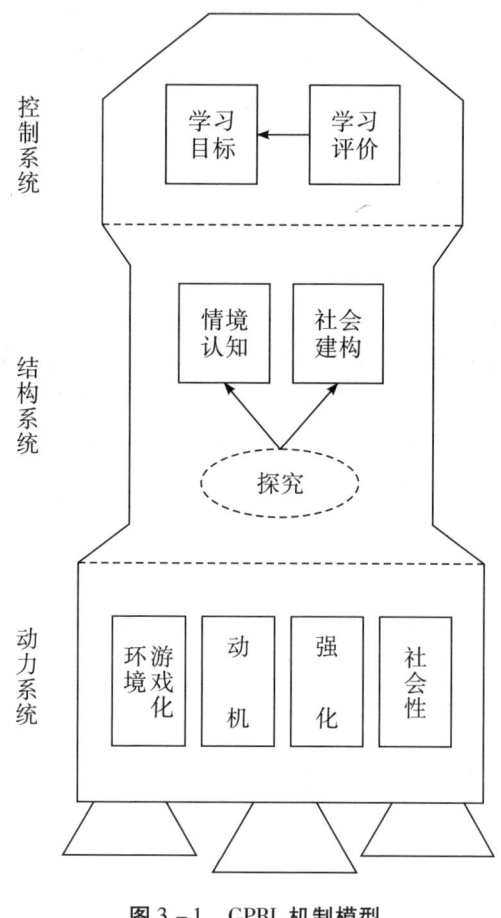

图 3-1　GPBL 机制模型

该模型的运作机制与运载火箭的运作机制相似，因此本书也将 GPBL 机制模型称为 GPBL 火箭机制模型。运载火箭系统主要由动力系统、结构系统和控制系统构成：动力系统是火箭的动力源，系统中的燃料用于推动结构系统运作。

火箭的结构系统中包含各部件，每个部件构成一个整体。控制系统则起主导和调控作用，控制火箭的飞行速度、飞行目标、工作方式等，确保火箭朝着正确的方向行进。GPBL中的"游戏化"部分就像是动力源，向活动注入动力。因此，可将"游戏化"部分看作GPBL的动力系统。学习者在GPBL活动中进行探究，在情境与社会交互中发展认知，最终达成学习目标。这一过程就像是真正的火箭在升空过程中结构系统内部各部分之间的运作。GPBL的学习目标指引学习者在既定时间里通过探究达到特定的结果。此外，在学习目标的牵引下要有相适应的评价方案和工具来监测GPBL活动是否达到学习目标。学习目标和学习评价与运载火箭的控制系统功能相似，主导和调控动力系统和结构系统在正确的轨道上发挥作用。

在动力系统中，游戏、游戏元素和游戏机制像能量一样推动结构系统中的各个部件高效运作，主要动力成分有四种：游戏化环境、动机、强化和社会性，每种"燃料"能发挥出不同作用，从而满足不同学生群体实现不同动力目标的需求，提升学习的主动性。

支持"游戏化环境"动力成分的理论基础为魔法圈，该理论认为当人们开始游戏时，魔法圈就产生了。魔法圈的边界并不限于物理上的，更存在于人们的内心当中，即当人们感觉他们在玩游戏，魔法圈就产生了。魔法圈能让人意识到自己是在游戏中还是在游戏外。从魔法圈的产生方式来看，游戏化环境的搭建能够为魔法圈的产生提供重要支持，促进人们形成物理或心理上的魔法圈。因此在GPBL活动中构建游戏化环境，能够支持学习者借助魔法圈中的情境、资源等开展游戏化探究活动。

"动机"的动力机制可基于多个经典动机理论视角加以解释，这些理论有助于揭示作为个体的人在游戏情境中产生兴趣、投入行为及维持动机的心理机制。内在动机理论认为游戏能够激发人的内在动机，包括个人动机和集体动机；从马斯洛需求层次理论来看，游戏可以满足玩家在现实中的多个层次的需要；心流理论则认为，当一个人沉浸于一项活动中时，会产生"忘我"的快乐，而游戏能够带来这样的快乐。因此，在GPBL活动中，"游戏化"激发的动机可以使学生保持参与项目探究活动的积极性，推动他们完成最终的项目成果。不同的游戏元素会激发不同的动机，例如积分、奖励和排名以激发外部动机为主，而对学习本身的内部动机的激发则需要提供更为深入和复杂的游戏化元素，使学生产生好奇、探究、自我挑战与实现等内因动力。

"强化"是行为主义学习理论下维持学习发生的有效策略，"强化"动力成分由强化理论支持。该理论认为对人的某种行为给予令人愉快的反馈，能够增加该行为的频率。教育游戏常被设计加入能够及时给予学习者愉快的信息反馈环节,尤其是电子类教育游戏,它们有助于激励学习者增强学习行为频率,从而习得知识与技能。

"社会性"动力成分的理论基础由社会性发展作为理论支撑。该理论认为当儿童与他人在日常生活中发生互动时,他们的社会性能够得到发展,而游戏能够超越日常情境,因此儿童在游戏中能够得到更高层次的社会交互。由此看来,游戏乃至"游戏化"对儿童的社会性发展有着重要贡献。在 GPBL 活动中,它们可以为学生提供更多社会交互的机会,为开展协作学习提供条件,从而提升学生人际交流与协作能力。

在"燃料"的推动下,结构系统开始运作,学习者参与到活动中,并在这个过程中发展情境认知和社会建构。实用主义理论和发现学习理论倡导学习者以实践探究的方式习得知识。因此,GPBL 的整体基调为探究性学习。情境认知是指项目中的场景和任务。当学生置身于某个情境当中,他们会对情境中的事物产生更深层次的感知和理解。社会建构是一个通过社会交互过程实现的动态机制,个体借由与他人的协作、对话等社会性活动,逐步形成对社会的理解与自身社会定位的建构。

3.2 案例分析

本书根据 2.4.2 节中归纳出的 4 类 GPBL 方式,从 35 项综述研究中挑选出 6 个国外典型案例,以及从国内学校挑选出 1 个典型案例,采用描述性研究方法,从课程的实施方式视角对 7 个案例样本进行解读,从而直观呈现 GPBL 的设计与实施,并归纳出总结,为优化 GPBL 机制模型提供原型和依据。

3.2.1 案例描述

3.2.2.1 类型一:轻度游戏化为 PBL 披上游戏的外衣

案例一:在线创业挑战赛

在 Isabelle(2020)的大学创业课程中,教师摒弃了以往的传统授课方式(讲座或案例研究),而是让学生形成项目小组,体验真实的创业。该课程活动被称为"在线创业挑战赛",每个学生团队需构想出一个电子商务创业计划并执行它,创业所产生的净利润须全数捐给团队所选择的慈善机构。为激励学生团队积极参与,以及能够及时监控到学生团队在课程活动中的情况,教师在课程中使用了 OVC(Online Venture Challenge)平台及 Shopify 电子商务平台。OVC 平台是一个专门为商业教育开发的基于网络的游戏化平台,可通过电脑、平板、手机等电子设备来使用。当中的游戏元素包括徽章、积分以及实时的排行榜。团队成员可以通过完成教师在 OVC 中设置的学习任务,以及创业的销售额和利润额获得相应积分(见图 3-2 和图 3-3)。教师可在 OVC 平台中自由上传学习资源,随时查看学生团队的活动情况,使用 OVC 平台的讨论功能予以个性化反馈等。总的来说,OVC 平台最大的特点在于它能够将所有学生团队的活动情况可视化,这不仅能够激励学生在竞争环境中不断突破自我,也能够帮助教师对学生的活动情况进行监控和评估。

图 3-2　OVC 的排行榜界面

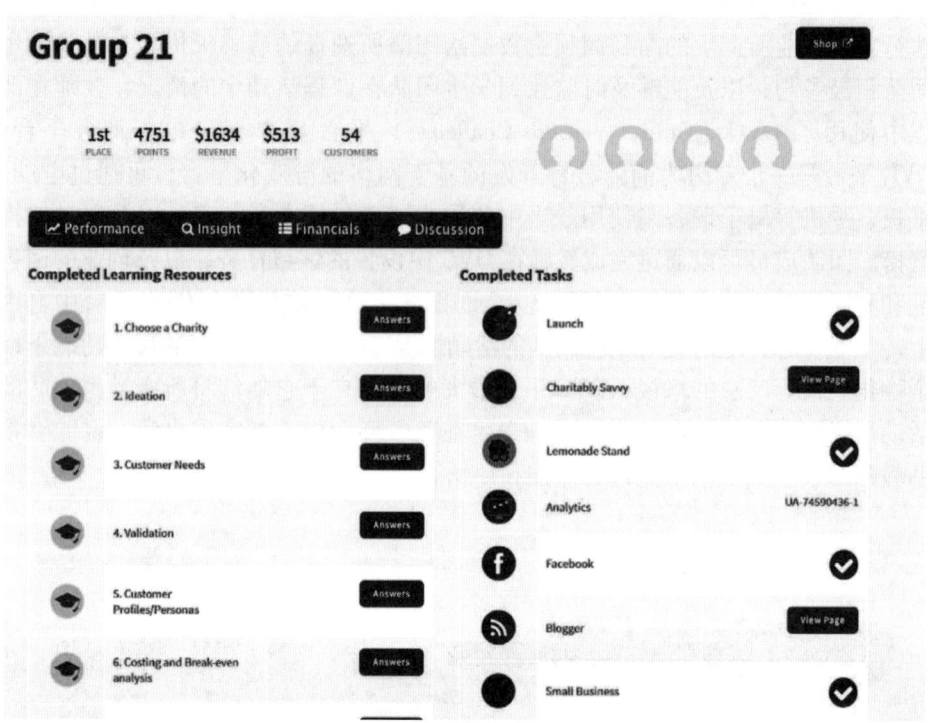

图 3-3　OVC 的学习资源及学习任务界面

　　Shopify 是加拿大著名的电子商务平台，它可处理从产品销售到付款，再到产品运输的一系列事务。Shopify 允许 OVC 使用其应用程序接口（API），通过 Shopify 与 OVC 的联结，团队成员可以借助直观的用户界面和操作指南轻松地在 Shopify 上开展在线业务，如销售产品、提供服务等。来自 Shopify 的销售额和利润额将自动转移到 OVC 平台中，从而转化为积分、徽章和排名。此外，通过 Shopify，学生可以使用多元的社交媒体来推广他们的产品，或是对产品和数据进行分析（见图 3-4）。

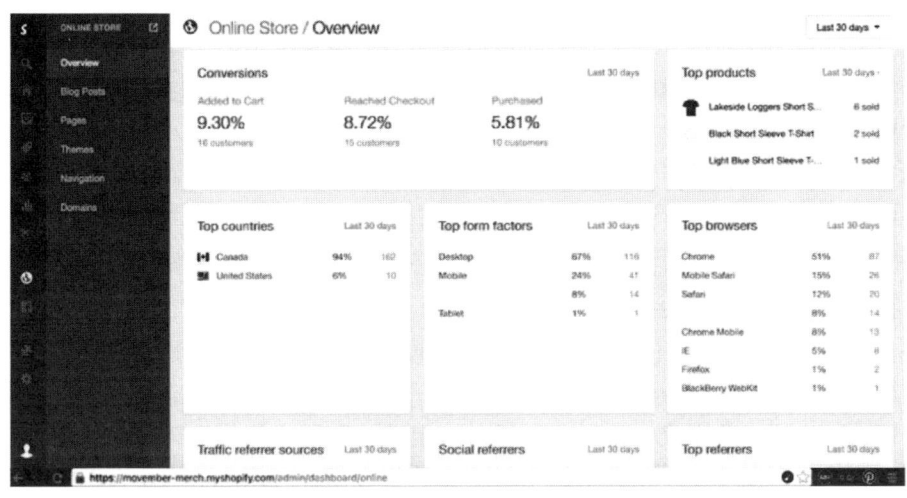

图 3-4 Shopify 的数据界面

在 12 周的课程里，教师在 OVC 平台中设置了 25 个学习模块，模块涵盖客户需求、竞争分析、成本、营销、品牌、社交媒体管理等理论与实践方面的内容。在课程开始的前三周，学生须形成团队，构思创业方案，以及在 Shopify 后台搭建 OVC，用于监控订单；在第四及第五周，学生团队须根据创业方案构建独特的商业模式，完成 OVC 平台中的学习任务，以及确定要销售的产品/服务；在第六至第十周，学生团队创建和运营 Shopify 线上商店和社交媒体，同时对其财务状况进行监管；在第十一和第十二周，学生团队结束销售后完成财务分析，将所获利润捐给慈善机构，整理数据及资料，对创业活动中的收获（如创业体验、学习收获、经验分享）进行汇报，并决定线上商店是否继续运营下去。

3.2.2.2 类型二：深度游戏化重塑 PBL 流程，体现激发内部动机的游戏化内核和机制

案例二：多角色项目

在 Warin 等（2015）的信息系统项目课程中，教师组织学生在角色扮演游戏中实施学习项目和工程项目，以此方法来学习相关知识与技能（该方法称为 multi-role project，MRP）。MRP 的游戏规则为团队成员之间在互动中实现共同的项目目标。学习项目主要是让学生了解 MRP 方法并进行运用。了解的途径包括 MRP 方法工具包，以及浏览前些年开展的项目活动。工程项目是为滑雪场的应急场所建立一个软件系统，从而满足客户的需要。

建立软件系统的第一个步骤是让学生为该项目制定总体的项目进度表。第

二个步骤是起草总体和详细的系统设计，实施项目。该游戏主要有四种游戏角色：①项目团队成员。学生作为项目团队成员，根据客户的需求提供相应的服务。② MRP 专家。MRP 专家相当于辅导员的角色，他们帮助团队成员理解和应用 MRP，并确保该方法正确开展。此外，MRP 专家也协助学生实施学习项目和工程项目。③客户。客户提出项目成果要求。④业务专家。业务专家具有实施项目所需要的特定技能，他们能够为团队成员提供解决项目实施过程中遇到的问题，也能为团队成员提供建议，并在必要时教授他们相关知识，他们在某种程度上相当于教师角色。

在 MRP 活动过程中，项目团队成员需遵循五项原则：①明确分工。团队内进行系统的职责分配，确保成员分工明确。②定期互动。团队成员和专家之间定期进行交流，并完成一系列项目任务。定期的团队会议有助于监督项目任务的完成。③预期及持续改进。每个团队成员都应制订时间表，通过此方式来监督工作进度，以此来保证成员间的合作顺利。工作过程中，团队应对项目成果做持续的改进。④积极的相互依存以及个人/集体工作的交替。为了有效地组织集体工作，团队成员之间应保持积极的相互依存关系（这意味着每个团队成员都需要一个或多个其他团队成员来助其进步）。此外，将个人工作与集体工作交替进行，可以弥补集体工作进度相对缓慢的不足。⑤开放的沟通和管理。集体工作应基于开放的沟通和内容管理，因此除了会议上的沟通外，团队还应建立一个项目网站，它不仅可作为交流、管理和知识资本化的主要载体，还可用于监督学习项目和工程项目。网站中设置的内容可以包括对项目的具体介绍，团队成员的特长及在团队中的职责，每一次开会的会议记录，项目成果的持续更新版本等。

第五个原则（开放的沟通和管理）在信息系统项目课程中通过 Moodle 平台来实现。为期 15 周的项目活动，还包括教师对学生的 12 次为时 4 小时的课堂讲授。在课程的最后阶段，每个团队都需在专家们面前进行一场演讲，演讲内容包括团队在工程项目中所做决策的合理性。此外，他们还需提供两份学习报告（团队和个人）。团队学习报告要描述整个项目团队的运作方式，遇到的主要困难以及克服困难的方法，每个团队成员的集体工作和个人工作比例；个人学习报告中需介绍自己在活动中的职责，分析针对该项目的知识学习情况，对课程活动的方式提出建议。

3.2.2.3 类型三：植入教育游戏，将学习项目转变为游戏系统

案例三："伟大航程"创客游戏

在 Shih 等（2017）的小学夏令营活动中，教师组织了一个为期七天的创客游戏活动。该游戏名为"伟大航程"，学生组成一个个团队并代表不同国家，每位团队成员扮演一个角色，如计划者、导航者、编程者、攻击者、交易者等，他们需动手制作属于每个团队的舰船，再对舰船的可移动部分和船上可控制的机械手 mBot 进行组装和编程（每个团队通过掷骰子的方式决定谁先选择国家，这些国家在经济和军事力量方面各有优缺点，因此所有舰船均具有代表国家力量的不同预设参数。学生团队需根据舰船的船桨、船帆等零件制作舰船，这些零件都会影响舰船的参数如推进力、载货量、射击距离、航行持续时间等。在制作舰船阶段，学生将获得所选国家的历史背景及其国际关系方面的知识）。最后，每个团队随机选择一张任务卡，任务卡指示他们要赢得的香料数量（须向其他团队保密）。他们的目标是让船只在游戏地图中以最快速度航行到港口交易香料，并将香料带回至起点，因此，学生团队还需要计算舰船的能力并规划航线地图、舰船零件卡选用和任务卡任务顺序（见图 3-5 至图 3-7）。如果他们的殖民地中有目标香料，他们可以简单地驶入港口并进行交易。而如果他们的殖民地没有香料，他们就必须与其他船只作战才能获得香料，或回到起点进行交易。一旦任何国家要求发动袭击，两个团队便使用键盘来控制他们的舰船互相战斗，直到戳破任意一方船上的气球（被戳破气球的一方为输）为止。

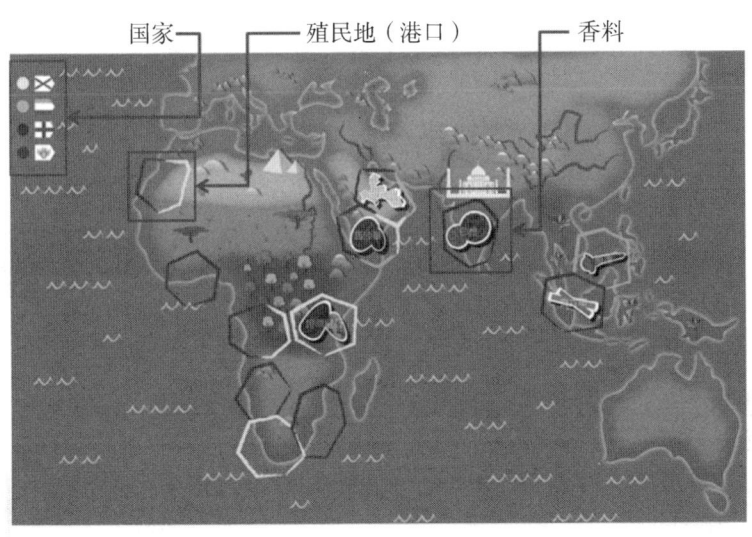

图 3-5 游戏地图

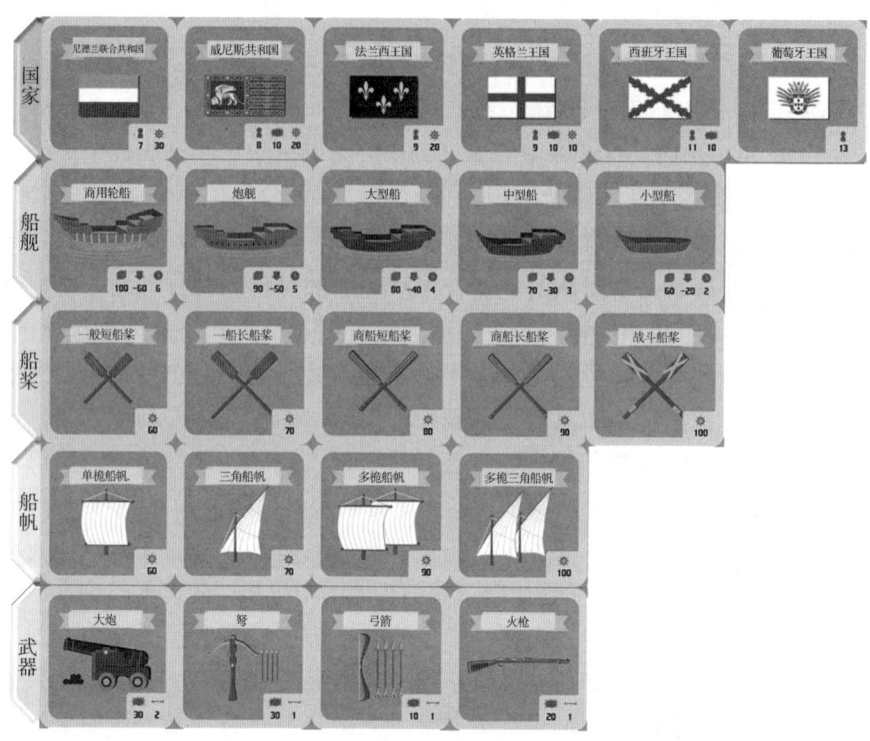

图 3-6 舰船零件卡

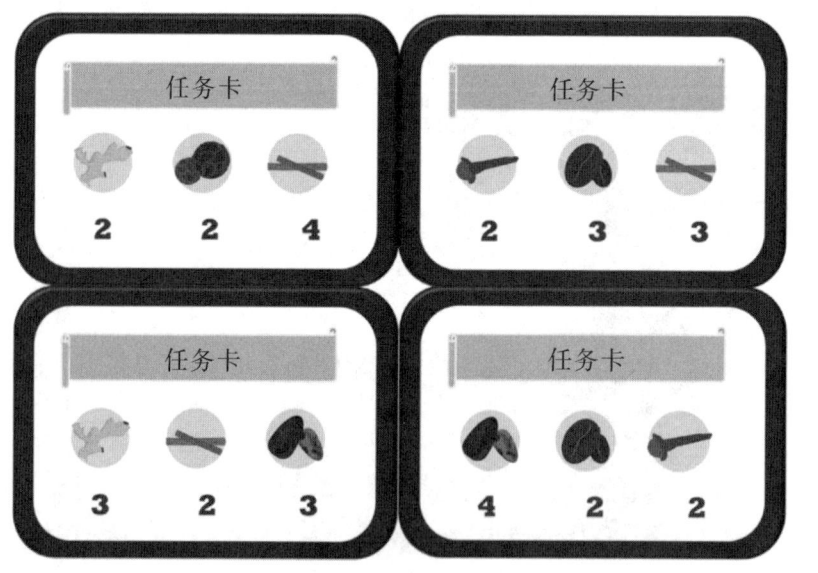

图 3-7 任务卡

为期七天的夏令营活动安排如下：第一天，教师向学生展示手机游戏版本，一方面吸引学生的注意力，另一方面帮助他们了解游戏过程；第二天，向学生教授图形化编程知识；第三和第四天，学生采用 mBlock Coding 软件进行实操训练；第五和第六天，学生团队动手制作舰船，采用 3D 打印技术制作舰船外壳以保护芯片，并对舰船的可移动部位和机械手臂进行编程。第七天，各团队进行竞赛游戏。

从上述案例可以看出，游戏化学习在激发学生兴趣和提升编程技能方面具有显著效果。接下来，我们将介绍另一个创新的教学方法——Coding4Girls 项目，该方法通过将编程任务分解为一系列游戏挑战，帮助学生逐步掌握复杂的编程概念。

案例四：Coding4Girls 项目

在 Alden 等（2020）的编程课中，教师采用了 Coding4Girls 项目和工具来促进学生编程技能的发展。Coding4Girls 项目曾受欧盟委员会的支持，并在"Erasmus+"计划下实现。该项目的技术工具主要由两个不同但互相联结的软件组成，一个是教师平台，另一个是供学生操作的游戏界面。其教学方法是向学生提出一个主要问题，并要求学生团队通过编程的方式解决它。但在解决它之前，学生团队需要先完成几个小游戏中的挑战。这些挑战难度由简到难，当中涉及解决主要问题需要用到的编程知识点，这使得复杂的编程问题被分解为简单的基本步骤。在完成游戏中的挑战，获得相应的编程知识后，学生再回过头来思考如何解决最开始的主要问题。值得一提的是，学生可以在他们的操作界面中的"便利贴"来讨论和分享他们的想法。此外，他们也可以发布作品，让其他人看到。图 3-8 和图 3-9 分别展示了 13 个游戏挑战界面及其中的一个骰子游戏界面。

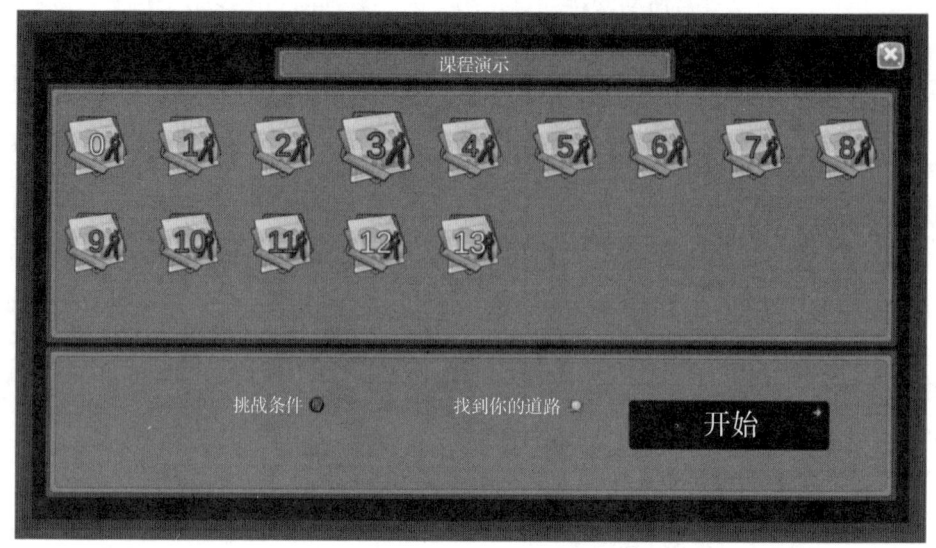

图3-8 游戏挑战界面

图3-9 骰子游戏界面

3.2.2.4 类型四：游戏开发作为 PBL 的项目任务和展示成果

案例五：开发非接触式游戏

在 Altanis 等（2018）的游戏开发课程中，教师组织学生通过开发基于动作的非接触式游戏方式来提高编程能力和沟通能力。基于动作的非接触式技术是人机交互（NUI）领域的新趋势，因此这类交互式游戏能够引起学生的兴趣。课程中的游戏开发活动基于三个通用阶段，共 9 周的时间。①游戏原型设计：将对游戏的设想和设计转化为游戏的原型；②游戏开发：创建并整合源代码和资源；③游戏测评：由内部人员或外部人员对游戏进行测评。在游戏原型设计阶段（4 周），首先，教师向学生展示游戏的成品，介绍课程的结构、目标、活动时间表，以及 Kinect 相机和游戏开发软件 Scratch。其次，教师还为学生提供了一个涉及相关编程指令的工作表（内容涉及四个难度级别共 40 个姿势的示例），作为他们在使用 Scratch 开发游戏时的脚手架。为了让学生更深入地理解这些姿势，教师还提供了带有姿势图片的卡片（见图 3-10），让每组学生随机选择不同难度的 6 张卡片并尝试找到合适的算法。

图 3-10　姿势卡片

接着，团队成员进行头脑风暴。在这个过程中，他们需在文档中描述他们对游戏设计的想法，如游戏的目标群体有哪些、如何使用游戏元素等，并画出游戏场景。此外，教师为团队成员提供评价表格，以引导团队成员对游戏设计进行更为深入的思考和评估（见表3-1）。

表3-1 游戏评价量

序号	标准与简短描述	同意程度					备注（可选）
		强烈不同意	不同意	不同意也不反对	同意	强烈同意	
游戏评估表（游戏标题）： 团队评估者：							
1	训练和帮助：游戏提供特定的游戏前/中指导。						
2	有效性：游戏特性可操作且运行良好。						
3	可用性：我随时都知道在游戏中应该进行什么操作，因为游戏具有以下特点：独特且清晰的目标，简单且规则少，游戏世界的一致性，清晰的音频和图形。						
4	可用性-控制感：游戏易于使用，并具有以下特点：控制感，最少控制数量，无需精确定位和瞄准，游戏元素与玩家反应时间契合。						
5	游戏玩法-挑战性：随着时间的推移，游戏的难度增加（渐进式难度），以给你适当的满足感。						
6	动机-反馈：游戏提供正面/负面反馈（例如，通过音频/视觉信息奖励，或获得/失去生命和时间）。						
7	乐趣/趣味性：我玩这个游戏时感到很开心。						
8	游戏玩法-轻松浏览：游戏世界简单且可见度足够高，减少了需要仔细计时的需求，以便我能够轻松浏览。						

续表 3-1

序号	标准与简短描述	同意程度					备注（可选）
		强烈不同意	不同意	不同意也不反对	同意	强烈同意	
9	动机-注意力：游戏在游戏过程中成功地保持了我们的注意力。						
10	可定制性：游戏提供了令人满意的配置/自定义，以适应玩家的需求（能够自定义视频和音频设置、难度或游戏速度）。						
11	动机-好奇心：游戏增强了我们的好奇心，以便我们继续玩下去。						
12	游戏状态-报告：游戏为玩家状态提供了清晰且适当的信息/报告。						
13	动机-低惩罚：犯错的低惩罚激励我们再次玩这个游戏，以提高我们的分数。						
14	如果你想要在游戏中改变些什么，那会是什么？						
15	你在这个游戏中最喜欢的是什么？						

在游戏开发阶段（2～3周），主要为小组成员自主开发游戏，教师为其提供一系列学习资源。在游戏测评阶段（2周），首先，团队成员向教师展示游戏并获得教师的反馈；其次，团队成员向其他团队展示游戏，在收获其他团队评价的同时，也对其他团队的游戏进行评价，评价工具可使用上述提到的游戏评价量表。最后，团队成员可根据收到的反馈对游戏进行完善。

案例六：开发棋盘游戏

在 Rodríguez-Oroz 等（2019）的地貌学课程中，教师先是组织学生开发一个与地貌学知识相关的棋盘游戏，再让学生一同参与该游戏。教师旨在以这样一种方式来帮助学生获得智利的地貌知识。此外，棋盘游戏制作简单且经济，适合用这种方式向大学以外的大众传播地貌知识。开发棋盘游戏活动以 PBL 方式进行。教师在活动中先是向学生教授地貌知识，再让学生将这些地貌知识设计到棋盘游戏中。棋盘游戏的制作以"地貌信息卡片"和"棋盘"作为物理支撑。游戏的整体设计（如卡片和棋盘的尺寸和组成部分、游戏规则）由教师确定，区域的选择和地貌信息补充由学生团队确定。每个团队选择智利5个最具代表性地貌的区域，并确定该区域的形成因素及过程。游戏开发完成后，就来到游戏环节。游戏任务为每个团队通过设法积累足够的地域信息以"征服"其他区域，"征服"最多区域的团队获胜。游戏过程中，每个团队轮流掷骰子，根据骰子数"行走"在画有智力地图的棋盘上（见图3-11），每个团队可以通过自己拥有的区域资源来购买其他区域，也可以与其他团队交换资源。此外，在地图上"行走"的过程并不是一帆风顺的，偶尔还会遇到意外情况（如地震、病毒）。

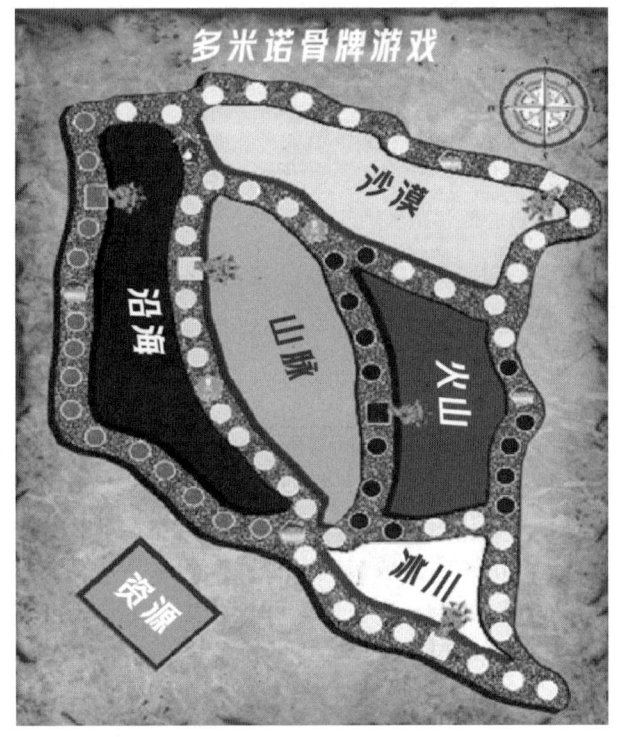

图3-11 "智力地图"棋盘

案例七：设计抽奖游戏

在黄文丹等（2022）的小学四年级数学"可能性"课程单元中，学生在制作过程中通过测试抽奖工具的可用性及验证抽奖方案设计的合理性，来感受简单随机现象以及随机现象的可能性大小。"可能性"课程的设计主要由人大附中航天城学校的四名数学教师共同完成，并根据校外专家的建议多次修改进行完善。活动的实施过程如表 3-2 所示：

表 3-2 实施过程

时	实施环节	内容
课时1	导入游戏	教师首先展示一个装有 3 个红球和 3 个黄球的布袋，引导学生猜测每次随机抽取时球的颜色，从而唤起对结果不确定性的直观感受。随后，教师更换为一个仅含有 3 个红球的布袋，再次请学生进行预测，以对比体验引出结果的确定性。通过两组情境的对照，教师引导学生区分并理解"随机现象"与"必然现象"的基本概念
	建构知识	教师用课本中的情境故事帮助学生理解份额越大，可能性越大这一概念
	提出驱动问题	教师向学生提出驱动问题：本学期同学们在各方面进步突出，教师想要奖励大家。根据之前同学们的投票，教师选出了最受大家喜爱的三种奖励，并想让大家以抽奖游戏的方式获得奖励，以增加趣味性。同学们能否为班级设计一个有趣的抽奖工具呢？
	发布项目任务	教师针对驱动问题发布项目任务：现在你是一名抽奖设计师，请与其他设计师自行组成 5~6 人小组，设计抽奖游戏的机制并制作出抽奖工具。在设计时，要对抽中每种奖励的比例进行设计。此外，教师让学生填写个人研学单和抽奖记录单，便于学生构思项目成果及验证抽奖结果
课余时间	制作与验证成果	学生利用课余时间开展小组讨论（包括面对面讨论和线上讨论）并制作，讨论内容围绕设计、制作抽奖工具、小组分工等，教师在旁进行指导。在抽奖工具制作好后，小组同学通过抽奖的方式来验证制作出的抽奖工具是否与设计的比例大致吻合
课时2	展示项目成果	教师安排每个小组依次进行成果展示，展示的主要内容包括介绍抽奖工具如何使用，描述设计抽中不同奖励的比例及实际验证得出的结果。展示完成后，每位小组学员可用自己的抽奖工具抽一次奖，奖励可兑现
	分析项目成果	教师引导学生针对项目成果展开分析。比如教师会问：假如最想抽到某个奖励，选择哪个抽奖工具最有可能抽到？当同学排队抽奖时，排前面同学的抽奖结果是否会对排后面的同学的抽奖结果造成影响
	评选	学生在了解每个抽奖工具抽到不同奖励的可能性大小后，以举手表决的方式投出最受欢迎的抽奖方案，获得票数最多的抽奖方案将成为本班级之后所采用的抽奖方案
	布置作业	教师给学生布置课后随堂作业，旨在对学生知识点习得的情况做评价

对 6 个小组制作的 6 个抽奖工具进行观察发现，学生已经知道为了精确设计奖项的可能性大小，可以先将抽奖结果均等分为若干份，再根据已有份数为不同的奖项调整在其中的份额。从知识的掌握情况来看，学生将抽奖结果均等分为若干份，说明他们知道抽到每一份的结果的可能性是一样的，而将奖项设置为不同的份额，则说明他们知道份额占整体越大，其可能性就越大。大学生能够理解随机事件的发生，并掌握可能性大小的概念，达到了这次课程的学习目标。图 3-12 为 6 个小组分别设计的抽奖工具。

图 3-12　抽奖工具

3.2.2　理论发现

基于上述案例，本书根据 3.1.4 小节提出的 GPBL 机制模型，对上述四类案例进行详细分析。

3.2.2.1　GPBL 的总体特点

（1）技术工具在活动中扮演着重要角色。

在上述 7 个案例中，有 4 个案例提到了 GPBL 活动中所使用的技术。这体现了信息技术对 GPBL 的支撑作用，也反映了当前游戏化学习与传统游戏化学习的区别，呈现出线上游戏化或数字游戏化的趋势。有了技术工具的加持，GPBL 的实施方式更多元，结构更丰富。技术既可用于支持整个项目活动以游戏化方式开展，也可用于支持项目管理和目标的评价。

比如在案例一中，OVC 游戏化平台记录每个团队的课程学习情况和项目活动情况，并根据学习情况和活动情况以排行榜的形式呈现出每个团队的实时得分，从而激励团队成员积极参与。而 Shopify 平台则帮助学生实现了线上业务的开展，即学生需要借助该平台来开展特定的 PBL 活动。可见，技术既可用于支持整个项目活动以游戏化方式开展，也可用于支持项目目标的达成。

在案例三中，课程的目的是让学生掌握编程技能，因此编程软件成为学生要学习的一种技术工具。活动中，教师让学生团队通过编程的方式完成项目任务，并以竞赛的方式激励学生认真完成任务。在这个过程中，学生学习并使用编程软件 mBlock Coding 进行编程，达到学以致用的目的。与案例三相似，在案例五中，为了让学生掌握编程软件 Sratch，教师组织学生团队通过使用该软件来完成特定的项目任务。而与案例三和案例五不同，在案例四中，学生学习编程的方式则是通过玩编程类电子游戏来获得，电子游戏是学习该课程时需要使用到的技术工具。此外，在案例二中，Moodle 作为一个项目管理平台，它支持学生团队运行及管理各自的项目，使得项目的进程可视化。

总的来说，技术工具在不同的 GPBL 互动中扮演着不同的重要角色。比如它可用作游戏化手段，激发学生的动机与投入，也可用作支持团队活动的运作与管理，此外还可用作训练特定技能的工具。有了技术工具的加持，GPBL 的实施方式更多元，学习目标也更容易达成。

（2）游戏化学习与 PBL 能够自然、有效地融入。

7 个案例中，游戏化学习与 PBL 的自然融入达到了"我中有你，你中有我"的程度。两者间的相互融入形成了带有游戏化特征的 PBL 模式。由于游戏化策略本身具有多样性特点，它在 PBL 中发挥的作用十分多元，能够从多个方面促进 PBL 活动的有效开展。

比如案例一和案例三都运用了"竞争"游戏元素，即以竞赛游戏的方式激发学生主动投入到项目任务当中。而案例二则运用了"角色"游戏元素，即让学生在一个"真实"情境中扮演特定角色，从而完成该角色需要完成的项目任务。角色扮演游戏能够增强学生在项目活动中的代入感，让学生感到他们正在做一件"真实"且有意义的事，活动本身产生的意义能够激发他们的内在动机。

案例一至案例三中运用到的游戏化策略都是围绕项目活动的整体而设计的，目的是让游戏元素贯穿于整个项目活动当中，从而促进活动的整体实施效果。

而案例四则是将一个个小游戏嵌入到项目活动中的知识建构环节，让学生通过玩游戏的方式学习相关知识与技能，为后续项目活动做好知识应用的准备。在这个案例中，游戏化策略只针对项目活动中的某一个活动环节。

从案例一到案例四，运用到的游戏化策略都是教师提前设计好的特定游戏、游戏元素或机制，而案例五至案例七则是让学生自己去制作一款游戏，以此作为一项 PBL 活动。不同的是，案例五是通过制作游戏来习得游戏制作的相关知识与技能，案例六是通过将学科知识作为游戏中的素材来习得这些知识，案例七要求学生运用学科知识来制作游戏工具，在此过程中习得学科知识。制作游戏的过程中，学生自行考虑在游戏中采用哪些游戏元素和机制，以及如何去实现。学生不再是游戏玩家，而是站在游戏设计师的角度接触和体验游戏。此外，学生在一遍遍运行游戏 Demo① 的过程中，也能够体验到玩游戏的乐趣。总的来说，游戏化学习可以多种不同方式融入 PBL 当中，并在项目活动中发挥不同功能，从而提升 PBL 活动的实施效果。

（3）学生的自主性得到充分发挥。

游戏化学习和 PBL 不同于传统讲授式模式。传统讲授模式以教师在课堂上直接传授学科知识，学生被动输入这些知识为主。传统讲授模式的特点在于教师处于课堂中心地位，因此学生在课堂中具有较低的自主性；PBL 注重让学生在活动中自主设计并制作项目成果，因此它赋予学生较高自主性来完成活动任务，而独特的游戏化环境则允许学生自主决定以何种方式和态度参与其中。由于 PBL 和游戏化学习能够从不同方面调动起学生的自主性，因此 GPBL 活动能够将学生的自主性发挥至较高水平，促进学生在活动中自主学习，自由创造。

例如在案例一中，每个团队需自行创建一个线上商店，选择在线上售卖何种产品，以何种营销手段提高销售，与哪家慈善机构进行合作等。在游戏积分和排名的激励下，他们不仅要搭建出属于自己的销售平台，更要在平台中获得销售利润，这会促使他们根据自身的情况借助可用资源来达到这个目的。在案例三中，团队成员要在整个游戏环境中思考如何赢得比赛，并做出一系列决策，如建造自己的船只，为船只涂色，根据各自需求为船只进行编程，考虑是否与其他团队交战等。类似的，在案例四中，学生可在游戏里自行探索如何通过游戏挑战。在案例二、案例五、案例六和案例七中，团队成员之间需协力设计并开发出软件系统、游戏等。上述案例提到的种种活动环节都需要学生自主完成。

---

① 游戏 Demo 是游戏开发过程中制作的一种初步版本，也被称为试玩版。

3.2.2.2 GPBL 的动力机制

动力机制的主要目的是借用游戏化方式来促进 PBL 的实施效果，让学生更加积极自主和沉浸探究。动力机制的具体功能主要包括搭建 GPBL 情境、提供探究动机、强化知识与技能以及促进社会交互。

（1）搭建 GPBL 情境。

学习是情境性活动（莱夫和温格，2004）。GPBL 是将知识学习置于真实的情境当中，学生在解决问题的过程中，需要对该情境有充分的认知，才能准确理解项目任务本身。游戏化环境能够为项目探究搭建多样化的情境，促进学生将所学知识与项目任务联系起来。情境既可以取材自当下的生活实际，也可以是符合社会认知的超越时空的情境。

例如在案例三的伟大航程游戏中，教师创设了一个超越学生生活实际的游戏化环境，即将各团队视为不同国家，各国需派出一艘舰船与其他国家展开竞争，最先赢得指定香料数量的国家为胜。为了让情境内容更丰富，游戏体验更强，教师还提供了地图、舰船零件卡、任务卡等多种游戏道具。在游戏化环境的支持下，各团队需要根据舰船零件卡，结合所学的编程知识共同制作出一艘舰船参与竞争游戏。案例中的游戏化环境即为一个 GPBL 情境，从而支持学生开展 GPBL 活动。团队成员要在整个游戏环境中思考如何赢得比赛，并做出一系列决策，如建造自己的舰船，为舰船涂色，根据各自需求为舰船进行编程，考虑是否与其他团队交战等，需要使用策略智取。

（2）激发探究动机。

案例中将学习项目游戏化的方法是多层次、多路径的，从而产生的动力机制也有所差异。轻游戏化案例中常见的游戏元素是竞争、挑战、排行、积分和奖励等，这些游戏元素以创造外部激励为主。深度游戏化则是以激发学习者的内部动力为主。例如案例二运用了"角色"游戏元素，即让学生在一个"真实"情境中扮演工程项目的团队成员，从而完成该角色需要完成的项目任务。角色扮演游戏能够增强学生在项目活动中的代入感，让学生感到他们正在做一件"真实"且有意义的事，活动本身产生的意义能够激发他们的内在动机。完整的游戏引入容易创设出更具沉浸感的游戏化环境（如案例三和案例四），但对于教师的教学设计和流程改造，挑战往往也更大。而游戏开发则能让学生在不断测试游戏的过程中，体会到玩游戏的乐趣（如案例五和案例六）。

（3）强化知识与技能。

学生在进行项目探究前，可以先习得与项目活动有关的知识，这样更有利于开展项目活动（巴克教育研究所，2007）。而游戏化设计则能基于强化理论，通过设置奖励、积分、排行榜，或是将游戏关卡设置为由易到难等方式，在学生的学习过程中给予及时反馈，从而促进学生的知识与技能建构。在案例四中，为了让项目活动进展得更加顺畅，教师组织学生在活动探究开启前，通过玩闯关游戏的方式习得编程知识。不过，为能让学生在开展项目探究的整个过程中更加顺畅，知识与技能的强化也可以是全程性的，它不局限于某个活动环节。例如在案例一中，教师在线上平台 OVC 上设置了不同的学习模块，并要求学生在开启探究活动的第四到第五周内完成这些模块的学习，即可获得相应的积分。在案例七中，教师在提出驱动问题之前，先向学生教授"可能性"的概念。

（4）促进社会交互。

在维果茨基看来，游戏可以创造儿童的"最邻近发展区"（吕晓和龙薇，2006）。由此，在 PBL 活动中嵌入"游戏化"，是对个体日常行为活动的扩展，为更高层次的社会交互提供契机。在案例二中，学生扮演工程项目中的团队成员，旨在根据客户提出的要求完成工程项目。在开展工程项目的过程中，他们需要像专家一样与团队成员不断交流、协作，游戏角色让他们摆脱知觉情景和具体事物的束缚，从而实现超越日常活动的社会交互。

3.2.2.3 GPBL 的结构支撑

游戏化元素能有效改进 GPBL 的结构要素，借助情境认知和社会建构将传统的项目任务变为探究、协作和玩乐的创造性行为。四类案例在 GPBL 设计上基本采用"项目主导、游戏驱动"的思路，确立"问题解决、团队协作"的基本形式，并整合游戏化元素使项目过程更加有趣。在整个学习过程中，基于真实问题和情境的项目仍然是 GPBL 的主体结构，引导学生在情境探究中实现知识和技能的强化以及社会意义的建构；而融入了游戏化元素的 GPBL 在实施上更加强调规则意识，通过博弈、对抗、策略、奖惩等规则增强流程的趣味性和延展性。

3.2.2.4 GPBL 的控制要素

任何一项教学和学习活动首先要确立明确的学习目标，并制订与目标相契合的评价方案和工具，因此清晰明确的学习目标和学习评价成为支持 GPBL 控制系统的两大核心要素。案例中的学习目标包括显性和隐性两大目标，显性目标主要是指知识与技能的掌握，隐形目标包括学生的创新能力、协作与沟通能力等 21 世纪核心素养。在评价方法上，区别于传统的测验和观察等评价方法，GPBL 可以借助游戏中的量化指标（例如时间和积分等）、可展示的项目成果、游戏化平台的行为数据来评价学习效果。GPBL 不仅创新评价方法，还可以改变评价的氛围，让学生轻松自信地参与评价，并正确客观地看待评价结果。

3.3 模型构建

3.3.1 GPBL 机制模型优化

案例研究一方面归纳出 GPBL 的特点，另一方面分别从 GPBL 的动力机制、结构支撑和控制要素三个方面进行了详细分析。基于案例研究的发现，本书对 3.1.4 小节构建的 GPBL 机制模型做了进一步优化（见图 3-13）。

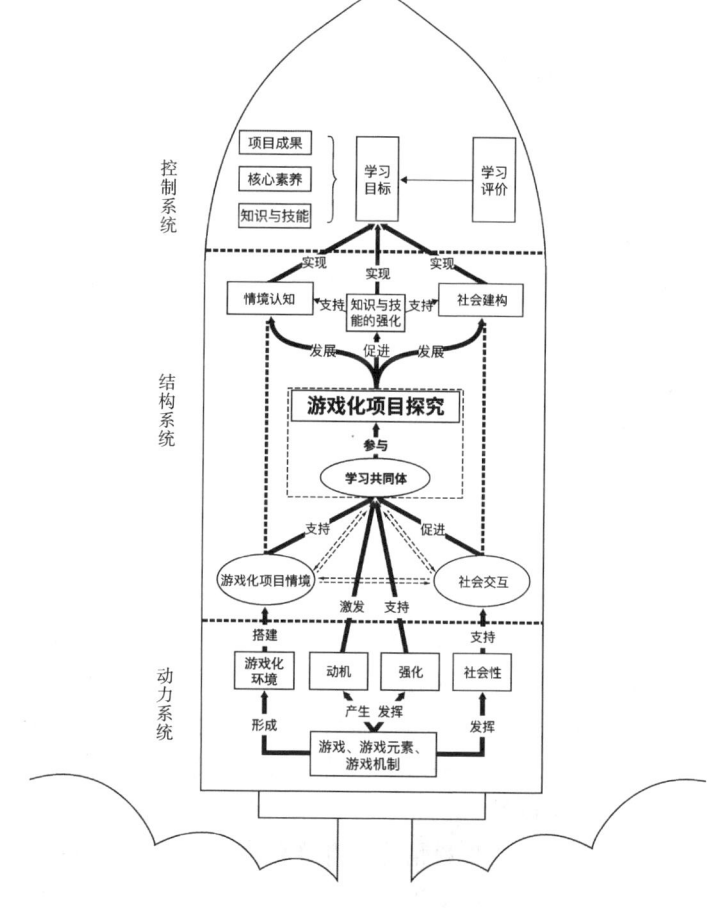

图 3-13　GPBL 机制模型——火箭机制模型优化版

3.3.1.1 优化部分

在优化版的 GPBL 机制模型控制系统里,将"学习目标"细分为项目成果、核心素养和知识与技能三个要素。项目成果由学习者在参与 GPBL 活动时的产出,它是 GPBL 和 PBL 区别于其他学习方式的特征。核心素养是新时代下的育人目标,促使学生在情境中发挥主动性去创造意义和解决问题,从而具备适应社会发展的能力。知识与技能是学习者在参与 GPBL 活动过程中所掌握的与学科知识相关的内容。

在优化版的 GPBL 结构系统中,首先是增添了"游戏化项目情境""社会交互"和"学习共同体"三大要素。有了"游戏化"的支持,活动所处的情境就变成了具有游戏化特征的项目情境。此外,"游戏化"还具有社会性功能,它能促进学习者在 GPBL 活动中更好地进行社会交互。学习共同体则是参与 GPBL 活动的主体,除学习者自身以外,学习共同体中还可以包含班级同学、老师、朋友、家长等。其中以团队合作为基础,形成高效的学习共同体是开展 GPBL 的有力保障。

其次,使用了双向箭头的直线将"游戏化项目情境""社会交互"和"学习共同体"三个要素相连,旨在强调三者之间暗含交互决定观点。班杜拉(2001)对个人、行为和环境三者的关系提出了互惠式决定论模型,认为这三者之间构成了一个动态的交互决定关系,其中任何两个因素都构成双向互动的关系。在个人与行为的关系中,个人的信念、期待、情绪等主体因素影响着其行为,而行为的内部反馈和外部结果又会反过来影响个人的主体因素;在行为与环境的关系中,环境决定着行为的方向和强度,而行为也能改变环境以适应人的需要;在个人与环境的关系中,个人的主体因素是环境的产物。在大多数情况下,这三个因素的发展和激活是高度相互依赖的,它们之间的双向影响力量不存在对称性。

因此,在 GPBL 机制模型的结构系统中,学习共同体、项目情境与社会交互在项目探究过程中相互作用,共同推动学习共同体在项目探究中发展情境认知与社会建构。在学习共同体与社会交互的关系中,学习共同体的信念、目标等影响他们在项目探究中的交互行为,而行为的结果会使实践共同体对知识有新的见解;在项目情境与行为的关系中,情境影响着学习共同体交互行为的方向和强度,而行为所产生的结果也能够反过来改变项目中的情境。比如,学习共同体可以通过项目探究解决项目情境中存在的问题。在实践共同体与项目情境的关系中,学习共同体基于情境进行实践探究从而获得新的认知,而学习共同体的信念、目标等主体因素也影响对情境的认知。

在优化版的 GPBL 控制系统中，添加了"知识与技能的强化"要素。如从案例一中得知，不同知识与技能的习得可贯穿于活动的不同环节当中，从而保证学习者在探究的不同阶段中得到支持。"知识与技能的强化"既可以采用动力系统中的游戏化方式进行强化，也可以采用非游戏化的方式进行强化。已有的知识与技能有助于学习者进行情境认知和社会建构，比如当学习者学习了某个学科知识点后，他/她才能与团队成员深入交流项目任务或思考如何利用所学知识去解决情境中的问题。

为了清晰完整地呈现出 GPBL 的运作机制，笔者在模型中也做了一些细节处理。比如在动力系统中添加了"游戏、游戏元素、游戏机制"要素，旨在强调动力系统中的四种"燃料"来源于"游戏化"。在结构系统中，添加了"学习共同体"这一活动主体，并将原本的"探究"改为"游戏化项目探究"，以突出 GPBL 独特的探究模式。

3.3.1.2 优化版 GPBL 机制模型说明

优化后的 GPBL 机制模型仍由动力系统、结构系统和控制系统三大系统组成。动力系统由游戏、游戏元素和游戏机制构成，它们能够"产生"四种不同类型的"燃料"，助力结构系统发挥作用。第一种燃料是"游戏化"所形成的游戏化环境，可通过利用特定的游戏化环境搭建出适合项目活动主题的情境（即游戏化项目情境），该情境能够支持学习共同体进行探究活动，过程中发展情境认知。第二种燃料是"游戏化"所产生的动机，它能激发学习共同体主动参与探究活动。第三种燃料是"游戏化"所发挥的强化知识与技能的作用，从而支持学习共同体利用所掌握的知识和技能展开探究。第四种燃料是"游戏化"所发挥的社会性功能，它能促进学习共同体进行社会交互，在此过程中发展社会建构。

结构系统中最重要的过程是学习共同体参与游戏化项目探究活动，在探究过程中，学习共同体、游戏化项目情境与社会交互三者两两之间相互影响，从而促进学习者的情境认知和社会建构。此外，学习者在探究过程中可进行额外的知识与技能强化，便于他们根据探究所需对这些知识与技能加以运用，进而支持情境认知和社会建构。值得注意的是，知识与技能的强化可以通过动力系统中的"强化"燃料来实现，即可通过游戏化的方式来强化学习者对知识与技能的掌握。当然，还可以通过"非游戏化"的形式来实现知识与技能的强化。

发展情境认知、社会建构以及强化知识与技能的最终目的在于实现 GPBL

机制模型控制系统中的学习目标要素。学习目标主要包含项目成果、核心素养、知识与技能三个方面。此外，控制系统中还包含学习评价要素，学习评价的主要功能在于评估学习者学习目标的达成情况，以便对活动进行调整。

3.3.2 GPBL设计与实施框架初探

第一章中已经提到，本书的目标之一是探索如何设计 GPBL。火箭机制模型展现了 GPBL 的内部运作方式，而要让一项 GPBL 活动真正达到理想的运作方式，则需要根据 GPBL 的工作原理，对其活动流程进行精心设计。从 GPBL 机制模型可以看出，GPBL 结构系统和控制系统的运作方式主要是让学习者在活动中进行探究，最终产出项目成果，提高核心素养、知识与技能。而动力系统主要是在 PBL 活动的基础上赋予更多能量。因此，GPBL 活动流程的主体结构首先要遵循 PBL 的活动结构，然后在其主要结构之上，嵌入游戏化设计。基于此，本书接下来将总结一些学者提出的 PBL 设计与实施框架，并结合这些活动流程的优势与 GPBL 机制模型，构建出 GPBL 设计与实施框架。

夏惠贤和杨伊（2021）在整理了 PBL 的概念、内涵、理论基础、案例、设计等后，构建了 PBL 模型（见图 3-14）。该模型基于巴克教育研究所提出的 PBL 过程设计五阶段，呈现了教师在设计时需要考虑的五个阶段内容：目标导向，目标需求与教学目标一致；引导问题，能够激发学习者探究热情的、真实情境下的问题；规划项目，即教学设计包括对项目流程的设计和对资源环境的设计。其中，资源环境包括校内支持和校外支持：校内支持主要包括来自教师和同伴的支持，校外支持主要包括来自家庭和社区的支持。管理项目，即对可能出现的问题与挑战的预期。评价方案，即评价项目的细则包括学习者产生的直接结果如一些发现与创新，以及学习者在学习过程中获得的间接结果如知识、技能、态度、情感、价值观，是一个完整的评价方案。PBL 模型提供了一个具有普适性意义的架构，它从设计的视角出发勾勒出 PBL 从设计到实施，再到最后成果产出的一个外在整体形态，可为建构不同特点或类型的 PBL 模型提供一个基本框架。

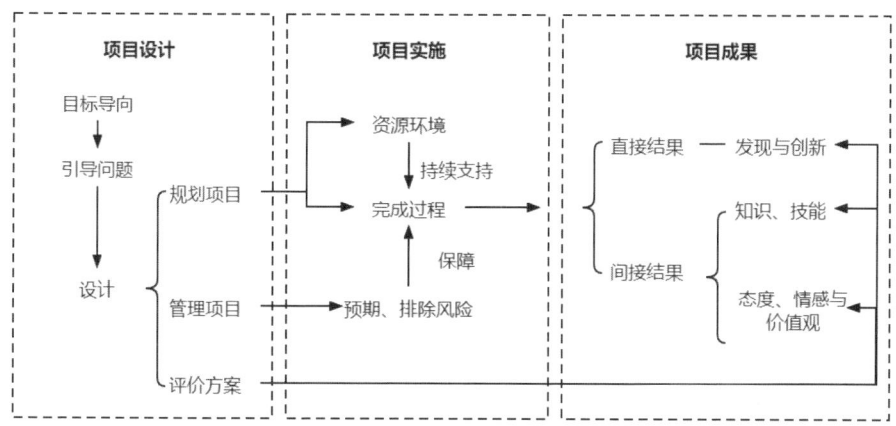

图 3-14 PBL 模型（夏惠贤和杨伊，2021）

张文兰等（2016）基于实践经验，构建了可以实现核心知识掌握的国家课程项目式重构流程（见图 3-15）。

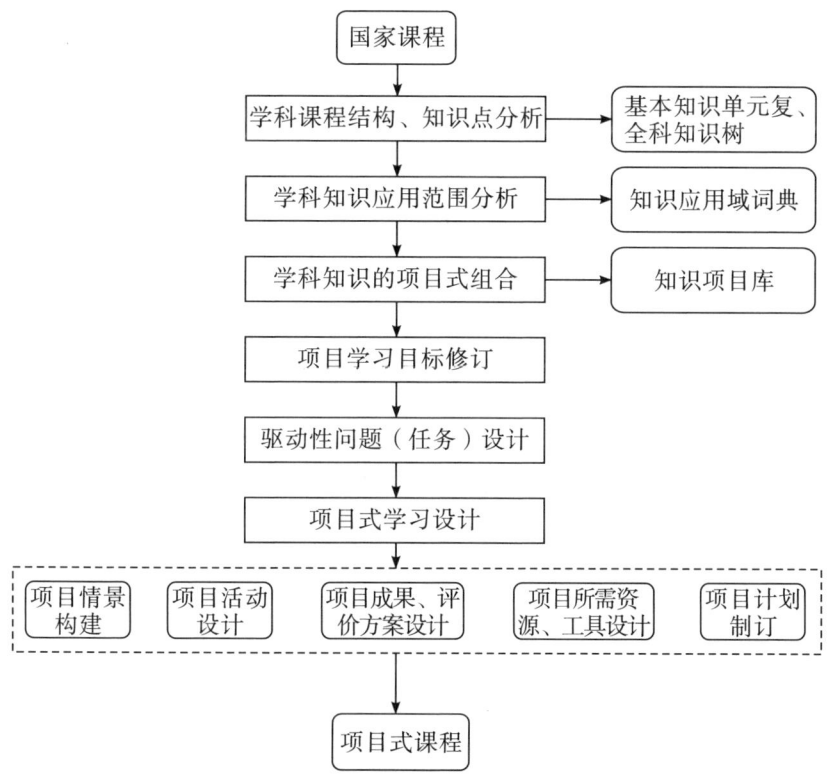

图 3-15 国家课程项目式重构流程（张文兰等，2016）

该流程的基本形态与夏惠贤和杨伊（2021）构建的 PBL 模型在大体上相似，比如两者都强调对学习目标、驱动性问题、项目活动、项目评价方案、项目所需资源方面的设计。不过在国家课程项目式重构流程中，他们还强调了设计时要注重学科知识与 PBL 的组合。尽管强调学科知识这一点在夏惠贤和杨伊（2021）的模型中没有得到体现，但该模型主要借鉴的是巴克教育研究所的设计五阶段，而巴克教育研究认为，优秀的 PBL 应具备的其中一个条件就是能够让学生在 PBL 中习得核心概念（巴克教育研究所，2007）。这与 Thomas（1998）的观点一致，他认为 PBL 的首要特征体现为项目是课程的中心，而不是课程的外围和边缘。可见在设计 PBL 时，一定要将课程知识结合进其中。此外，在国家课程项目式重构流程中，还强调了项目情景的构建，这与 PBL 的重要理论情境认知理论吻合。而夏惠贤和杨伊（2021）的模型相比于张文兰等（2016）的流程则多了一个"管理项目"的设计，该环节十分重要，它能够对 PBL 的实施起到保障作用。以上两个模型都可用于指导 PBL 的设计，但它们都缺乏具体活动流程的设计指导，而以下两个实施流程可对其进行补充。

张文兰等（2016）构建了网络环境下基于课程重构理念的 PBL 实施流程。该流程主要为教师和学生参与的项目活动流程，技术在活动中起支持作用。单看项目活动的流程部分，它主要包含确定项目、制订计划、活动探究、作品制作、成果交流和总结评价 6 个环节（见图 3-16）。

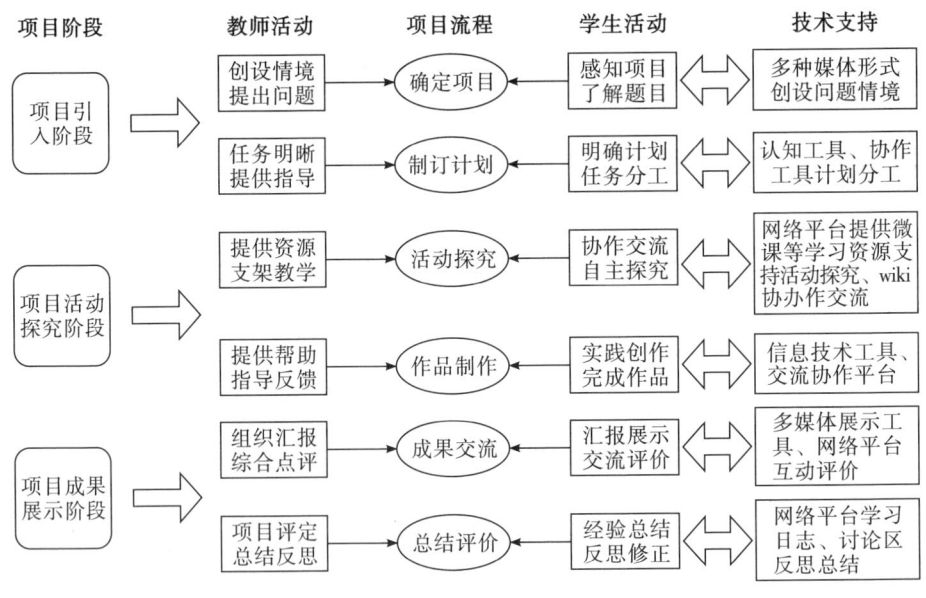

图 3-16 项目流程（张文兰等，2016）

在确定项目环节，教师引出驱动性问题，学生初步感知问题；在制订计划环节，教师布置任务，学生形成合作共同体，制订计划并进行分工；在活动探究环节，学生开展自主探究，教师给予资源和指导支持；在作品制作环节，学生在实践过程中完成项目作品，教师同样给予个性化支持；在成果交流环节，教师组织小组成员进行项目成果展示，教师和其他小组成员对该小组的表现进行综合点评；在总结评价环节，教师通过多维度的评价工具对学生进行评价，如学生的自我评价、小组评价，家长、领域专家对学生的评价等。教师则对评价结果进行整理，帮助学生进行反思与总结。

此外，夏雪梅（2018）也提出了PBL活动六阶段（见图3-17）。

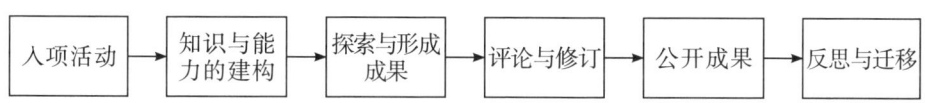

图3-17　PBL活动六阶段（夏雪梅，2018）

入项活动是指通过情境提高学生对主题的兴趣，并提出驱动性问题；知识与能力的建构是指帮助学生获得项目探究所需要知识与能力方面的知识；探索与形成成果是指学习者组成小组，探索问题的解决路径并形成初步成果；评论与修订是指小组成员接受教师、其他小组成员的评价，也对其他小组进行评价，并修正自己的成果；公开成果是指公开展示成果；反思与迁移是指反思活动及目标的达成情况，并分享在其他类似情境中的迁移实例（张文兰等，2016）。夏雪梅提出的活动流程与上文的项目流程活动基本类似，较大的区别在于她还强调了"知识与能力的建构"的重要性。关于知识与能力建构这一点，《项目学习教师指南——21世纪的中学教学法》（巴克教育研究所，2007）记录的教师访谈提到过，教师认为学生在进行项目探究前，可以让学生先习得与项目活动有关的知识，这样更有利于学生开展项目活动。

基于对GPBL机制及PBL活动模式的理解，本书初步构建了GPBL设计与实施框架（见图3-18）。该框架的实施与结果阶段同样包含动力系统、结构系统和控制系统，体现出了它与GPBL机制在核心思想上的一致性。具体来说，三大系统体现的是GPBL内在的运作逻辑，而设计与实施框架则是支持内在运作逻辑的外在操作方式。首先，设计与实施框架中的"游戏化"是动力系统运作的外在操作方式，即可以通过在活动中嵌入游戏、游戏元素或游戏机制来支持整个活动的进行（结构系统）。动力系统是GPBL区别于PBL的重要部分。其次，设计与实施框架中的"项目流程""教师活动"以及"学生活动"都是结构系统运作的主要外在操作方式，其操作方式支持学习共同体（学生、教师

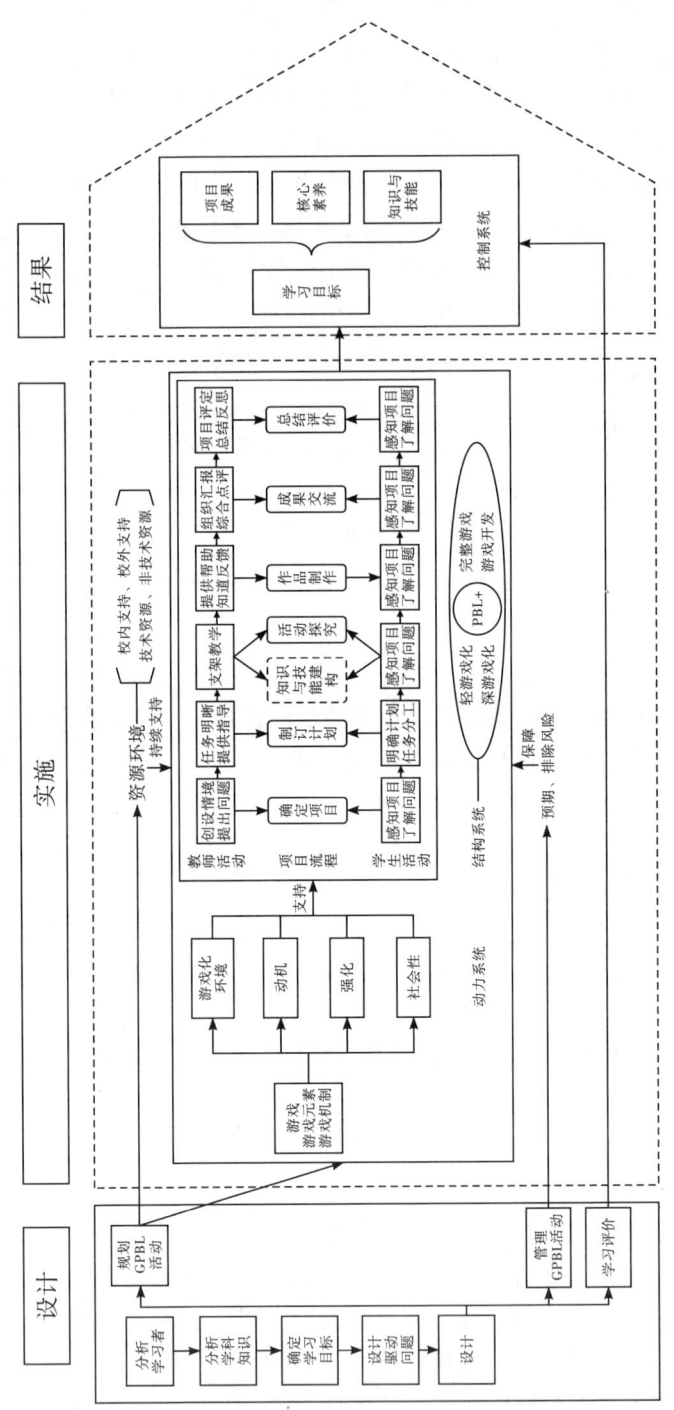

图3-18 GPBL设计与实施框架初探

等）顺利参与探究活动。为确保动力系统和结构系统顺利运作，在"设计"阶段除了对活动的流程进行设计外，活动设计者还需要为活动准备相应的资源，以及做好管理计划，因此设计实施框架中的"资源环境"部分与"预期、排除风险"部分直接与"实施"部分连接。最后，设计与实施框架中的"学习目标"与机制模型中的"学习目标"一致，均包含项目成果、核心素养、知识与技能。值得注意的是，在机制模型的控制系统中，还包含与学习目标相契合的学习评价内容，学习评价内容的制订则是在设计与实施框架的"设计"阶段"评价方案"中完成，因此在设计与实施框架中，"学习评价"部分直接与"动力系统"部分连接。

3.3.3 GPBL 的设计原则和策略

通过对国外多个案例、国内单个案例的研究分析，结合火箭机制模型、GPBL 设计与实施框架，本书认为在设计 GPBL 活动时可参考以下四个原则及对应的策略，来思考"游戏化"与"项目式"要以何种方式相互融合，才能最大限度地发挥这两者的作用。

四个原则分别关注活动的整体设计思路（原则一）、游戏化项目情境创设（原则二）、探究支架（原则三）以及技术工具（原则四），覆盖了 GPBL 活动的所有重要部分。针对原则一，相关的三个策略涵盖活动设计中的三大重要实施环节，分别是活动设计（策略一）、活动管理（策略二），以及活动评价（策略三）；针对原则二，相关的三个策略围绕如何创设真实情境（策略一）以及借助游戏化设计搭建情境（策略二、策略三）；针对原则三，相关的两个策略分别对应如何利用游戏化设计提高探究过程中的团队合作水平（策略一）与认知水平（策略二）。针对原则四，相关的两个策略分别对应技术在活动管理（策略一）和成果创新（策略二）中的应用。

3.3.3.1 原则一：全方位融合"游戏化"与 PBL

在 PBL 中嵌入"游戏化"，形成具有游戏化特征的 PBL，能够为学习者带来玩乐体验，从而提高学习者在活动中的兴趣和参与动机，更加沉浸于活动当中。在对 GPBL 进行设计时，要注重"游戏化"与 PBL 的自然互融，使游戏化设计与 PBL 活动保持一致性、整体性和系统性，从而确保学生能始终围绕这一条主线任务及目标开展活动。而如果在活动中"游戏化"与 PBL 是分离的状态，则可能会导致学习者对活动目标的认识出现偏差，注意力受到干扰，从而影响学习者在活动中的表现。在对 GPBL 进行设计时，可根据不同需求将"游戏化"嵌入 PBL 的各个部分当中，与 PBL 各部分融为一体的同时，也促进 PBL 各个环节之间形成紧密联结。

策略一：寻找合适的"游戏化"嵌入方式。

在将"游戏化"嵌入 PBL 之前，首先需要思考的是希望"游戏化"能为 PBL 带来什么样的改变或效果，从而提高 PBL 活动的体验。"游戏化"与 PBL 的融合方式可以参照 2.4.2 小节中对 GPBL 应用模式的四个分类。

如果希望通过激发学习者的外在动机来提高学习者在活动中的积极参与度，可考虑在活动中嵌入竞争、排行榜、积分等游戏元素；如果希望通过增加学习者在活动中的代入感，通过将自己融入活动中而达到对活动的深度体验，即由内在动机激发出的对活动的参与，则可以为活动创设一个故事情境，并赋予学习者一个故事角色，从而推动学习者从该角色视角顺着故事的思路来理解和完成项目任务。要注意的是，为保证学习者在活动中始终保持高度的沉浸感，整个 PBL 活动的主题、任务、目标等都需要与故事情境紧密结合。而如果教师找到与活动内容相符的一款现成的游戏，那么可以将这款游戏嵌入活动当中，支持整个项目活动或某个项目环节的活动，学习者同样能通过它所提供的情境、角色、竞争、挑战等游戏化元素来获得游戏化体验。这前三类游戏化嵌入方式实际上都是教师在活动前已经提前设计好的，学习者以"游戏玩家"的身份来体验，而最后一类游戏化嵌入方式则是让学习者以"游戏设计师"的身份和视角来感受"游戏化"带来的玩乐体验。这类 GPBL 活动通常是让学习者在活动中设计和开发出一款游戏，从而学会游戏开发的方式、软件的使用、编程知识的习得等，而活动中要产出的项目成果就是游戏本身。

策略二：用游戏化方式管理活动实施。

对教师来说，管理学习活动是一个重要环节。学习者在活动中拥有高度自主权，为确保学习者能顺利完成项目任务，教师需要对整个学习活动进行管理。管理的方面包括把控活动的总体及各环节的进度，引导和监督学习者在活动中的行为表现等。如果教师使用传统的活动管理方法，则可能会带给学习者被"限制发挥"的感觉，活动的自主性难以较大程度地发挥出来。而如果采用"游戏化"的方式来管理活动，则能够通过"游戏化"来调控学习者在活动中的行为。一方面，活动中产生的游戏数据能够给予学习者反馈；另一方面，"游戏化"带来的玩乐体验能调动学习者的主动性和积极性，从而促进学习者根据游戏数据反思自己在活动中的表现，并进行修正。

总的来说，游戏化管理方式能够引导学习者自主调节在活动中的表现，它不会破坏学习者的自主性。在设计游戏化管理方式时，要注意与 GPBL 活动的主题和流程融为一体。比如针对项目任务的管理，可以将每个子任务包装成限时闯关的形式，与活动中的故事情境、角色扮演结合起来；针对学习者行为表现的管理，可以对期望与不期望学习者的表现用文字呈现出来，并在每个表现的旁边附上不同分值，再与活动中的竞争元素结合起来。

策略三：用游戏化方式评价学习表现及学习目标达成情况。

评价学习者一方面能够反映出学习者在活动中的表现，有助于学习者反思；另一方面则有助于教师了解学习者的学习目标达成情况，从而改进教学。通常来说，面向学习者的评价主要包括过程性评价和终结性评价。过程性评价用于评价单个活动环节或不同子项目任务，而终结性评价则用于评价最终的学习结果。传统的评价方式包括纸笔测试、评价量规等等，但这样的评价就像是一把"冰冷的尺子"，学习者很难从中获得乐趣和意义。而在评价中嵌入"游戏化"不仅能让学习者从中获得愉悦体验，也能够透过游戏了解到学习者的学习表现和学习结果。比如在游戏化的设计上，可以将传统的测试题设计成团队竞赛小游戏，对评价量规中的每一个评价项目赋予相应积分等。同样需要注意，评价中的游戏元素也要与活动中其他游戏化元素保持整体性和一致性。

3.3.3.2　原则二：用真实问题牵引活动，"游戏化"助情境延展

由真实问题引出的项目任务不仅能激发学习者对问题的探究欲，驱动学习者思考如何来解决这些问题，也能促进学习者将与问题相关的真实情境联系起来，从而调动已有的知识来感知和分析问题，因此采用真实问题来开启项目活动能够帮助学习者构建意义，引导学习者在已有知识的基础上，主动对问题涉及的新知识进行处理，从而构建出自己的知识结构以及对事物的认知。真实问题可能来源于学校、家庭，甚至还可能来源于符合社会规则的虚拟故事。

为了让学习者更好地理解真实问题，创设与真实问题一致的真实情境十分重要。而真实情境往往复杂多元，且学习者对于远离自己生活实际的事情往往缺乏足够的认知，这时候就十分需要精心搭建出一个真实情境，让学习者置身于特定情境中来思考与之相关的问题。因此可以通过使用一些游戏化设计来完成对一些复杂情境的搭建，形成一个游戏化项目情境。该情境既可以是直观的模拟复现，也可以是对情境的想象，从而帮助学习者"切换"到新情境当中。

策略一：设计激发学习者探究欲的真实问题。

项目开启前的问题导入是整个活动的核心和灵魂。一个能激发学习者探究欲望的真实问题，可以为学习者提供活动方向和意义感，从而促进学习者开启和推动项目探究。要设计出这样的问题，需要同时考虑这两点：问题的真实性和驱动性。针对真实性的设计，要确保该问题来源于现实生活，或是符合现实逻辑。针对驱动性设计，可以结合学习者平时的兴趣点来找到突破口。一些方法可以帮助教师快速找到学习者的心理需求或兴趣爱好，如通过观察、问卷等形式收集学习者对不同主题和内容的偏好，由学习者自行提出并投票选出最感兴趣的问题等。

策略二：利用"游戏化"超越现实情境。

问题的提出往往需要伴随项目情境来做铺垫。相较于传统的项目情境，游戏化项目情境不仅能借助游戏化设计延展情境内容，也能延展出更多情境主题和类型，从而达到超越现实情境，增加学习者投入的目的。比如在情境内容上，可以在传统项目情境的基础上设计故事情节、人物特征、使命等。这样做一方面能够让整个情境变得饱满，另一方面能让学习者扮演角色，从而体验挑战，获得成就感、价值感等。再比如还可以在原有情境内容的基础上，升级为团队竞争情境。情境的主题和类型会因为往往有"游戏化"的介入更留有令人想象的空间，甚至超越当下现实。如不少游戏情境喜欢用神话故事、童话故事、穿越到过去或未来等题材吸引"玩家"，并赋予他们史诗级别的任务，以增加"玩家"在游戏中的使命感。要注意的是，在创设游戏化项目情境时，既要让"游戏化"在传统情境中恰当融入，也要确保后续活动始终围绕该情境展开。

策略三：借助电子游戏搭建情境。

针对一些情节错综复杂，在日常生活中难以接触，或是难以用文字、视频、图片展示出来的情境，可以选择采用电子游戏作为游戏化项目情境的部分或全部支撑。不少电子游戏都有特定游戏情境和配套操作工具支持玩家自主探究。比如《我的世界》这款游戏能够让学习者在游戏情境中自主搭建建筑物。*Quest Atlantis* 游戏的故事背景基于坦桑尼亚的现实问题，让学习者在游戏情境中体验并理解该地区的实际情况，并且在该空间中进行探索学习。Bridge Project 桥梁设计游戏能让学生代入工程师角色，运用已有知识在游戏中不断尝试搭建桥梁，每成功搭建一座桥梁，则意味着闯关成功。该游戏能够让学习者体会桥梁搭建，从而将惰性知识转变为活性知识，促进学习者对相关知识概念的理解。一些游戏化或非游戏化的线上平台也支持教师将项目情境游戏化，如教师可以在 Moodle 平台中将项目任务设计成游戏关卡，学习者只有完成了上一个任务才能进入到下一关中。此外，教师也可以尝试利用一些游戏开发软件（如 Unity）或教学系统（如希沃白板）搭建游戏化项目情境。

3.3.3.3 原则三：为自主探究搭建游戏化支架

学习者在 GPBL 活动中以合作探究的方式解决问题，而较为复杂的问题往往需要将问题转化为一个个子任务，通过逐步完成任务的方式最终让问题得以解决。因此在实施过程中，要重点关注学习者是否完全围绕项目任务展开合作探究。学习者在进行合作探究时具有充分的自主性，他们可以在活动中自由讨论，发挥才能。在具有高度自主的活动环境中，他们更需要多方面的支持来促进探究顺利进行。"游戏化"可以为学习者提供一些支架，从而让探究过程变得更加顺畅。

策略一：用"游戏化"搭建团队合作支架。

GPBL 注重学习者在活动中形成学习共同体，在合作中共同完成项目任务，在贡献自己智慧和力量的同时，又能在合作中汲取他人的智慧和知识，从而完善自己的知识体系，实现知识建构。此外，学习者也能学会表达观点、倾听他人、解决分歧、换位思考等，从而增强合作意识。为了让学习者以合作方式开展探究，教师可以组织学习者组成一个个项目团队，从而激发出他们的团队精神。在活动中，可称他们为团队成员，而不是小组成员。小组与团队的区别在于，有时组建小组是为了让个体彼此之间交流信息，而当小组成员之间有了统一目标，并都朝着这个目标努力时，他们就构成了一个团队。游戏容易激发出胜负欲，团队游戏更容易激发出团队精神和胜负欲，因此要让"游戏化"促进团队成员紧密合作，需要从团队活动的角度来思考游戏化设计。比如以团队竞争方式进行活动探究，让团队成员在活动中扮演不同角色，并在团队中承担不同责任等。

策略二：用"游戏化"搭建认知支架。

在 PBL 活动中，学习者作为活动主导者，在大多数时间里都需要进行自主探究，运用已经掌握的知识和技能来解决问题。因此，他们需要对相关知识和技能有较深理解，才能将其运用到实践当中。在传统课堂上，教师一般采用讲授式教学，这种方式虽然高效，但它让学习者被动输入知识，导致获得的知识容易变成"惰性知识"。而游戏化学习方式则可以作为活动中的"认知支架"，从多个方面强化学习者对知识和技能的理解。比如利用游戏环境模拟出实践场景，并设置即时反馈机制，学习者游戏中可以动手操作，反复试错，从而促进学习者在反馈中不断反思，逐步加深对知识和技能的理解，进而达到强化知识与技能掌握的目的。

3.3.3.4 原则四：借助数字技术提高活动效能，赋能成果创新

科学技术的发展促进技术工具更新换代，许多技术工具不仅能为高效解决问题提供技术路径，还具有成本低廉、易操作等优势。此外，越来越多数字技术进入到校园中，为学校的数字化教学和管理提供支持。在信息化时代背景下，教师可以充分利用校内和校外的技术工具来支持和优化 GPBL 活动，从而确保活动的实施达到高质、高效水平。但需要注意的是，不可盲目使用技术，更不可为了使用而使用，而要优先考虑技术的可用性以及技术在活动中所发挥的作用。

策略一：利用课程管理平台优化活动指导。

在 GPBL 活动中，不同团队出现的问题也各不相同，这就需要教师对每个团队进行个性化指导。教师可以通过课堂观察或与团队成员沟通了解他们的情况，但是往往只能了解到一部分。另外，整个 GPBL 涉及多个活动环节和多项任务，活动需要可能长达几节课或更多时间才能完成，各团队的项目完成质量和活动进度也不可能完全一致，教师自然也很难及时了解到各团队的进度。上述情况可能导致教师对各团队的指导效果大打折扣。想要解决指导不精准这一问题，教师可以利用课程管理平台来协助指导，借助平台的数据记录实时了解每个团队的情况，从而给予学习者有针对性的指导，进而提高活动效能。比如教师可以在平台中列出项目任务，并允许各团队将任务完成结果上传到平台中，也可以允许各团队通过平台的留言功能向教师提出在探究过程中遇到的问题。教师可以通过平台记录的数据实时了解到各团队的活动进度和任务完成质量，在平台中给予学习者评价反馈，如评价项目成果质量，或是给予一个评分。

策略二：使用技术工具探究及创新。

在传统课上，学习者的学习方式和学习内容主要以识记知识概念为主。而 GPBL 则更注重让学习者通过实践的方式获得对知识的理解。学习者在 GPBL 活动中使用技术工具，不仅能提高活动探究、团队合作等方面的效率，也有助于他们发挥创造力，产出创新成果。学习者通过自主探究和成果制作，重构对事物的理解；教师可以通过项目成果了解到学习者的学习成效；学习者在制作项目成果的过程中动机能得到加强（基思，2021）。目前许多学校都建设了创客教室、STEM 教室等，教室里配备了如 3D 打印机、AI 机器人、多媒体设备、编程软件等。普通教室里配备有电脑、智能交互白板等。除学校外，一些日常生活中出现的技术工具如电脑、手机中的工作软件、社交软件、协作软件等，也可以为学习者在探究时所使用。

第 4 章 课程设计与开发

在第 3 章中，GPBL 设计与实施框架被初步构建。然而，该框架仅通过理论推导而成，还未经过实践的检验。因此在本章中，将通过基于设计的研究方法，对一项 GPBL 活动进行多次迭代设计，从而不断修正 GPBL 活动以提高活动效果。与此同时，设计及实施 GPBL 活动的经验，用于 GPBL 设计与实施框架的优化。经过迭代后的 GPBL 活动将用于下一章的准实验研究当中，而经过优化的 GPBL 设计与实施框架则可作为指导 GPBL 活动的通用流程。

4.1 课程总体设计与开发流程

基于设计的研究是一个长期的迭代过程，张文兰和刘俊生（2007）基于前人对 DBR 的研究，提出了 DBR 的四个阶段。第一阶段是设计和开发教育干预。这一阶段主要由研究者、管理者、实践者等共同合作，设计出灵活可变的教育干预；第二阶段是实施验证教育干预。在这一阶段中，研究者和实践者在自然情境下实施教育干预；第三阶段是分析评价教育干预，该阶段先是收集实施教育干预的多种数据，之后再分析和评价教育干预的实施过程和效果。第四阶段是完善优化教育干预，即对教育干预进行修改，使其逐渐适应现实情境。

结合 DBR 的迭代特征，张文兰和刘俊生（2007）提出的 DBR 过程，以及 2.5 小节中提到 GPBL 的研究在基础教育方面较为欠缺，本书拟采用基于设计的研究方法，一方面可以让火箭框架指导教学实践，另一方面通过迭代研究过程不断完善教学设计。当前我国许多中小学正积极探索基于国家课程的 PBL 活动，涉及单学科和跨学科，旨在让学生在活动中学习和运用相关学科知识。基于现有的研究条件（如活动需要在数学课上实施、实施的师生、实施环境、数学课本的版本等），研究者考虑将小学数学学科某个单元的知识点与 GPBL 进行融合。北师大版小学数学六年级下册"数学好玩"部分的"绘制校园平面图"

内容，为师生提供了实施一项与学科知识相关的 PBL 活动的指导，该内容主要对应课本中的比例尺知识点，因此活动中融入了比例尺知识。基于活动指导，研究者尝试将其活动进行游戏化项目式改造，即设计一项基于数学学科的 GPBL 活动。课程总体设计与开发流程如图 4-1 所示。

笔者首先对 GPBL 活动进行初步设计，接着将设计方案分别向 3 位 PBL 和游戏化学习领域的研究专家以及 3 位一线数学教师征询了修改意见，并根据这些意见完成了教学设计的修改。设计完成后，笔者和一线教师组织学生开展了小范围教学实验，并通过课堂观察、教师、学生一对一访谈的方式（访谈提纲见附录 F）收集他们对活动的反馈，接着根据这些反馈继续进行教学设计的优化。在第二轮迭代设计中，组织学生（参与过上一轮的学生不再参与）开展较大范围的二次教学试验，并观察和记录整个试验过程。试验结束后，对教师和学生分别进行一对一访谈和焦点小组访谈（访谈提纲见附录 G），从而收集他们对活动的反馈。此外，还会通过查看学生的项目成果以及前后测成绩对学生的知识掌握情况进行检验。最后根据上述反馈修改教学设计，形成最终方案。

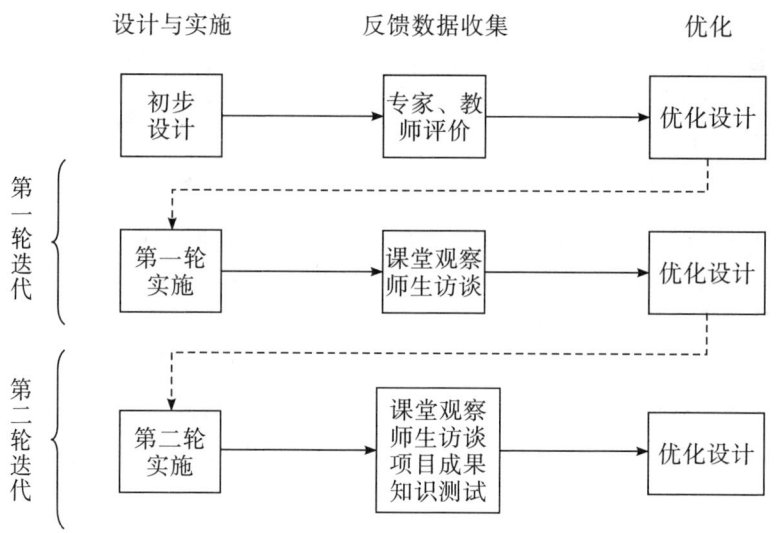

图 4-1　课程总体设计与开发流程

总的来说，先根据火箭设计与实施框架对活动进行初步设计，再根据领域专家和一线教师针对该设计提出的建议进行两轮优化。随后再对活动方案展开两轮迭代实施，在每一轮的实施过程中都对学生的学习效果进行检验，并对活动方案进行优化。在第一轮实施中，重点关注师生对活动过程的反馈，在第二轮实施中，重点关注学生对比例尺知识的掌握情况。

4.2 课程具体设计

最初的活动设计方案遵循 GPBL 机制模型、GPBL 设计与实施框架以及 GPBL 设计原则与策略来完成。对于大部分学生来说，比例尺知识点难度较大，在日常生活中也较少能接触到，因此采用授课式方法教授比例尺知识点，难免容易让学生产生畏难情绪，感到枯燥，并习得惰性知识。为改变现状，本书设计了一项 GPBL 活动，旨在调动学生的学习兴趣，激活隐性知识。

4.2.1 动力系统设计

基于 GPBL 机制模型，在活动中嵌入"游戏化"的目的是希望 GPBL 活动的"动力系统"部分能够发挥作用。整个游戏化设计旨在为学习者创造一个游戏化项目情境，在该情境中，学生参与活动的动机被激发，通过深度参与活动，知识与技能的掌握得到强化，并进一步促进他们的社会性发展。

首先，"游戏化"的设计遵循 GPBL 设计原则一，即让"游戏化"与 PBL 活动进行全方位的融合。可以采用多种游戏和游戏元素，以恰当的方式嵌入 PBL 中。其次，遵循原则二，即用真实问题牵引活动，助力情境延展。可以通过"游戏化"来创设符合现实情境的真实问题。最后，遵循原则三，即为自主探究搭建游戏化支架。可以通过游戏化方式搭建团队合作支架和认知支架。其中团队合作支架可以通过竞争的方式增强团队的凝聚力和合作精神，促进团队合作；认知支架则可以考虑在电子游戏中嵌入学科知识。

活动中的游戏化设计融合了三种 GPBL 模式："PBL＋轻度游戏化（竞争）""PBL＋深度游戏化（叙事、角色）"以及"PBL＋完整游戏（电子游戏）"。具体来说，一是将整个项目活动以团队竞赛的方式开展，各团队通过与队友合作，产出高质量项目成果，以获得最佳成果。二是基于整个项目活动内容创设出一个特定故事情境并赋予学生角色。该情境一方面要贴近真实生活，旨在调动学生已有的生活和学习经验，另一方面也要与团队竞赛环节保持一致性和整体性；一方面确保学生明晰活动的目标和任务，另一方面增加学生的角色代入感和活动沉浸感。三是让学生通过电子游戏的方式掌握比例尺知识。电子游戏采用了希沃白板软件进行设计及开发，该软件自带许多游戏模板，仅需在模板中输入内容即可生成游戏，无须使用编程技术。希沃白板这项功能为教师制作课堂游戏从而活跃课堂气氛提供了极大支持。

总的来说，通过让学生在特定情境中以团队竞赛的方式参与项目，赋予团队成员不同的角色，并在自主探究前的知识与技能阶段让学生通过玩难度由浅入深的电子游戏来加强他们对比例尺知识的理解。

4.2.2 结构系统设计

结构系统中的主要活动构想为：在动力系统（即上述提到的"游戏化"）的推动下，学生在游戏化项目情境中以团队的方式形成学习共同体，参与到校园改造及平面图的绘制当中。探究时，学生在情境中不断形成认知，在与同伴的交流和对周围事物的观察中对社会进行意义建构，并在刻意练习与实践中让与比例尺相关的知识与技能不断得到强化，这些知识进一步促进他们持续的情境认知和社会建构，最终实现 GPBL 的学习目标。

基于此，GPBL 活动的主要目的是让学生以团队合作形式，将学校的建筑或活动场地按计算好的比例绘制在一张平面图中，并在平面图中对其进行设计改造。通过该活动，帮助学习者应用并掌握比例尺相关知识。活动的主要地点设置在学生熟悉的校园内，这样做一方面能充分利用校内资源，从而确保学生在安全环境中开展活动，另一方面方便团队成员到实地测量建筑和交流讨论，也方便教师对团队进行实时管理。

4.2.3 控制系统设计

控制系统包括制订学习目标及学习评价。制订多维度的学习目标和学习评价有助于综合评价学生在活动中的表现及学习效果。在对控制系统的构想中，学习目标可涉及项目成果、核心素养以及知识与技能三个方面。项目成果包含校园改造方案设计图和校园改造方案计划书；核心素养包含提高学生的数感（如在运用比例尺知识进行计算时获得）、量感（如在测量平面图的物件时获得）、问题解决能力（如解决真实情境问题的能力）、探究能力（如自主/合作探究能力）等；知识与技能包含能理解比例尺的概念，运用比例尺进行计算，将项目成果进行展示等。

在学习评价方面，包含终结性评价（评价项目计划书、方案设计图）和过程性评价（学习日志、学生自我评价、组内互评）。其中，终结性评价方案可用于评价学生的项目成果以及他们对知识与技能的掌握,过程性评价则可用于评价学生核心素养的提升以及知识与技能的掌握。

4.2.4 具体流程规划

活动方案《"理想校园"改造大赛》如附录 B 所示。基于 GPBL 设计与实施框架,在设计阶段,研究者先是对即将参与研究的学习者进行分析;然后对《比例尺》单元所涉及的知识点进行分析,并进一步确定学习目标和设计驱动问题;接着,根据 GPBL 设计与实施框架的实施步骤,规划项目活动的具体流程、管理方法和评价方式。整个活动计划使用 3 个课时完成。

在课时 1 中,主要的活动环节包括确定项目、制订计划、知识与技能建构。"确定项目"环节包含三个部分:一是创设情境,二是提出驱动问题,三是了解平面图。教师先是为学生创设一个情境,该情境的内容是:学校考虑在暑假的时间里,针对校园内存在的问题进行改造,使得校园的环境和生活变得更加美好。因此,学校打算在近期内从多家设计公司提供的改造方案中选出一个改造方案。接着教师再根据该情境向学生提出一个驱动问题:假如你是一名设计师,你和同伴们打算为学校提供你们的改造方案,那么如何对校园的建筑或活动场地进行改造呢?之后教师向学生展示实物图与平面图,让学生思考平面图是以怎样的方式呈现出实物图的,通过实物图了解平面图的特点。

制订计划环节主要包括两个部分:一是发布任务,二是分组分工。在对情境和驱动问题有一定的了解后,教师开始向学生介绍他们在活动中要完成的几个任务,让学生了解活动中他们需要完成的事项。这些任务的难度都是循序渐进的:任务 1 是绘制出校内的主要建筑或活动场地;任务 2 是对这些建筑或场地进行测量;任务 3 是运用比例尺公式确定这些建筑或场地在平面图上的大小;任务 4 是根据任务 3 中的计算,在平面图中重新绘制建筑物及场地;任务 5 是对建筑物及活动场地进行改造设计,并将改造后的结果画在平面图中;任务 6 是让所有小组在讲台上依次展示及介绍他们的改造方案。教师在介绍完上述任务后,开始组队。组队完成后,教师组织学生在组内进行分工,要求每位学生都要担任设计师,参与到改造方案的设计中来。此外,每位学生还要分别在组内担任小组长、记录员、协调员、制作员、解说员等角色,以促进组内协作。

在知识与技能建构环节,主要是通过电子游戏的方式帮助学习者巩固与活动探究相关的知识。在活动开启前,采用希沃白板软件制作了双人 PK 游戏。游戏都具有即时反馈功能,学生在玩游戏的过程中,如果答对了游戏中的一题,游戏界面会出现一个绿色的"√",或是允许继续答下一题,而如果答错了,游戏界面会出现一个红色的"×",或是需要学生重新作答此题。每个小游戏结束后,教师会对游戏中出现的题目进行讲解。

课时2中的主要活动环节包括活动探究和作品制作。活动探究环节的主要内容为学生以团队合作的方式进行自主探究,完成任务1—3。活动期间,教师主要负责对活动过程的管理及推进,如分发及说明活动中需要使用到的材料、管理任务进度等。在紧接着的作品制作环节,各团队需继续完成任务4—6,在这个过程中,教师对每个团队的情况给予有针对性的反馈和指导。

课时3中的主要活动环节包括成果交流和总结评价。成果交流环节主要是组织各团队展示及汇报各自的项目成果,即校园改造方案设计图。在每个团队汇报完成后,教师和其他学生围绕该设计图进行提问或给出一些评价、建议等,参与汇报的团队成员回答师生提出的问题,或是与他们进行一些讨论。在总结评价环节,教师先是使用"项目方案评价表"对每个团队的最终方案进行终结性评价,在此期间让学习者填写自评表和互评表,以便教师在活动结束后对学生的表现进行过程性评价,并在下节课中根据学生填写的评价表给予学生一些反馈。接着,教师根据评分结果给得分最高的团队颁发奖状。在活动的最后,教师对此次活动进行总结,此外也鼓励各团队成员分享他们在活动中的心得体会。

在项目管理方式上,教师制订了"校园设计方案项目管理表"来记录每个团队在活动中的进度,从而及时了解各团队完成项目任务的情况。此外,教师也要关注各团队完成任务的质量,并给予相应的反馈。在评价方式上,教师借助多种评价方式对学习者进行评价,如通过查看各组的设计方案进行总结性评价,通过查看各组的学习日志、学习者填写的自评表和互评表进行过程性评价。

4.3 意见反馈及优化策略

4.3.1 领域专家评价

本书研究者将设计好的GPBL活动方案交由3位领域专家进行评价,并对专家们给予的若干意见进行了汇总。这些意见涉及项目任务、学习目标、游戏化设计、小组分工、评价等方面。

在项目的任务与目标上,专家指出,首先,许多小学的校园都很大,让学生在有限的课时时间里测量学校的主要建筑物比较困难；其次，项目活动的成果与平时学生做的测试题不同，它的做法没有标准答案，学生在这个阶段接触过的平面图较少，可能不理解平面图要如何绘制；最后，项目的目标如果太多，教师在组织学生活动时，可能不会重点关注学生对某一个重要目标的实现过程，进而缺少对学生的引导。在游戏化设计上，专家建议除了有竞争、角色扮演、游戏外，可以尝试对活动做整体性的游戏化设计，将游戏元素渗透到各个环节当中。在团队分工上，如果是固定分工的话，可能无法保证每位学生都有机会尝试在项目中应用比例尺知识；另外，要思考如何避免团队中的"搭便车"现象。在方案评价方面，一是方案评价表中对比例尺知识应用应赋予更高权重；二是在自我评价表中，可以让学生描述自己利用所学知识完成项目任务的过程，便于学生对活动进行反思。

4.3.2 一线教师评价

与此同时，研究者也将活动设计方案拿给五位一线教师进行评价。教师给予了以下四点反馈：第一，GPBL 活动流程较多，持续时间较长，可以针对活动流程的说明进行细化，使得方案具有更强的操作性。这对于没有 GPBL 活动经验的老师来说很重要。第二，学生在日常生活中很少接触到公司、设计师等概念，对情境本身可能不是很了解。因此通过教师口述的方式创设情境较难让学生有代入感。第三，各活动环节之间缺乏衔接，显得较为突兀。第四，在进行团队划分的时候，应该注意匹配不同类型的学生，避免同质化的学生进入到一个团队，这样不利于取长补短开展活动。第五，由于 PBL 模式的活动相较于传统课堂教学而言，涉及多个项目任务，同时需要学习者发挥多项智能，因此它会造成学习者注意力分散或集中在非重要事项上。

4.3.3 基于评价的优化策略

基于此，研究者进行了如下改进：在项目的任务与目标上，将校园改造这个主题改成某一公共空间的改造，便于学生收集测量数据；在提出驱动问题后，教师向学生展示并说明什么是平面图；删除其他项目目标，只保留最重要的目标，即与比例尺知识点有关的目标。在游戏化设计上，将项目任务改编成"夺星挑战"，"星星"作为奖励元素，贯穿于整个活动当中。同时，教师也用"星星"作为学生的活动表现指标来管理和评价学生的表现。在团队分工上，教师要在活动中强调每位队员均须参与到每项任务中,比如要求每位队员独立负责计算至少两项实物在平面图中的数值,并需要在设计方案中罗列出学生负责的具体部分。在方案评价上,将教师评价表中与比例尺计算有关的分值调高至40%(原来的仅为15%);在自我评价表中增添"描述任务完成"这一题,以促进学生反思。此外,考虑到"注意力"这一重要变量可能会给活动带来重要影响,为了让学生将大多数注意力集中在知识的运用上,因此研究者简化了部分活动环节。表4-1是对专家意见及对应改进措施的汇总。

表4-1 专家意见及改进措施汇总

教学设计	专家意见	改进措施
项目任务与目标	任务量较大	将改造范围由学校缩小至学校某一公共空间
	学习目标过多	只保留与比例尺知识点相关的目标
游戏化设计	尝试做更多游戏化设计	项目任务变为夺星挑战任务
团队分工	要避免出现队员"搭便车"的情况	每位队员均须参与到每项任务当中,并记录下各自的分工
学习评价	针对知识应用方面的评分权重较低	调高"知识应用"方面的分值权重
	建议学生在自我评价表中描述任务完成过程	增加"描述任务完成过程"这一题
活动环节	环节过多会影响学习者的"注意力"	简化活动环节

基于一线教师们给出的意见及建议,研究者继续对活动方案做以下完善:第一,细化活动方案内容,特别是补充活动环节中教师和学生如何逐步展开教与学。第二,情境创设上,可以通过更直观的方式如运用视频、图片等多媒体方式向学生介绍这些概念和体会角色,能够让学生感受到情境的真实性。此外,还要强调学生参与此次项目活动的意义,比如会对学校产生哪些贡献,给教师和学生带来哪些益处等,从而让学生觉得做这件事意义非凡。第三,在活动环节的开头做了一些过渡,使得每个环节之间紧密相扣。第四,在对学生进行组队时,将不同学习水平的学生分到一个团队中。此外,为了让学生将大多数注意力集中在知识的运用上,简化了部分活动环节。表4-2是对教师意见及对应改进措施的汇总。

表 4-2 教师意见及改进措施汇总

教学设计	教师意见	改进措施
活动流程	方案内容不够细致	细化活动各环节内容
情境创设	创设情境的方式不够有代入感	采用多媒体方式直观呈现出情境内容,对公司、设计师等概念进行介绍,强调活动的意义
活动环节	各活动环节之间缺乏衔接	在各个环节的开头做一些过渡
学生组队	团队中应匹配不同类型的学生	将不同学习水平的学生分在一个团队中

4.4 第一轮迭代

基于上述改进策略,研究者结合实验校的情况,将探究的公共空间选定为学校即将装修的礼堂(如附录 C 所示)。

4.4.1 活动实施

活动设计好后,由一位教师根据设计好的教学设计组织一次小型的教学实践。参加此次学习活动的学生共有 10 名,活动过程中,研究者对学生的整个活动过程进行观察和记录。活动结束后,通过访谈的方式收集教师与学生对此次活动的反馈(访谈提纲如附录 F 所示),同时也收集了学生设计的平面设计图、物件清单表、方案计划书、自我评价表等实物资料。

4.4.2 反馈

观察发现,教师组织学生在活动中基本完成了活动任务,并认为这样的活动方式容易激发学生的兴趣。在活动的开始阶段,当教师提到两组同学将会进行一场比赛时,学生感到兴奋和快乐。在随后的知识与技能建构阶段,教师采用了希沃白板中的 PK 游戏,这时学生的兴奋程度达到了最高水平,气氛十分活跃。在活动探究阶段,一开始似乎每个人都在表达意见,但很快他们就找到了自己团队的讨论方式，变得有条不紊，大多数团队成员都积极投入到活动中。观察到的现象与对学生的访谈结果基本一致，绝大多数学生认为开展这样的学习活动比普通的数学课更有趣，因为活动包含希沃的 PK 游戏和比赛设计改造方案。而这样充满乐趣的活动能够促进学生将注意力投入到活动当中。

访谈中，有学生提到此次活动可以帮助发挥出他们各自的优势（如有丰富的想象力、有很多设计灵感、有较强的团队凝聚力等），并帮助他们提高创新能力、设计能力、沟通能力以及加强对比例尺知识的掌握。因此，他们愿意花较多时间来思考如何设计一个独特的方案，也会思考物件的长度和宽度在实际生活中的合理性。同时，他们也会在团队中提出很多改进建议。此外，在分析他们的自我评价表时，学生还提到设计的过程能带来成就感，这种成就感会让他们感觉不再那么害怕活动中遇到的失败，并且认识到在团队的一致努力下，团队是可以获得胜利的。

尽管在整个活动过程中学生有着非常高的参与热情，十分有助于项目活动的持续推动，但仍存在一些影响活动效果的问题。

在对教师的访谈中得知活动中存在以下四点问题：第一，在活动开始的情境创设环节，由于"设计师"这个职位对一些学生来说比较陌生，学生对故事情境的感知和角色代入感较弱。第二，评价表只在教师给团队评分时用到，没有在学生设计平面图和准备汇报的过程中发挥指导作用，学生在不知道评价标准的情况下制作及汇报项目成果，容易偏离学习目标。第三，尽管在探究开始前已经对学生进行了知识与技能的建构，即帮助他们梳理了如何应对挑战一和挑战二，但团队成员在完成挑战一后，又会疑惑挑战二要如何完成。第四，在探究过程中有一个团队停止了讨论，他们有的四处张望，有的默不作声，教师上前询问后得知他们不知道如何将礼堂的长宽比例呈现在图纸上。而面对这个困难，他们并没有求助教师或其他团队的成员。

在访谈学生时，他们同样也提到了这个困难，认为在将比例尺知识运用到实际中时有些困难，比如在挑战二中，画好了平面设计图后，不知道如何将物件的长度和宽度转换成实际的长度和宽度。此外，他们还提到希望能有一些实际的奖励。

观察中发现，学生在活动中的表现受以下五个方面的影响。

第一，学生对活动方式及知识运用存在理解困难。大部分学生对教师发布的三项挑战任务的具体内容不是非常理解，因此在进行活动探究时向老师反复确认是不是这样做。此外，对于如何运用数学知识完成这三项挑战，他们也十分困惑，从而影响了探究进度和效果。比如其中一个团队在使用比例尺将图上的实物换算成实际距离时把公式写错了,导致计算结果不正确。

第二,学生没有严格履行分工后各自的职责,导致团队合作效果不佳。团队成员的职责(记录员、协调员)在活动中几乎没有发挥出作用,而队长则承担了团队中的大部分责任和任务。比如当一个团队得知他们计算的比例尺有误,导致平面设计图中物件的实际长度计算错误时,团队成员第一时间责怪了队长,该队长在承受队员的抱怨后,独自一人重新计算了比例尺、画设计图和计算物件的实际长度。此外,活动中规定每个团队成员都需要独立设计并在平面图中绘出至少一个物件,但观察中发现,有的队长一个人负责画平面图,即使有团队成员提出要画自己的那部分,队长也没有让他画。这种情况会导致组员失去发挥和展现自己的机会。

第三,留给后半期活动的时间过少,导致学生探究效果欠佳。整个活动中教师在知识与技能建构部分花费的时间为 35 分钟,超过了计划的 20 分钟。由于教师在该环节中超时,因此在后半段的题目讲解时语速也开始加快,不利于学生吸收知识。此外,还进一步导致了学生在之后的探究过程中比较匆忙,比如团队成员在沟通时,语速很快;又比如在计算实际长度时,为了节省时间,由一位成员直接替所有成员计算结果。同样地,学生也认为在知识建构部分花费的时间过于长,而留给设计和汇报展示的时间不足。

第四,电子游戏具有较强的感官刺激特性,能够有效提升学生的参与度和情绪唤醒水平,但若学生兴奋过度,反而不利于静心聆听教师讲解。希沃白板中的双人 PK 游戏最让学生感到兴奋。但由于过于兴奋,当教师在讲解其中的题目时,许多学生的情绪还未完全平复,注意力没有很好地停留在教师讲解的题目上。此外,部分团队成员在知识与技能建构环节中,对除游戏以外的部分表现不是很积极。

第五,活动的规划和实施还存在改进空间,包括活动流程、活动管理、活动资源方面。比如在活动流程的设计上,活动探究环节和作品制作环节不用分开,因为学生在进行探究的同时也会逐步完善作品;在活动管理上,需要加强对学生活动的监管。学生团队在进行自主探究时较为放松自由,导致一些学生会在活动上做与探究无关的事,如与相邻团队的学生嬉笑打闹、闲聊等;在活动资源上,提供面积更大的纸板。用于学生团队创作的 A3 纸不够大,团队成员为了看清设计图,通常一个个轮流将图纸拿到自己面前,在绘制时也是如此。这样其他人就不能很好地观看和讨论设计图,不利于团队的沟通与合作(访谈中学生也提到了这个问题)。

4.4.3 基于反馈的优化策略

表4-3总结了上述存在的问题及对应的改进措施。

针对学生对情境感知和角色代入感较弱方面,其优化方案一是选择一家真实存在的设计公司,使情境更为具体和真实。二是教师说明设计公司是做什么的,学生要扮演的"设计师"角色的职责是什么,并配上更多相应的图片,帮助学生更好地理解"设计师"这个角色,增强代入感。针对评价表没有在活动中发挥作用,其优化方案是在"制订计划"环节中,教师向学生讲解评价表中的细项,让学生了解评价标准,并依照评价标准不断对项目成果和汇报方式进行自我评价及修正。针对学生对挑战任务存在困惑,优化方法是单独制作一张任务挑战表,表中详细列出完成每项挑战的具体步骤。教师将挑战表发给每一个学生,并讲解表中的每个步骤。学生团队在完成每项挑战的过程中及完成后,教师对学生的完成情况给予及时反馈。在分工问题上,每一个挑战分别由1~2名队长或副队长组织其他团队成员完成挑战,轮流担任队长的好处在于一方面避免让队长压力过大,另一方面也能让更多团队成员有机会体验队长这一角色。此外,角色在团队内的转变也有助于其他成员分担更多责任,而不是习惯性依赖队长。针对知识与技能建构时间较长,优化方案为从中挑选出最具代表性的题目制作成游戏,做到少而精,并在游戏结束后对这些题目进行详细讲解,争取将时间控制在20分钟以内。教师除了可以在学生团队进行探究前进行知识与技能的建构外,还可以在他们需要完成的每一个子任务前进行相关知识与技能的建构。此外,将夺星挑战的范围扩大到知识与技能的建构活动环节中,在这里放10颗星。在资源上,教师将用于团队设计的A3大小的纸换成比它大一倍多的4K大小的纸,方便团队共同观看及讨论设计图。此外,根据团队的比赛名次给予不同的小奖励。在活动探究环节的设计上,将作品制作环节并入到其中。在活动探究的过程中,教师要加强对学生的纪律监督,从而维护良好的活动氛围。此外,教师也要主动参与到团队中不断与学生进行互动,并在学生有需要时提供一定的帮助,以保证活动顺畅进行。

表4-3 存在的问题及改进措施汇总(第一轮活动反馈)

活动过程	存在的问题	改进措施
创设情境	学生对故事情境的感知和角色代入感较弱	选择一家真实的设计公司,对设计公司和设计师职责做更多的说明

续表 4-3

活动过程	存在的问题	改进措施
评价	评价表没有对学生的活动过程起到指导作用	在"制订计划"阶段分发评价表,并向学生讲解评价表中的细项
挑战任务	学生对三个挑战任务的具体内容和如何完成存在困惑	制作一张任务挑战表,详细列出完成每项挑战任务的具体实施步骤;教师对任务挑战表进行说明;教师在活动过程中给予及时反馈
任务分工	没有发挥出作用	三个挑战均由不同队员担任队长或副队长,共同组织队员完成任务
	队长一个人绘制设计图,没有给其他成员绘制的机会	教师发现后要及时做出干预
知识与技能的建构	学生沉浸在游戏的快乐中,导致教师在讲解游戏相关知识时注意力分解,从而影响知识与技能的建构过程	挑选出最具代表性的题,做到少而精。详细讲解游戏中的题目。缩短知识与技能建构的时间(也减少游戏部分的时间),延长自主探究的时间
	前期的一次性知识与技能建构不能够充分支撑学生自主探究	学生在每次子任务探究之前进行一次有针对性的知识与技能建构
	部分学生对除游戏外的部分积极性不高	将夺星挑战范围扩大到该部分,留10颗星在这里
资源	A3大小的纸不利于团队共同创作	换成4K大小的纸
	奖励不够吸引人	根据学生团队的不同名次,获得不同的实物小奖励
活动探究	探究与作品制作过程并没有分开	将作品制作环节加入探究环节当中
	一些学生在活动中做与探究无关的事	加强对学生的纪律监督
	学生团队在遇到困难时没有及时求助他人	教师要参与到每个团队中,与学生进行互动,便于及时提供帮助

4.5 第二轮迭代

根据课堂观察,一线教师和学生对活动的意见反馈,以及对实物资料的分析,研究者继续对教学设计进行了改进(见附录 D)。

4.5.1 活动实施

活动设计好后,教师组织 10 名学生(非之前的学生)一同参与该项活动。为检验学生活动后的知识习得情况,研究者安排学生在活动前和活动后分别进行了知识水平测试(前测题与后测题如附录 H、附录 I 所示)。前测题与后测题均由研究者与任课教师共同设计,每套题包含 10 道题,分别是填空题(3 题)、判断题(3 题)、选择题(2 题)和简答题(2 题)。两套题的题目难度相当,知识点均涉及比例尺的概念、比例尺的分类及相互转化和比例尺的应用。

4.5.2 反馈

从实施效果来看,这次活动较上次更好,原因如下。

第一,学生在活动中获得了更好的体验。与上一轮学生的反馈类似,在这次的访谈中得知(访谈提纲见附录 G),学生认为这样的学习方式新奇有趣,包括希沃白板中的 PK 游戏,两个小组比赛设计改造方案等。他们对设计公司和设计师有了比较多的认识,在活动中也一直从设计师的角度来思考问题。一些学生提到自己已经完全融入了活动当中,在活动中一直保持着很好的精神状态,活动带给了他们一次不同于传统授课的轻松自由的学习体验。就算在活动中输了比赛,他们也不会气馁,会认真记录下自己和团队在活动中表现的不足之处,争取下次能表现得更好。

第二,活动规划更加合理。观察发现,由于给学生留出较多自我探究的时间,团队成员对挑战任务的理解加深,他们开始对设计方案的细节做出更进一步的讨论,并且随着讨论的深入愈发激烈。将 A3 大小的纸换成 4K 大小十分有助于促进团队成员之间的协作,比如它支持两位团队成员在纸上同时绘图。此外,教师认为这次活动的时间分配更为合理,比如为活动探究、展示交流、评价等环节预留了更加充分的时间,整个活动有条不紊地进行,学生制作的项目成果完成度也更高。

第三,观察发现学生在活动中表现更佳。有了教师在每次任务前对学生的针对性知识与技能建构,任务挑战表的支持以及教师与团队成员的互动,在探究过程中,学生没有出现停止讨论或无从下手的情况,他们更加清晰了解如何开展活动探究。比如通过分析学生的方案计划书发现,学生能够根据自己的理解将完成挑战的具体步骤正确写出来,物件清单中的公式运用也都正确。当出现困惑时,他们会查看任务挑战表中的具体步骤或主动寻求教师的帮助。另外,团队中的队长和副队长起到了组织和带领团队成员的作用。有的队长会对每个团队成员进行分工,有的会指导团队成员如何完成项目任务(如询问团队成员决定把这个物件放在哪里,该物件在图上有多大,可以先把它画在草稿纸上),有的则会听取团队成员的意见并做出决策。

第四,通过测试发现(知识水平测试题见附录 H、附录 I),学生后测分数高于前测分数(后测分数为 7.2,前测分数为 6.1)。三类题型中后测分数提高最多的为"比例尺的分类及转化"(满分为 3),后测分数为 2.8,前测分数为 1.9,说明学生在活动结束后,对不同类型比例尺所表达的具体含义有了更深的理解。在比例尺的知识概念题型中(满分为 2),后测分数为 1.9,前测分数为 1.8,后测分数比前测分数高 0.1 分。说明学生在开展 GPBL 活动前,就已经对比例尺概念理解得较好。但是在比例尺的应用题型中(满分为 5),后测分数为 2.5,前测分数为 2.4,后测分数比前测分数高 0.1 分,说明学生对比例尺公式的理解不到位,相关计算能力较弱。

然而,还存在一些细节问题。第一,观察发现,有的团队在自主探究过程中没有针对某个问题进行设计,导致设计方案缺乏特色和亮点。这个问题在方案计划书中也能体现。学生在计划书中对"礼堂改造前存在的问题"和"计划的改造方案"这两个问题的回答很简单,说明在这方面他们缺乏较为深入的思考。第二,教师提到,学生积极投入到活动中时容易缺乏时间观念,导致挑战任务无法按时完成。第三,进行实物分析时发现,由于物件清单由不同的团队成员分别进行填写,有的同学在计算物件实际长度时出现了计算错误,可见学生没有对物件清单进行检查和修正。填写物件清单是活动中非常重要的一个环节,它需要学生运用比例尺相关知识来解决实际问题。第四,学生在访谈中提到探究的时间还可以再长一些,这样他们可以将方案设计得更好。

4.5.3 基于反馈的优化策略

针对上述提到的问题，本书认为可做以下五点改进：第一，教师在知识与技能的强化及探究过程中，加强公式及运算方面的指导。第二，在完成挑战二之前，教师强调要先对方案计划书中的前两个问题进行思考（1. 存在的问题；2. 改造目标），再进行设计。第三，教师要在活动中多次提醒学生时间。第四，在活动探究阶段，团队成员互相检查物件清单中的计算结果是否正确。此外，在成果交流环节，团队间也要互相检查物件清单。第五，条件允许，可适当延长整个活动的时间，或减少其他活动环节的时间，目的是给予学生更多的自主探究时间。表4-4总结了存在的问题及对应的改进措施。

表4-4 存在的问题及改进措施（第二轮活动反馈）

	存在的问题	改进措施
活动探究	对比例尺公式的理解不到位，运算能力较弱	加强公式及运算方面的指导
	没有围绕现实问题来进行设计	强调要先思考设计主题
	缺乏时间观念	要在活动中多次提醒时间
	无人检查和修正物件清单	组织组内和组间互相检查
	自主探究时间仍不足	延长探究时间

从这一轮的活动表现来看，这一轮的学生表现较上一轮学生更佳；从知识水平的测试结果来看，学生后测分数高于前测分数；从上述问题类型来看，活动中已经不存在明显影响到活动实施的大问题，涉及的许多细节问题则需要教师基于经验和活动现场情况来灵活处理。综合来看，此次活动不仅能顺利开展，其活动效果也比较理想，无须再开展一轮实施迭代。因此，研究者基于上述改进方案，对教学设计做了最后一次改进，形成了最终版（见附录E）。

4.6 GPBL 设计与实施框架优化

4.6.1 优化的部分

经过两轮迭代实施后发现，GPBL 设计与实施框架仍存在一定改进空间。首先，知识与技能建构环节和作品制作环节其实都包含在活动探究中。知识与技能建构可以发生在活动探究中的每一个阶段，只要学习者有需要，教师就可以在活动中帮助他们完成知识与技能的建构。该环节通常出现在学生完成每一个项目任务之初。而作品制作环节同样也贯穿于整个活动探究当中，一些项目任务本身就是完成一个项目作品的其中一个步骤。也就是说，当学习者进入活动探究环节，开始完成一些项目任务时，就已经是在制作作品。其次，教师对学习者的指导与反馈贯穿于整个活动之中，从而为学习者提供及时的支持。同样地，学习者在完成项目任务的过程中可以对在任意环节中获得的反馈进行及时的反思与修正，从而更好地完成项目任务。

根据上述分析，研究者对 GPBL 设计与实施框架整合为两个部分：第一，将"知识与技能建构""作品制作"并入"活动探究"，使其涵盖从知识获取到最终成果产出的完整过程；第二，添加"指导与反馈"，使"反思与修订"作为独立部分，贯穿整个活动过程，而不局限于"总结评价"环节。优化后的 GPBL 设计与实施框架如图 4-2 所示。

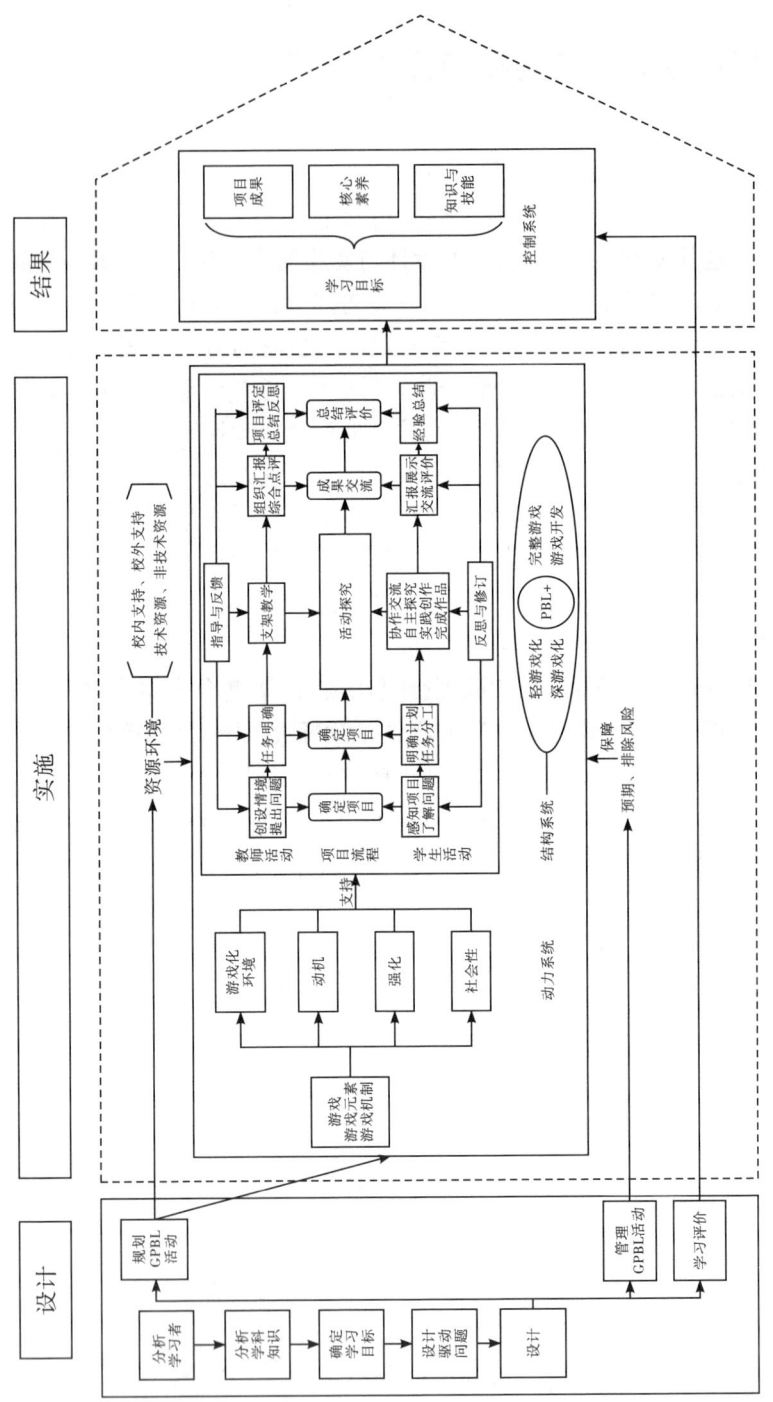

图4-2 GPBL设计与实施框架优化版

4.6.2 优化版 GPBL 设计与实施框架说明

GPBL 设计与实施框架由三大部分组成：设计、实施和结果，教师可以根据该框架来设计和实施 GPBL 活动。首先，可以参照"设计"部分中的流程来设计 GPBL 活动。该流程共有 7 个步骤，见表 4-5。

表 4-5 GPBL 设计流程

分析学习者	即对教学对象的特征、已掌握和未掌握的知识与技能、学习偏好等方面进行分析，从而为设计适合学习者的学习活动提供依据
分析学科知识	教师根据学习者当前的学习进度和学习能力，汇总出希望他们通过活动可以掌握的学科核心知识，这些知识可以是已经学过的知识，也可以是还未学过的知识
确定学习目标	包含项目成果的产出、核心素养的提升以及知识与技能的建构。项目成果是学习者在活动过程中产出的作品，它可以是发明创造、商业计划书、探究的结果、创意设计等。核心素养是适应终身发展和社会发展的必备品格和关键能力。知识与技能是学习者在完成活动任务时，需要运用到的知识与技能，如学科知识的运用、数字化工具使用、合作技能等
设计驱动问题	驱动问题是能帮助学习者开启和推动项目活动，最终让学习者在活动中达到学习目标的问题
规划活动	即要思考如何将"游戏化"与"项目式"进行融合，开展活动的具体流程，需要在活动中提供哪些资源等
管理活动	即要提前思考要怎样确保活动的正常进行，从而做到提前评估及降低风险
学习评价	它既可以是活动中教师对学生的评价、生生互评、学生自评，也可以是在活动结束后教师对实施 GPBL 活动的评价、对学习者活动表现的评价、对学习者学习目标达成情况的评价等。在活动中进行的评价有助于学习者反思自己的表现和项目成果的质量，在活动后进行的评价则有助于教师反思活动的实施

在上述 7 个步骤中，规划 GPBL 活动是活动设计的重中之重，接下来本书对该部分进行更进一步的说明。在规划活动的第一步，要考虑"游戏化"与项目式活动的融合方式，从而有一个活动的大致框架。比如考虑是将一种游戏元

素、一种游戏化类型,还是多种游戏元素、多种类型的游戏化融合到项目式活动中。再比如也可以从"游戏化"的支撑方式上来考虑,动力系统中呈现出了四种支撑方式:游戏化环境、动机、强化和社会性。游戏化环境能够为项目活动提供游戏化项目情境,动机能够激发学习者积极参与到活动中,强化能促进学习者在活动中构建和强化知识与技能,社会性功能则能促进学习者在活动中的社会交互。

规划 GPBL 活动的第二步,是在有了一个大致框架之后进行更为细致的活动环节设计。活动环节主要包含这五个:确定项目、制订计划、活动探究、成果交流以及总结评价。在确定项目环节,教师为学习者创设游戏化项目情境,并引出驱动问题,让学习者感知项目主题,并了解活动最终要解决什么问题。在制订计划环节,教师向学习者介绍围绕问题的项目任务,并组织学习者进行组队和分工。在活动探究环节,以学习者合作探究,完成作品为主。教师可以在适当的时候提供教学支持,从而帮助学习者强化与活动相关的知识与技能。在成果交流环节,学习者对项目任务的完成情况、项目成果等方面进行展示与汇报,教师与其他学习者则可以根据该团队的展示与汇报内容提出疑问、建议,或是进行评价、讨论等。在总结评价环节,教师对整个活动中各团队的表现及成果产出进行评价,并组织学习者进行自评、他评等,从而引导学习者总结经验。此外,在整个活动环节里,教师始终需要为学习者提供具有针对性的指导与反馈,从而支持学习者发展对事物的理解(基思,2021);学习者在活动中则需要不断反思,需要时可对任意活动环节或作品中存在的问题及时进行修正。

规划 GPBL 活动的第三步,是为学习者准备能够支持活动开展的一系列资源。这类资源可以是来自校内的其他教师、教学工具、办公用品等,也可以是来自校外社区人员家庭成员、公共设施、家居用品、生活用品等。此外,也可以从技术和非技术的角度来对资源进行区分。

第 5 章　准实验研究

本章将在第 4 章设计成果的基础上开展准实验研究，围绕项目成果、知识与技能、学习动机、活动表现、活动体验，以及游戏化作用六个维度，进一步探究 GPBL 对学生学习成效的影响及"游戏化"在活动中所起到的作用，即回答研究问题二和问题三。

5.1　研究设计

本实验根据学生的数学学习水平将研究对象分成两个水平相当的组——实验组和对照组。教师在实验组中根据上一章产出的最终教学设计，对该组学生实施教学；而针对对照组学生所采用的学习方式，则是传统的无游戏化 PBL 方式，即将 GPBL 中的游戏化设计去掉，其他方面保持不变：①去掉角色扮演（学生扮演公司设计师）；②去掉"夺星大挑战"；③将电子交互白板中的游戏改为做题讲题；④取消评选及奖励。

5.1.1　研究对象及环境

参与本书的研究对象为广西桂林市一所小学的六年级学生，共 48 名（男生 21 名，女生 27 名）。其中实验组中男生 11 名，女生 13 名；对照组中男生 10 名，女生 14 名。这些学生在研究开始前已经学习了一节有关比例尺的课程（40 分钟）。研究在学校一间普通教室内进行，教室内摆放有桌椅、黑板、智能交互板等教学设备。

5.1.2 研究工具

准实验中使用到的研究工具主要包括数学知识水平测试题、学习动机量表，以及师生访谈提纲。

5.1.2.1 数学知识水平测试题

两份数学知识水平测试题为学生在活动前后所做的前测题和后测题，两份测试题由研究者与任课教师共同设计（见附录 I），每套题包含 10 道题，分别是填空题（5 题）、判断题（1 题）、选择题（2 题）和简答题（2 题）。两套题难度相当，知识点均涉及比例尺的概念、比例尺的分类、相互转化，以及比例尺的应用。上述知识点在两份测试题中出现的次数和难度均相同。前测题的 α 系数为 0.71，后测题的 α 系数为 0.75。

5.1.2.2 学习动机量表

学习动机量表选用量表 MSLQ（Motivated Strategies for Learning Questionnaire）（见附录 M）。该量表包含两个部分：动机和学习策略。该量表由笔者翻译成中文，并只取用量表的动机部分内容对学生展开测量。动机部分由 31 项指标组成，每项指标用李克特 7 级量表的形式作为答项。

量表由三大部分构成。第一部分为学生对课程的价值和信念（14 项指标），第二部分为学生对学会该课程的信念（12 项指标），第三部分为学生对课程考试的焦虑程度（5 项指标）。本书侧重对第一部分和第二部分的考察，因此只测这两个部分。

第一部分：学生对课程的价值和信念。该部分旨在了解学生学习课程的原因及对学习任务的看法。该部分的量表 α 系数为 0.8。在该部分获得高分说明学生喜欢该主题并对课程内容非常感兴趣。其中又可细分为：①内在目标取向。学生在多大程度上认为自己想要学好该课程的动力是因为挑战、好奇、知识掌握等，学好课程知识就是目的，而不是作为达其到他目的的方式（指标项：1、13、18、20）。②外在目标取向。学生在多大程度上认为自己想要学好该课程的动力是为了成绩、奖励、他人评估、竞争等。当一个人在这部分得到的评估分数较高时，说明学习该课程是达到其他目的方式（指标项：6、9、11、25）。③任务价值。学生对课程内容的兴趣、重要性和有用性的评价。目标取向是指学生完成课程的原因，任务价值则是指学生对课程内容的看法（指标项：3、8、

14、19、22、23)。

第二部分：对学会该课程的信念。该部分旨在评估学生对在课程中取得成功的能力的看法。该部分的量表 α 系数为 0.78。在该部分获得高分说明学生认为自己会在课程中表现出色，并且对自己能够掌握课程知识充满信心。该部分又可细分为①学习信念的控制：学生相信他们的努力会产生积极结果，即结果取决于个人努力，而不是外部因素（指标项：2、7、15、21）；②学习自我效能感与表现：学习自我效能感包括对一个人完成一项任务的能力的判断以及信心，表现包括对成功的期望（指标项：4、5、10、12、16、17、24、26）。

5.1.2.3　看法与感受调查问卷

为了解并比较学生对 GPBL 和 PBL 活动的看法与感受，研究者分别设计了针对 GPBL 和 PBL 活动的调查问卷（见附录 K 和附录 L）。关于 GPBL 活动的问卷包含 15 道题，关于 PBL 活动的问卷包含 12 道题，两份问卷中的前 11 道题题目相同，涉及的问题包括学生对活动的整体感受，知识、核心素养等方面的提升效果，团队合作的体验等。GPBL 活动问卷中的最后 4 道题涉及学生对活动中"游戏化"的看法与感受。PBL 活动问卷中的最后一题则关于学生对活动中做题环节的看法与感受，这一题与 GPBL 活动问卷中的最后 4 题相呼应。

5.1.2.4　师生访谈提纲

为深入分析师生对 GPBL 和 PBL 活动的看法与感受，研究者针对实验组和对照组分别设计了相应的访谈提纲（见附录 J）。针对教师的访谈提纲内容包括学习方式、实施困难、活动支持和项目管理。针对实验组和对照组学生的访谈提纲都包括主题与任务、知识与技能的强化、团队合作、成果展示与交流、评价方式、总体感受与建议等方面，不过在针对实验组的访谈提纲中，还涉及"游戏化"方面的内容。

5.1.3　实施过程

研究持续两周。在第一周，由一位数学教师组织实验组学生开展 GPBL 活动；在第二周，由同一位教师组织对照组学生开展 PBL 活动（见图 5-1）。

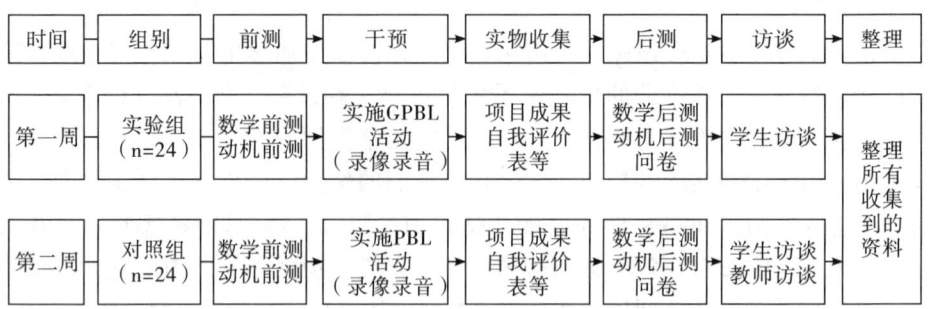

图5-1 研究的实施过程

在GPBL和PBL活动的前、中、后期，研究者将通过发放问卷、访谈、观察、收集实物资料等方式获得定量与质性数据，并在之后对数据进行分析。实施的具体内容如表5-1所示。

表5-1 实施的具体内容

	实验组（第一周）	对照组（第二周）
活动前期	1. 发放及收集学生完成的数学前测题和动机量表； 2. 摆放桌椅、录音录像设备	同左
活动中期	1. 开展GPBL教学； 2. 对课堂进行录像； 3. 对师生在课堂中的对话进行录音； 4. 进行课堂观察及记录	开展PBL教学； 2、3项同左
活动后期	1. 收集学生在活动过程中产生的各种实物资料； 2. 发放及收集学生完成的数学后测题、动机量表和态度问卷； 3. 从每个团队中随机选择一名学生形成小组，并对其进行焦点小组访谈； 4. 向所有活动参与者发放一份纪念品； 5. 整理收集到的所有数据	1、2、3、5项同左；对授课教师进行访谈（活动结束后第二天）

第一周：在GPBL活动开启的前一天，研究者利用一节课的时间，向所有学生发放数学前测题及动机量表，并要求学生在课堂上完成。学生有不明白的地方可以在课堂上及时询问。课下将学生完成的数学前测题和动机量表进行收回。在GPBL活动开启的前10分钟，将桌椅摆成利于小组讨论的方式（将实验组的24名学生分为4组，每组6人），随后在每个小组的桌上放一支录音笔，

并在教室后端架上录像设备。GPBL 活动开启后,研究者打开录像设备及录音笔,记录下学生的活动表现。活动共持续三天(每天安排一节课),在第一和第二节课的课后,研究者都会将每组活动中产生的过程性资料进行回收,直到下一次课时再发放给每个小组。最后一节课结束后,研究者先是收集每组学生在活动过程中产生的实物资料,包括方案设计书、自我评价表、物件清单和方案设计图。随后,向学生发放数学后测题、动机量表及态度问卷,同样要求学生利用一节课的时间完成。接着,收回学生完成的数学后测题、动机量表及态度问卷,再从四个小组中随机选出 4 名学生组成小组,在隔壁一间教室里进行约 15 分钟的焦点小组访谈。最后,向所有参与 GPBL 活动的师生发放纪念品,并开始整理收集到的资料。

第二周:在 GPBL 活动结束的第二周,研究者组织师生实施 PBL 活动并展开相关研究。整个研究的实施过程与 GPBL 活动类似,主要有两点不同:第一,针对对照组的 24 名学生开展传统的 PBL 教学,教学活动中除去了"游戏化"部分,其他部分则与 GPBL 活动保持不变。第二,在 PBL 活动结束后的第二天,对授课教师进行了约 15 分钟的个人访谈。

5.2 数据分析

5.2.1 项目成果

活动中涉及的项目成果包含方案设计图、方案计划书和物件清单。研究者分别从实验组 4 个团队和对照组 4 个团队收回了 8 份方案设计图、8 份方案设计书,以及 8 份物件清单。从整体来看,8 个团队都完成了方案设计图的制作、方案计划书的撰写和物件清单的填写。其中,方案计划书之间没有太大差异,它们都认为礼堂内物件摆放杂乱,改进目标是将这些物件摆放规整,使礼堂变得干净整洁。8 个团队的方案设计图美观整洁,且符合设计图的要求。图 5-2 展示的是实验组团队 4 和对照组团队 4 的方案设计图。其他团队的设计图与它们相类似。

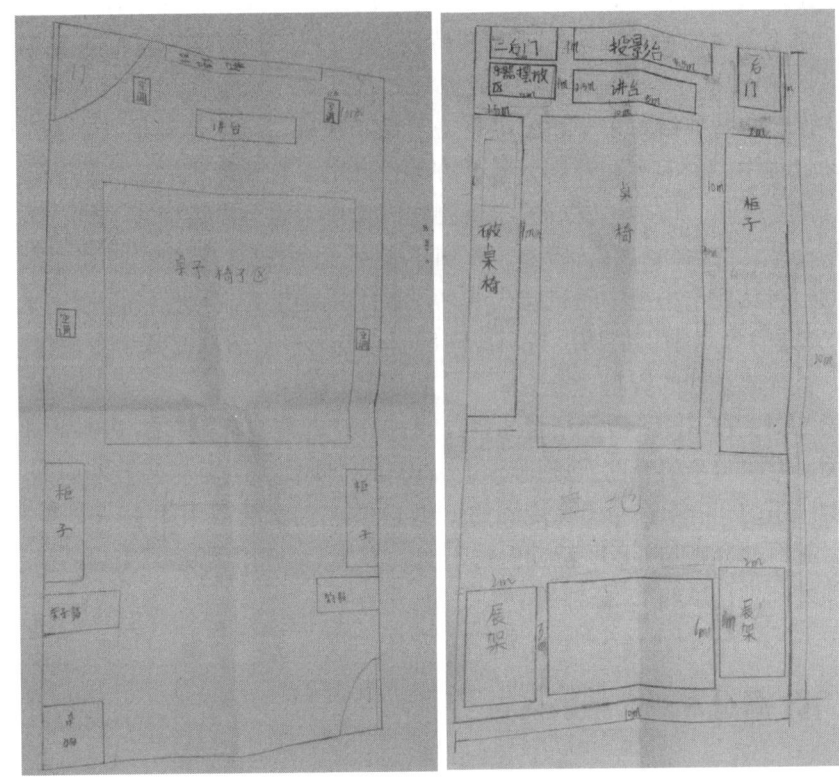

图 5-2　实验组 4 和对照组 4 的方案设计图

研究者从 8 个作品中统计了出现的物件或区域，发现实验组和对照组出现的物件或物件摆放区域大体相似，均包括讲台区、课桌椅区、电子屏幕区、柜子、空调、架子鼓区、杂物间、前门、后门、书柜、书架、钢琴和奏乐区，实验组仅比对照组多了"黑板"物件。上述物件或物件摆放区域在许多学校都十分常见，部分物件本身在礼堂中就已经存在，如电子屏幕、架子鼓等。可以看出，所有团队在改造礼堂时考虑到了如何对现有物件进行合理科学的改造。

此外，通过分析学生团队填写的"物件清单"，可以了解到各团队作品对设计图中物件或物件区域的计算量及结果（由图上距离转化成实际距离）是否正确。如表 5-2 所示，实验组 4 个团队纳入计算的物件或区域为 32 个，比对照组 4 个团队的 27 个多出 5 个。其中，实验组各团队中，计算量最少的为团队 4（6 个），最多的为团队 3（12 个），在对照组团队中，计算量最少的为团队 1（5 个），最多的为团队 3（10 个）。从运用公式计算的正确率来看，实验组中有 2 个团队的计算结果完全正确，另外两个团队仅出现少量错误，整个实验组的计算正确率达到 93.8%；对照组中有一个团队的计算完全正确，一个团队出现少量错误，而另外两个团队则出现较多的错误，整个对照组的计算正确率达到 55.6%。

然而，8 项作品从物件的类型和整体设计来看，缺乏一些创新。这可能与指导教师是一名数学教师有关，她更注重方案设计图中涉及的运算过程和结果是否正确。

表 5-2 各团队的计算量及计算结果

	计算量	计算结果正误情况
实验组团队 1	7（包含 14 条数学运算）	错 1 条
实验组团队 2	7（包含 14 条数学运算）	全部正确
实验组团队 3	12（包含 24 条数学运算）	错 3 条
实验组团队 4	6（包含 12 条数学运算）	全部正确
总数	32（包含 64 条数学运算）	错 4 条
对照组团队 1	5（包含 10 条数学运算）	错 2 条
对照组团队 2	6（包含 12 条数学运算）	错 8 条
对照组团队 3	10（包含 20 条数学运算）	错 14 条
对照组团队 4	6（包含 12 条数学运算）	全部正确
总数	27（包含 54 条数学运算）	错 24 条

5.2.2 数学测试

研究者分别对实验组和对照组学生的数学成绩进行分析。具体来说，在活动开启前，分别从实验组和对照组回收到数学前测试卷 24 份。接下来，对两组学生的测试成绩进行独立样本 t 检验。如表 5-3 所示，实验组的平均成绩（$M=4.96$，$SD=1.4$）低于对照组的平均成绩（$M=5.67$，$SD=1.52$），F 值为 0.037（小于 0.05，方差不齐），因此查看"不假定等方差"中的 p 值，结果为 0.1（大于 0.05），说明实验组与对照组的数学前测成绩不具有显著性差异，即实验组和对照组学生在活动开启前，对比例尺知识的掌握水平相当，可对两组进行下一步分析。

表 5-3　实验组、对照组数学前测成绩的独立样本 t 检验

维度	组别	N	均值	标准差	标准错误均值	F	p
数学知识	实验组	24	4.96	1.40	0.29	0.037	0.1
	对照组	24	5.67	1.52	0.31		

活动结束后，研究者从实验组和对照组处收集到了数学后测试卷各 24 份，接着对两组的数学后测得分进行独立样本 t 检验。结果如表 5-4 所示，实验组的数学成绩（$M=7.17$，$SD=2.48$）高于对照组（$M=5.83$，$SD=1.61$），F 值为 6.007（大于 0.05），方差齐性，因此查看"假定等方差"中的 p 值，结果为 0.032（小于 0.05），说明实验组与对照组具有显著性差异。此外，效应量值为 0.64，处于中等效应范围（$0.5<d<0.8$）。

表 5-4　实验组、对照组数学后测成绩的独立样本 t 检验

维度	组别	N	均值	标准差	标准错误均值	F	p	d
数学知识	实验组	24	7.17	2.48	0.51	6.007	0.032*	0.64
	对照组	24	5.83	1.61	0.33			

注：*$p \leqslant 0.05$。

之后，再分别对实验组和对照组的前后测成绩进行配对样本 t 检验。如表 5-5 所示，实验组的数学知识前后测得分相差 2.21 分，具有显著性差异；而对照组的数学知识前后测得分相差 0.16 分，尽管后测得分较前测略有提升，但不具有显著性差异。此外，"实验组后测-前测"的效应量值为 0.55，处于中等效应范围（$0.5<d<0.8$）；"对照组后测-前测"的效应量值为 0.30，处于小效应范围（$0.2<d<0.5$）。

表 5-5　实验组、对照组数学前后测得分的配对样本 t 检验

维度	组别	均值	标准差	标准错误均值	t	p	d
数学知识	实验组后测-前测	2.21	4.02	0.42	5.30	0.000**	0.55
	对照组后测-前测	0.16	0.57	0.12	1.45	0.162	0.30

注：**$p \leqslant 0.01$。

5.2.3 学习动机

研究者对实验组和对照组学生填写的动机量表进行了分析。具体来说，在活动开启前，分别从实验组和对照组回收到动机前测量表 24 份，接着区分出量表的第一部分（学生对课程的价值和信念）和第二部分（对学会该课程的信念）结果，最后分别对这两个部分的结果进行独立样本 t 检验。如表 5-6 所示，在第一部分，实验组前测得分（$M=5.50$，$SD=0.68$）高于对照组（$M=5.38$，$SD=0.71$），F 值为 0.86（大于 0.05，方差齐性），因此查看"假定等方差"中的 p 值，结果为 0.576（大于 0.05），说明实验组与对照组在动机第一部分前测得分上不具有显著性，因此可对第一部分进行下一步分析。在第二部分中，实验组的前测得分（$M=5.50$，$SD=0.67$）高于对照组（$M=5.19$，$SD=0.84$），F 值为 5.18（大于 0.05，方差齐性），因此查看"假定等方差"中的 p 值，结果为 0.165（大于 0.05），说明实验组与对照组在动机第二部分前测得分上不具有显著性，因此也可对第二部分进行下一步分析。

表 5-6　实验组、对照组动机量表前测得分的独立样本 t 检验

维度	组别	N	均值	标准差	标准错误均值	F	p
第一部分	实验组	24	5.50	0.68	0.14	0.86	0.576
	对照组	24	5.38	0.71	0.15		
第二部分	实验组	24	5.50	0.67	0.14	5.18	0.165
	对照组	24	5.19	0.84	0.17		

活动结束后，研究者分别从实验组和对照组收集到了动机量表的后测数据各 24 份，然后开始对动机量表结果进行统计，并区分出第一部分和第二部分的结果。接着对两组的动机后测得分进行独立样本 t 检验。如表 5-7 所示，在第一部分，实验组的得分（$M=6.21$，$SD=0.28$）高于对照组（$M=5.82$，$SD=0.61$），F 值为 14.74（大于 0.05，方差齐性），因此查看"假定等方差"中的 p 值，结果为 0.007（小于 0.05），说明实验组与对照组具有显著性差异。此外，效应量值为 0.82，处于大效应范围（$d>0.8$）。在第二部分，实验组的得分（$M=6.13$，$SD=0.28$）高于对照组（$M=5.72$，$SD=0.73$），F 值为 3.34（大于 0.05，方差齐性），因此查看"假定等方差"中的 p 值，结果为 0.001（小于 0.05），说明实验组与对照组具有显著性差异。此外，效应量值为 0.74，

处于中等效应范围（0.5 < d < 0.8）。

表 5-7　实验组、对照组动机后测得分的独立样本 t 检验

维度	组别	N	均值	标准差	标准错误均值	F	p	d
第一部分	实验组	24	6.21	0.28	0.06	14.74	0.007**	0.82
	对照组	24	5.82	0.61	0.13			
第二部分	实验组	24	6.13	0.28	0.07	3.34	0.001**	0.74
	对照组	24	5.72	0.73	0.10			

注：**$p \leq 0.01$。

此外，笔者也分别对实验组和对照组两个部分的前后测得分进行配对样本 t 检验。如表 5-8 所示，在动机量表的第一部分，实验组的动机前后测得分相差 0.71 分，具有显著性差异；d 值为 0.84，处于大效应范围（d > 0.8）；对照组的动机前后测得分相差 0.44，也具有显著性差异；d 值为 0.52，处于中等效应范围（0.5 < d < 0.8）。在第二部分，实验组的动机前后测得分相差 0.63 分，具有显著性差异，此外，d 值为 0.82，处于大效应范围（d > 0.8）；对照组的动机前后测得分相差 0.53 分，也具有显著性差异。此外，d 值为 0.62，处于中等效应范围（0.5 < d < 0.8）。

表 5-8　实验组、对照组动机前后测得分的配对样本 t 检验

维度	组别	均值	标准差	标准错误均值	t	p	d
第一部分	实验组后测-前测	0.71	0.86	0.16	4.47	0.000**	0.84
	对照组后测-前测	0.44	0.87	0.18	2.52	0.019**	0.52
第二部分	实验组后测-前测	0.63	0.77	0.16	4.00	0.001**	0.82
	对照组后测-前测	0.53	0.86	0.18	3.02	0.006**	0.62

注：**$p \leq 0.01$。

从上述数据中得知，在动机量表的第一和第二部分，实验组的得分较对照组高，且具有显著性差异。接下来，研究者对实验组中第一部分的 a、b 和 c 小

项与第二部分的 a 和 b 小项的前后测得分差值进行对比。如表 5-9 所示，动机量表各小项的前测得分较为相近，在 5.3～5.8 分之间；各部分的后测得分也较为相近，在 5.9～6.4 分之间；各部分的前后测得分差值同样较为相近，在 0.6～0.8 分之间。

表 5-9　实验组动机量表各部分的前测、后测及分数差值

分数均值	第一部分			第二部分	
	a	b	c	a	b
前测	5.6	5.3	5.6	5.8	5.4
后测	6.3	5.9	6.4	6.4	6.0
后测 - 前测	0.7	0.6	0.8	0.6	0.6

5.2.4　自我评价

在 GPBL 和 PBL 活动的最后阶段，教师让实验组和对照组的学生填写自我评价表，以了解学生在活动中的情况。学生需要在自我评价表中填写他们在活动中做了哪些事，认为自己的优势有哪些，在活动中遇到过哪些困难，以及觉得可以用什么方法来克服这些困难。为了直观对比实验组学生与对照组学生的情况，研究者对学生的填写结果进行了归纳，见表 5-10。

表 5-10　实验组和对照组学生的自我评价结果

自我评价	实验组	对照组
第一部分：在活动中做的事	测量（20 人）	测量（19 人）
	画图（20 人）	画图（22 人）
	计算（19 人）	计算（17 人）
	做汇报（22 人）	做汇报（10 人）
	撰写计划书（6 人）	撰写计划书（4 人）
	记录讨论内容（2 人）	记录讨论内容（1 人）
	提供设计思路（5 人）	提供设计思路（9 人）
	组织团队（2 人）	组织团队（4 人）
人次	96	86

续表 5–10

自我评价		实验组	对照组
第二部分：自己的优势		计算（15人）	计算（7人）
		创意（5人）	创意（1人）
		合作（6人）	合作（10人）
		组织能力（2人）	组织能力（1人）
		表达能力（5人）	书写（2人）
		善于思考（3人）	没有（4人）
		倾听（3人）	—
		画图（8人）	—
		细心（1人）	—
		记录速度（1人）	—
		汇报能力（1人）	—
		书写（2人）	—
		资料整理（2人）	—
		理解能力（2人）	—
人次		56	25
第三部分：遇到的困难		计算（9人）	计算（14人）
		画图（3人）	画图（2人）
		设计（3人）	团队成员意见分歧（4人）
		汇报展示（1人）	不积极讨论（2人）
		组员不会计算（1人）	不敢举手发言（1人）
人次		17	23
第四部分：克服困难的策略		请教同伴或教师（9人）	请教同伴或教师（4人）
		上课认真听讲（1人）	上课认真听讲（4人）
		多与同伴共同讨论（3人）	多与同伴共同讨论（3人）
		教团队其他成员如何计算（1人）	多测量几次以减少错误（1人）

续表 5-10

自我评价	实验组	对照组
第四部分：克服困难的策略	多练习公式换算（7人）	用两把尺子画图（1人）
	计算时多思考不急躁（1人）	协调解决团队成员矛盾（3人）
	汇报展示前多做准备（1人）	积极心理建设，勇敢发言（1人）
		不知道/没有填写（7人）
人次	23	24

关于在活动中做过的事项，大多数实验组和对照组学生填写了测量、计算礼堂在平面图和实际中的长、宽，将礼堂及物件绘制在平面图中。此外，他们还提到了其他事项，如上台做汇报、撰写方案计划书、记录团队讨论、提供设计思路、组织团队等。其中"做汇报"这一事项，实验组学生在人数上较对照组学生多出一倍以上。

关于自己的优势，几乎每位实验组和对照组学生都回答了 1~2 项。实验组学生回答的优势种类共有 15 项，包括擅长计算、创意多、团队组织能力强、合作能力强、表达能力强、善于思考问题、善于倾听、善于画图、做事细心、在团队中敢于表达、记录讨论内容速度快、汇报能力强、书写能力强、资料整理能力强，以及理解能力强。而对照组学生回答的优势种类仅有 4 项，包括擅长计算、创意多、书写能力强，以及团队组织能力强。此外，有 4 名对照组学生没有填写这一项。

关于活动中遇到的困难，几乎每位实验组和对照组学生都回答了 1~2 种。实验组学生总共提到了 5 种困难，对照组学生提到了 6 种。实验组学生提到的困难大多聚焦于项目任务本身，包括计算、画图、设计物件，汇报展示，并有一项困难涉及团队合作：团队成员不明白如何计算平面图中的实际长度和宽度，导致耗费了时间。而对照组学生除了提到项目任务本身的困难，包括计算、画图，也有涉及团队成员合作的，包括意见不统一、不团结、不积极参与讨论。另外，还有涉及个人因素的，如不敢举手发言。其中，较多实验组学生（9 名）和对照组学生（14 名）在计算方面（如比例尺公式的运用，单位换算）遇到困难。

关于克服上述困难的方法，每位实验组学生都填写了克服困难的策略，而对照组中有 7 名学生则是填写"不知道"（6 人）或没有填写这一题（1 人），它们对应的困难分别为计算（5 人）和团队不团结（2 人）。策略上，实验组学生提出 37 种策略，对照组学生提出了 8 种策略，两组提到的相同策略包括：请教同伴或教师，上课认真听讲，多与同伴讨论。实验组学生提到的其他策略还包括：指导团队其他成员如何计算，多练习公式换算，计算时要多思考不急躁，汇报展示前多做准备。对照组学生提到的其他策略还包括：多测量几次以减少错误，用两把尺子画图，通过投票方式解决团队成员分歧，协调团队成员矛盾，多说话练胆量。其中，实验组和对照组在人数上差异较大的策略有请教同伴和教师（实验组 9 人，对照组 4 人），以及多练习公式换算（实验组 7 人，对照组 0 人）。

从自我评价每个部分的填写情况来看，实验组学生都较对照组多：回答第一部分的实验组学生共计 96 人次，对照组学生共计 86 人次；回答第二部分的实验组学生共计 56 人次，对照组学生 21 人次；回答第三部分的实验组学生共计 44 人次，对照组学生 25 人次；回答第四部分的实验组学生共计 23 人次，对照组学生共计 17 人次。

5.2.5　课堂表现

在开展 GPBL 和 PBL 活动的过程中，研究者对两次活动均进行了课堂观察，旨在发现两次活动之间的差异。

5.2.5.1　实验组学生的课堂表现

在最初的情境导入阶段，实验组学生对活动主题表现出很大的好奇和兴趣。在教师说明整个项目情况后，采用电子白板中的 PK 游戏来进行比例尺知识的建构。教师从每个团队中挑选出 2～3 名学生上台，进行团队之间的 PK。可以观察到，学生们踊跃报名；PK 时，台上队员在答题，台下队员也紧紧盯着题目思考，课堂氛围十分活跃；在游戏结果出来后，赢得比赛的团队会开心欢呼。PK 游戏结束后，教师开始讲解游戏中出现的题目。可以发现，学生在听题目讲解时，神情十分专注，似乎是要为下一场游戏做好准备。在随后教师的一些提问中，学生为获得"星星"，积极举手发言；教师在说话时，学生也会认真听讲。在自主探究阶段，绝大多数学生都积极参与到了团队讨论当中。在展示阶段，几乎每个学生都在台上认真进行了汇报。在最后的颁奖阶段，学生们表现得十分开心，各团队在得知名次后，都会随即欢呼起来。

5.2.5.2　对照组学生的课堂表现

对照组学生同样在活动开始阶段表现出参与兴趣。紧接着，教师也同样对学生进行知识与技能的建构。与实验组不同，教师在课堂上采用的是讲授式教学。观察发现，在这一阶段，学生会认真做题并听讲解，然而随着题目难度逐渐加大，一些学生慢慢出现了倦怠情绪。比如，尽管教师在讲解每一道题之前都留给学生一些时间去思考如何解题，但有些学生逐渐表现出倦怠，不愿动脑思考题目，而是等着教师把解题步骤写出来，他们再直接照抄下来。在随后教师的一些提问中，举手的学生非常少，教师不得不来回请举手的同学回答问题，此外，教师也开始点学生起来回答。事实上，被点名起来回答的学生里有不少是知道正确答案的，但他们没有举手。

在自主探究过程中，虽然每个团队都知道计算公式，但他们仍然对如何运用比例或比例尺公式进行计算不是十分清楚，因此教师和研究者到每个团队中进行有针对性的讲解，而这一过程使得他们之后的自主探究时间缩短。随着活动的一步步推进，大多数学生仍能积极参与探究，但人数正在减少，一些问题也逐渐浮出水面。

第一，课堂纪律逐渐变得松散，个别学生开始找隔壁团队的学生闲聊。第二，有更多学生变得沉默，没有加入团队讨论当中。有的表示没有动力，因为最终也不会获得什么奖励；有的表示自己不会做。一段时间后，有两个团队因为大多数学生的参与缺失和不作为，团队协作受到影响，进度停滞不前。最终在教师和研究者的鼓励和指导下，他们才继续讨论。在团队展示阶段，大部分学生都会认真对待，但与实验组相比，对照组中有更多的学生选择不作汇报，而仅仅是站在一旁听团队其他成员汇报。

5.2.6 看法与感受

活动结束后，研究者组织学生填写看法与感受问卷，并对师生进行访谈，目的在于了解师生对 GPBL 的看法是否相较于传统 PBL 更加积极，感受更佳；同时，探究游戏化在 GPBL 中发挥的作用。

研究者先是从实验组和对照组中各挑选 4 名学生分别进行小组焦点访谈（实验组 4 名学生为一组，对照组 4 名学生为一组）。实验组和对照组访谈对象的选取方式相同：先是从团队 1 中选出担任"挑战一"的队长，再从团队 2 中选出担任"挑战二"的队长，接着从团队 3 中选出担任"挑战三"的队长，最后从团队 4 中随机选取 1 名学生。访谈结束后，使用 NVivo12 软件对访谈内容进行编码，为方便区分 8 名学生，将实验组的 4 名学生分别标记为 ES1、ES2、ES3、ES4，将对照组的 4 名学生分别标记为 CS1、CS2、CS3、CS4。

在 GPBL 和 PBL 活动都结束后，研究者也对参与准实验的授课教师进行了访谈，旨在了解教师对 GPBL 和 PBL 的活动方式及对 GPBL 中游戏化设计的看法与感受。

5.2.6.1 活动体验

研究者先是从问卷中挑选出关于活动体验的题目（实验组与对照组题目内容相同），分别为题目1：这次的学习活动很有趣；题目2：这次的学习活动让我感到轻松愉快；题目4：这样的学习方式不适合我；题目5：我希望以后能有更多类似的学习活动。题目7：相比于传统的数学课堂，我在这次的学习活动中更加积极和主动；题目10：我们的团队在活动中非常团结；题目11：活动能带给我很大的成就感。其中，题目4为反向题。接着采用"堆积柱形图"统计出实验组和对照组中每个题目选项的选择人数（见图5-3、图5-4）。

结果显示，实验组学生在题目1、2、4、5、7以及11中，表达出对 GPBL 的积极态度与看法（每题都有达到20名或以上学生）。在题目10中，也有18名学生认为他们在小组活动中表现出团结。问卷中仅有1人认为学习活动不能让人感到轻松愉快（题目2）；2人认为 GPBL 方式不适合自己（题目4）。

在对照组中，题目1、2、5以及11都有超过20人表达对 PBL 活动的积极态度与看法，其中题目1、2以及10的人数较实验组多（每题都分别多出2人）。然而在题目4中，有13人认为 PBL 方式适合自己（较实验组少7人），3人认为 PBL 方式不适合自己（较实验组多了1人）；在题目7中，有17人认为自己在活动中会更加积极和主动（较实验组少3人），但有1人不这样认为（与实验组类似）；在题目10中，有8人不认为他们的团队很团结（较实验组多8人）。

总体来说，绝大多数学生对 GPBL 和 PBL 持有积极态度和看法（实验组累计146人次，对照组累计137人次）。但实验组中仍有2人次（2人）在题目2和题目7中持有消极态度，2人次（2人）在题目4中认为不适合自己；对照组中9人次（8人）在题目7和题目10中持有消极态度，3人次（3人）在题目4中认为不适合自己。

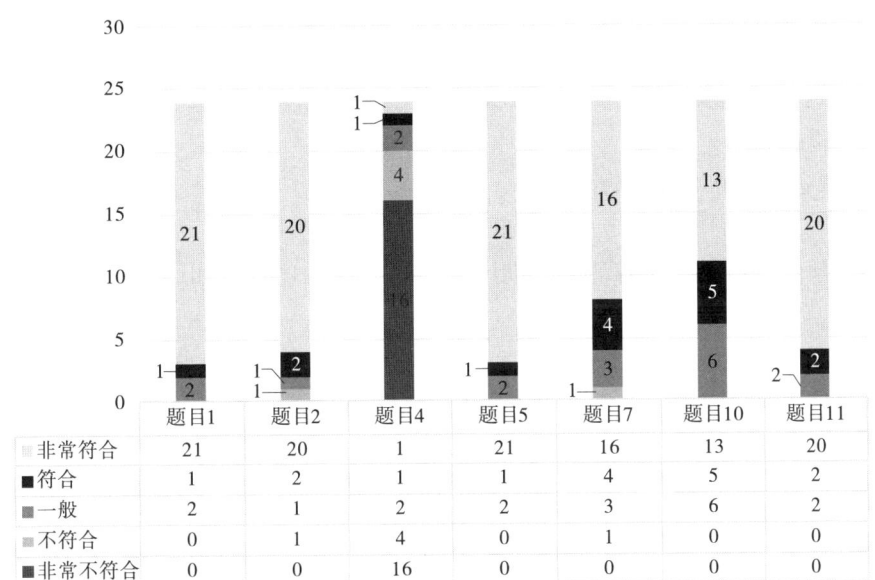

图 5-3 实验组对活动方式的看法与感受（单位：人）

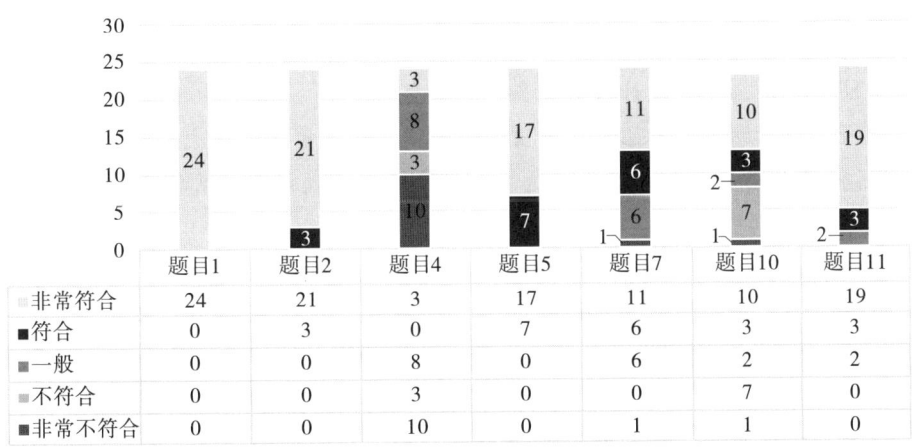

图 5-4 对照组对活动方式的看法与感受（单位：人）

访谈发现，实验组学生认为 GPBL 活动轻松有趣，使课堂不再沉闷，注意力能保持集中，也愿意克服困难去完成任务。

ES3：我觉得很有趣，挺好玩的，就算中午没精神，也会很集中，学起来很轻松，还很入迷，就觉得还挺好玩的。

ES1：可以给课堂带来一点轻松的气氛，不会那么紧张，嗯，不会那么枯燥，学得更好。

ES2：就是开心快乐的。

ES4：虽然有时候会遇到一些困难，但愿意去克服。

有学生表示这样的活动可以推广至其他学科课堂中（如语文），从而减少枯燥感。

ES4：语文老师上课太枯燥了，就是背了又背。就比如我同桌每次下午上语文课的时候都快睡着了，他上午上语文课也容易睡着，他说上语文课就像听催眠曲，老师还喜欢把一句话重复好多遍。还想把它印在你的脑子里面，很难受很压抑，然后没有那么大的兴趣，不知道为了什么而学了，最关键的是他让我们体会作者的感情，我怎么知道他有什么感情。

此外，也有学生认为活动之所以有趣是因为完成项目任务能带来成就感。

ES1：因为有成就感，感觉把每件事情做到最好就很好。

相比于实验组学生，对照组中有两名学生也认为成就感能带来趣味性，一名学生认为活动能提高学生的学习积极性。

CS1：能提高学习兴趣，一般课上都是老师讲，我们刚好这次是自己独立动手。

CS2：就是自己的设计看着整齐，肯定会开心。

CS3：我看到他们自己都在那里讲的时候，我就觉得这一次会对他们有很大帮助，他们上课都不怎么回答问题的，然后这一次我就觉得他们以后应该会更积极。

而另一名学生则因为团队合作不佳，对活动兴趣不大。

CS4：不太愿意参加，大家不齐心，没有那么尽力去完成这项任务。

大部分实验组和对照组受访学生表示他们能够较好地进行团队合作，但也有对照组学生反映有些成员在活动中表现不积极，没有为团队做出较多贡献。

ES1：设计的话，我们就是每个人想一个，然后综合一下，合理的话就画上去。

ES2：他们不会的时候就在旁边看着，会的时候就来做。

CS1：分工任务我们都会积极完成，然后我们会一起思考，一起计算，计算中有不会的也会一起讨论。但是我们组有那个梁××，他就觉得很无聊，就是不想干。

CS2：团队分工那里，我们其实就是分好工谁写第一题，谁写第二题的，但是在写的过程中，发现他们好像不太会写，然后我们就一起帮忙。

CS4：我们那个组，他们设计出来那种稀奇古怪的东西，然后计算难度就增加，然后后面都是在那里"摆烂"（摆烂，指事情已经无法向好的方向发展，于是就干脆不再采取措施加以控制而是任由其往坏的方向继续发展下去，不想干了）。因为一个是他们的设计不太符合现实，第二个是不太积极主动，我们组就全部"摆烂"了。后来老师过来说设计不合理，才又回来（重新参与进来）。但后来也没有人愿意画，就想着直接"摆烂"得了。总之我们组有人积极，有人逃避，他们就是感觉把自己的图画好了，公式计算好了，就打算离开了。

教师提到自己之前没有开展 GPBL 或 PBL 活动的经历，这是她第一次在课堂上实施这样的活动。她对这样的活动方式表示认可，认为既能让学生掌握知识，同时还能促进学生将知识运用于实际生活当中。然而，教师也表示这样的活动方式相比于传统的课堂学习来说耗时较长，对教学任务的按时完成会是一个挑战。以后这类活动开展得多了，教师和学生的表现都会越来越好。

师：我觉得这样的课，学生既学到了知识，又能够在实践中运用，还是蛮好的。学生也从来没有体验过这种教学方式，所以我觉得还是不错的。但是，对于我们，确实没那么多课程，你看像这一个内容，我们就用了三个课时，对吧？比如说如果是我们在教学中也结合这样的话，那我们的教学任务就很难完成。当然，这样的结果是蛮好的。

师：我觉得如果以后这种项目多了，学生就会越来越熟练，对于老师来说多了也会更加地收放自如，比如怎么有针对性地去指导，肯定会一次比一次更有经验。

在活动表现方面，教师认为学生在活动中的参与度很高，表现也十分积极。

师：我觉得学生的积极性还是挺高的，都积极地去配合，然后他们也很认真地去参与，很乐意去参与。

5.2.6.2 知识与技能掌握

涉及知识与技能掌握的题目包括题目 3：这次的学习活动能够帮助"我"掌握比例尺知识；题目 6：这次的学习活动能提高"我"在创造、问题解决、团队合作等方面的综合能力；题目 8：活动能让"我"感受到比例尺知识在实际生活中的应用；题目 9：活动中，"我"能独立计算出平面图物件的实际长度和宽度。本书仍使用"堆积柱形图"统计实验组和对照组中每个题目选项的选择人数。

如图 5-5 所示，实验组绝大多数学生对 GPBL 能够提高学科知识与技能持有积极的态度与看法。特别是在题目 3、6 和 8 中，持积极态度与看法的人数均超过 20 人。在所有题目中，没有人对 GPBL 持消极的看法与感受。对照组的结果与实验组相似（见图 5-6），绝大多数学生同样对 PBL 能够提高学科知识与技能持有积极的态度与看法，且在所有题目中，持积极态度与看法的人数均超过 20（题目 3 较实验组多 1 人，题目 6 较实验组多 2 人，题目 8 较实验组少 1 人，题目 9 较实验组多 3 人）。总体来说，无论是 GPBL 还是 PBL 模式，绝大多数学生都认可它们在提高知识与技能方面的作用。

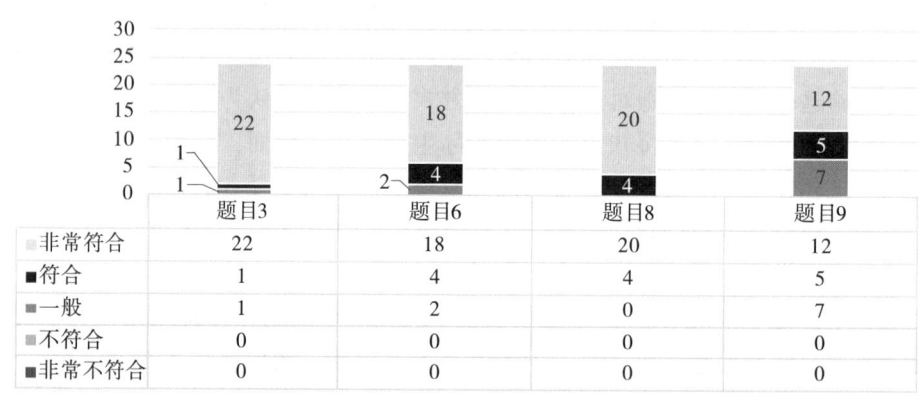

图 5-5 实验组对知识与技能掌握的看法和感受（单位：人）

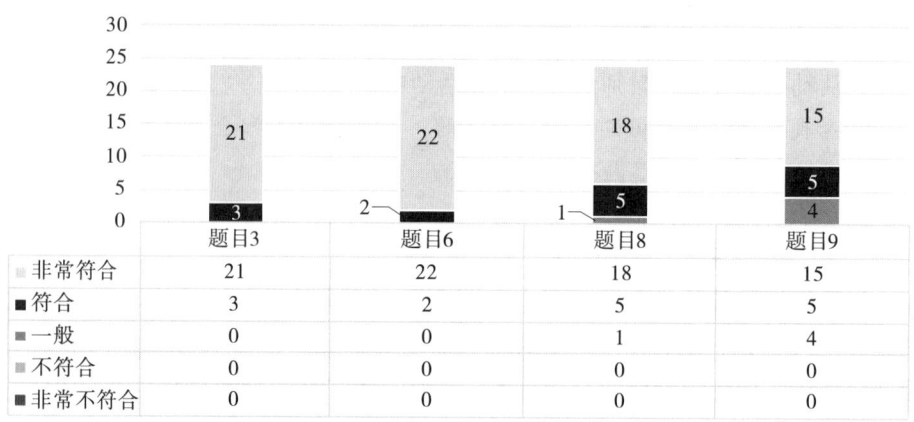

图 5-6 对照组对知识与技能掌握的看法和感受（单位：人）

访谈中，来自实验组的 4 名学生都表示活动能够促进他们对比例尺知识的掌握。促进方式一方面来自动手操作，在这个过程中通过不断运用比例尺相关公式获得对知识点的理解。

ES3：通过自己测量然后写出公式和答案这种方式好。

ES4：虽然它和书上的内容是一样的，但是学的方式不一样，我就又觉得它很简单，很有趣哦。

另一方面则来自游戏环境所营造的轻松愉悦氛围，它既能激发学生的学习兴趣，同时也能加深学生对知识点的理解与记忆。

ES2：玩游戏的话就会对数学感兴趣，感兴趣的话就会认真去学，然后就会提高学习成绩。

ES1：我觉得游戏能让我们懂得更快，学得更轻松一点，如果是老师说的话，感觉没有那么明白。

ES3：可以让自己思维变得活跃，之前老师跟我们讲了一节那个比例尺的课，不怎么懂，但是现在是个游戏的方式，很容易就懂了。之前老师讲了就懂了一下，然后就忘了，现在就记住它了。

同样地，来自对照组的学生也认为动手操作有助于促进对比例尺知识的掌握。

CS2：我觉得根据实际画的图来计算，可以让我的思维更加活跃。

CS1：以往数学课我们根本没有机会去画平面图，然后自己可能也会有点听不懂，因为以往的数学课一般都是直接讲的。

除了能提高学科知识外，教师还提到活动能促进学生高阶思维、其他技能等方面的发展。

师：以前我们在传统教学中，小组讨论一般是 4 个人讨论，真的还没有像这次合作的时间那么长，毕竟他们整整合作了三节课。从这个合作可以看出，有的同学确实是很有领导能力，再一个让他们自己去说他们的设计理念，他们的表达能力，还有逻辑思维能力，都会得到提高。孩子的优点和缺点，我们也都可以通过这些表现来发现，你看有的孩子滔滔不绝地讲，还有的孩子，就是平时锻炼得很少，说话很小声的。那如果多锻炼几次的话，这个孩子的表达能力、逻辑能力肯定会潜移默化得到提高的。

5.2.6.3 游戏化/非游戏化设计

在分发给实验组学生的问卷中，有 4 道题涉及"游戏化"方面的内容，分别是题目 12：我很想玩交互白板中的 2 人 PK 游戏；题目 13：交互白板里的 PK

游戏结束后，我会认真听教师讲解游戏里涉及的每一题；题目14：我不想以团队比赛的方式完成项目任务，比赛会让我感到不安；题目15：活动中，我会把自己想象成一名设计师，认真思考如何设计学校礼堂。在分发给对照组的问卷中，涉及无游戏化的是题目12：在课上做题时，我感到枯燥无味。

"堆积柱形图"（见图5-7）显示，实验组有16人表示想玩交互白板中的二人PK游戏，然而有3人表示不想玩（题目12）。与之相对应的是对照组的题目12，所有学生表示在课堂上做题时不会感到枯燥无味。在题目13中，绝大多数实验组学生（22人）会在游戏结束后认真听教师讲解游戏中出现的题目。在题目14中，绝大多数实验组学生（21人）想以团队比赛的方式完成项目任务，这样的方式不会使他们感到焦虑。在题目15中，有19名学生会在活动中将自己想象为设计师，有1名学生则表示不会。

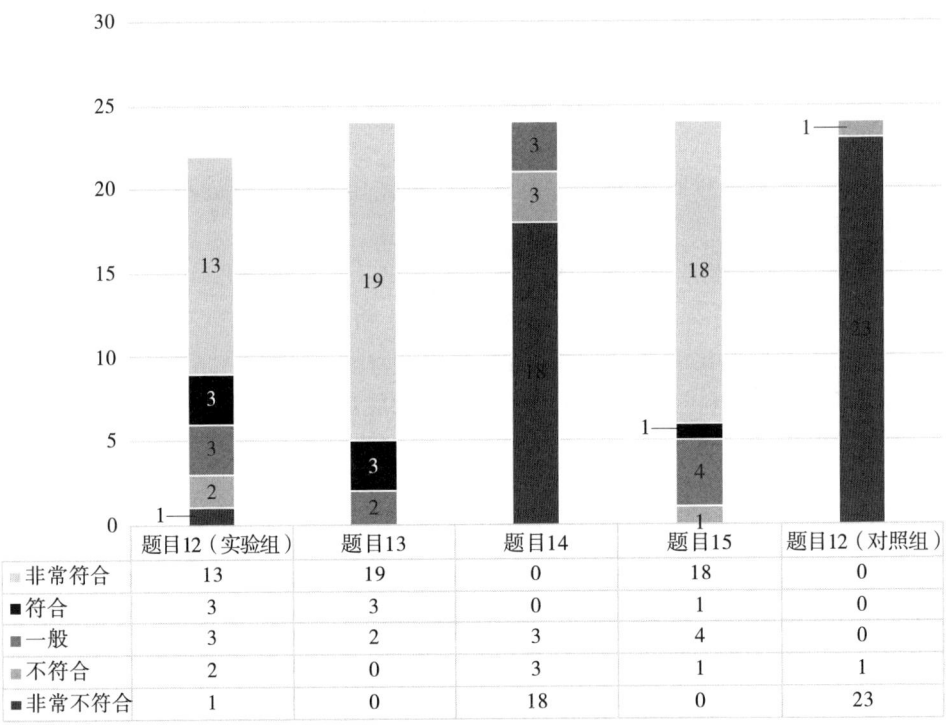

图5-7 对"游戏化"/"非游戏化"的看法与感受（单位：人）

此外，实验组学生也谈论了他们对活动中每种游戏化元素的看法与感受。

对于角色扮演，有学生表示他们在活动中会将自己想象成设计师，并感觉能更加融入活动当中。

ES3：我爸爸是装修房子的，他经常看这种图，所以我也有这个感受。

ES4：我把自己想象成设计师，感觉脑子好像又更好用一点，更融入活动中。

但也有学生表示他们没有这种感觉，觉得作为设计师应该是自己一个人去设计，团队一起设计时会影响设计师的代入感。

ES1&ES2：好像没有这种感觉吧。

ES1：我觉得这就是一次活动，因为是小组合作嘛，就觉得自己不是设计师，而是一个整体，大家都不是专业的。

对于电子交互白板中的PK游戏，学生都表示很愿意上去参与。学生认为游戏好玩不枯燥，如果有自己做错的题，为了在这之后赢得比赛，她会对这道题印象深刻，并降低下次在这道题上犯错的可能性。也有学生认为玩游戏能让自己更加精神，并在不知不觉中把知识掌握好。

ES2：玩游戏的话，好玩是肯定的。如果是我上去玩，错了的话，虽然会被笑话，但是就是错了的那个题，我肯定会记得很清楚，以后这种题目就不会再错了。不是死记硬背，就是在游戏中赢得比赛的方式。

ES1：如果说没有人笑话，肯定想上去参与。

ES3：对，如果自己懂得很多，又很熟练的话就会上去。

ES4：平常上课老师讲得太枯燥，就想睡觉，特别是中午没睡饱，到下午的时候没精神，但是玩着玩着就会有精神，而且就学会了。

对于闯关挑战，学生表示这能够激发起他们的好胜心，因为想要在活动中赢得比赛，所以会更加努力把项目作品做好。

ES2：在游戏中学习，跟别人PK会让自己更有动力，激起好胜心。

ES4：会想把这个设计图做得更好。

对于闯关挑战后的名次，有的学生认为它不是很重要，觉得学习是自己的事；但也有学生认为它很重要，因为它可以作为一个努力学习的动力，帮助达到学习目标。

ES1：不是为了名次，是为了我自己的学习。

ES2：我觉得名次挺好的，因为它也是一个动力，也是你要达到的目标。

访谈的最后，学生们期待能够再次参加这样的活动，并在下一次活动中拿到名次。

ES3：下次如果我再遇见您，您能不能给我换一个组，换一个特别好的组，如果下次您再来的话，让我跟一飞、沈××、唐××还有黑妞一组，我们要得

100 颗星。

ES1：6 个人一组，顺便把我也加进去！

对照组学生参与的是传统 PBL 活动，所以活动中没有上述提到的游戏化设计。有 2 名对照组学生认为在课堂中以做题方式习得比例尺知识不会感到枯燥，因为做题的目的是学习知识。

CS2：就比如说练舞，像下腰，你得天天练，但你练这些，为的就是站在舞台上发光的那一刻，我觉得也是值得的。

CS3：其实我和你差不多，我写书法，书法也是天天练，书法经常被展出来。

访谈最后，一名学生表示希望能在知识学习的过程中增加一些游戏元素，以增加挑战感。

CS1：加一些白板游戏，有判断题或者是填空题，这样可能会给喜欢玩游戏的那些男生增添挑战感。

教师认为 PBL 能够与"游戏化"很好地结合，两者结合有助于提高活动效果。一方面，能够使学生更好地融入活动中，另一方面能够增加活动的吸引力，激发学生的好胜心和集体荣誉感，从而促进学生积极参与。而如果没有游戏化设计的嵌入，学生可能会觉得无论项目任务完成得好与否，结果都是一样的。

师：学生他会把自己带入这个情景里面，像闯关挑战，他就觉得"我"就是游戏里主人了，"我"要掌控这个游戏。角色扮演也是这样的，他们就比较容易让自己进入这个角色里面。

师：学生就觉得要多得一些星，这样就说明他们组比其他组要优秀一点，所以还是有一个促进作用。比如说看别的组得了 10 颗星，我们才 5 颗星，我们就知道自己小组要努力。那没有夺星挑战的话呢，就没有奖励的机制，学生就觉得，反正又没有任何的表示，因为口头鼓励还是没有那颗星那么有吸引力，他们是为了要这样的星，或者说要跟别的组不一样，大家都有荣誉感，如果我们组得的星多，说明我们组就强，大家都好胜，对吧。

师：除了这个就是我们那个 PK 游戏，给他们那样子玩也是一样的。如果是以 PK 的形式则更能促进学生的一种积极性，他们很多人都喜欢参与其中，并且觉得"我"超过他了，"我"是最厉害的，学生总喜欢在游戏中胜出的感觉。

除学习效果外，教师还认为"游戏化"能够促进学生的团队合作意识。

师：个个都想为小组争光嘛，那个夺星，我说回答问题也可以得星，大家就抢着举手，如果你没有星的话，他就觉得，反正举不举手都一样，有夺星的话，人家举手次数多，得了 5 颗星，那有些观望的学生也想举手，想得到一颗星。

教师还提到学生更乐于在游戏中展现自己的能力，而教师则可以对学生在游戏中的表现进行评价。

师：你看一说到玩 PK 游戏，大家争先恐后地要去展示一下，因为我觉得孩子都是很善于自我表现的，他们真的更乐于在游戏中去展现自己的能力。

师：然后从这个游戏中我们也能发现学生学得怎么样，他们的反应能力怎么样，其实也是看得出来的。

此外，教师认为游戏角色也可能会对学生的未来职业规划产生一定影响。

师：如果他把自己替换到这个角色里，他就觉得我是设计师，我肯定要设计得更好一点，更合理一些，更美观大方。甚至还会埋下一颗种子，觉得设计好有意义，有的学生还可能会想，以后我也要学设计。如果不当设计师，那就只是把设计当作一种普通的绘画爱好。

5.3 研究结果

根据 5.2 节讨论与分析的情况，这一节将总结出研究结果，并着重对"游戏化"发挥的作用进行分析。

5.3.1 GPBL 更能促进学习者产出高质量的项目成果

GPBL 和 PBL 活动的项目成果均包括方案设计图、方案计划书及物件清单。分析发现，实验组与对照组都能较好地完成方案设计图的绘制和方案设计书的撰写，且两组在这两个方面的差异都不太大，而差异较大的方面来自物件清单部分。实验组的 4 个团队设计并计算的物件总数比对照组的 4 个团队多出 5 件，在 64 条关于比例尺的数学运算中仅错了 4 条，正确率达到了 93.8%，而对照组的 4 个团队在 54 条运算中则错了 24 条，正确率仅为 55.6%。

在对平面图进行设计和绘制的过程中，通过比例尺相关公式对所设计和绘制的物件进行计算既是核心环节，也是重难点环节。开展该活动的一个重要目的就是要让学生能够运用比例尺知识来解决一个现实问题，从而对学科知识有更深理解。实验组的团队不仅设计出的物件更多，且在计算结果上正确率更高，可以说他们的项目成果经得起推敲。而在对照组的 4 个团队中，有两个团队的计算结果正确率较低，可见他们产出的项目成果质量较低。

5.3.2 GPBL 更能促进学习者对知识与技能的掌握

实验组和对照组学生团队对知识与技能的掌握情况可以分别从他们的项目成果、数学测试成绩、调查问卷以及师生访谈中得知。从对项目成果中的物件清单部分的分析中了解到，实验组计算比例尺的正确率较对照组高。项目成果是学习者知识建构的外在表现（基思，2021），因此从两组的项目成果中可以看出，实验组学生对比例尺知识的理解和运用较对照组学生更好。

通过对两组学生数学测试成绩的分析发现，实验组后测得分比前测高 2.21 分，具有显著性差异，而对照组后测得分仅比前测高 0.16 分，无显著性差异。另外，实验组后测得分比对照组后测分数高 1.34 分，具有显著性差异。这说明实验组学生在 GPBL 活动结束后，对比例尺相关知识的掌握有了显著性提高，而对照组学生在 PBL 活动结束后，对比例尺相关知识的掌握没有得到显著性提高。

另外，从调查问卷结果中了解到，绝大多数来自实验组和对照组的学生均认为活动能够提高他们对比例尺知识的掌握程度（题目 3），感受到比例尺知识在实际生活中的应用（题目 8），发展他们在创造、问题解决、团队合作等方面的高阶思维（题目 6）。然而，值得留意的是，对于题目 9（活动中，我能独立计算出平面图物件的实际长度和宽度），实验组和对照组的结果相似，持肯定回答的人数都相较于题目 3、6、8 少。

最后从访谈结果中得知，来自实验组和对照组的学生都认为通过自己动手操作而不是被动输入的方式能够促进他们对比例尺知识的掌握。同样值得留意的是，实验组学生除提到了这一点外，还提到活动中涉及的游戏能够激发他们的学习兴趣，促进他们更加认真学习并加深对知识的记忆，即活动中的游戏部分也能促进他们对比例尺知识的掌握。从教师访谈结果中得知，教师也同样认为学生不仅能在 GPBL 和 PBL 活动中获得学科知识，还能促进高阶能力、其他技能的提升。

5.3.3 GPBL 更能提高学习者的学习动机

从动机量表结果中得知，实验组学生在第一部分和第二部分中获得的后测得分均高于前测，且具有显著性差异；对照组学生在第一部分和第二部分中获得的后测得分也高于前测，同样具有显著性差异；实验组在第一部分和第二部分的后测得分均高于对照组,且具有显著性差异。以上数据结果说明,实验组和对照组学生在分别参与了 GPBL 和 PBL 活动后,他们的学习动机都得到了显著提高。此外,实验组学生的学习动机水平较对照组学生具有显著提高。

5.3.4 学习者在 GPBL 活动中表现更佳

基于上一小节中对实验组和对照组学生课堂观察的分析,本书在这一节中对两组学生在课堂中的主要表现进行了归纳,见表 5-11。

表 5-11 实验组与对照组学生在课堂中的表现

活动环节	实验组	对照组
确定项目和制订计划	充满兴趣	充满兴趣
知识技能建构	积极参与,勇于尝试,专注认真	逐渐变得被动、倦怠
活动探究	知识运用能力较强,始终保持积极参与的状态	知识运用能力较弱;部分团队成员的参与积极性逐渐下降,团队合作受到较大影响
成果交流	状态佳,全部成员参与	状态佳,部分成员参与
总结评价	领奖时开心、兴奋;教师点评时,成员认真听讲	教师点评时,成员认真听讲

通过归纳发现,实验组与对照组学生在以下活动环节的表现中存在差异。首先,在知识与技能建构环节,实验组学生的积极性和专注度较高,而对照组学生则在课堂上表现被动,并出现倦怠情绪。在活动探究环节,实验组学生对比例尺知识的运用能力较强,在活动中仍保持着较高参与水平;而对照组学生在知识运用能力方面较弱。此外,部分学生参与活动的积极性呈现出逐渐下降的趋势,导致团队合作和活动进度受到较大影响。在成果交流环节,实验组所有学生都参与了对项目成果的展示和讲解,而对照组中有部分学生没有参与对项目成果的展示和讲解。在总结评价环节中,实验组学生在得知比赛结果和上台领奖时,大多数人都感到开心和兴奋。对照组没有比赛和颁奖,学生在该环节中表现得较为平静。

访谈中,一名实验组学生认为活动能够提高自己的注意力,这一点与课堂观察到的一些情况一致。而一名对照组学生提到自己的团队成员不够积极,因此合作不够顺畅，这一点也与课堂观察到的部分情况一致。教师对 GPBL 和 PBL 活动均表示认可，认为相比于传统的课堂教学，它们既能让学生学到学科知识，也能将其运用到实际生活当中。另外，教师还提到在 PBL 中嵌入游戏化设计能提高活动的效果，比如学生在好胜心和荣誉感的驱动下，会更加积极地参与到活动当中，实验组的学生在课堂上会更主动地展现自己的能力。

问卷中的题目 7（相比于传统的数学课堂，我在这次的学习活动中更加积极和主动）和题目 10（我们的团队在活动中非常团结）也能够反映学生在活动中的一部分表现。结果显示，在题目 7 的结果中，实验组有 16 名学生认为非常符合，4 名学生认为比较符合；对照组有 11 名学生认为非常符合，6 名学生认为比较符合。从该数据中可以得知更多实验组的学生觉得自己在活动中的表现比在平时的传统课堂中要更加积极和主动。在题目 10 的结果中，实验组中有 13 名学生认为他们的团队非常团结，有 5 名学生认为他们比较团结；对照组中有 10 名学生认为他们的团队非常团结，有 3 名学生认为他们比较团结，有 7 名学生认为他们不是很团结，还有 1 名学生认为他们非常不团结。从该数据中可以得知大多数实验组学生认为他们的团队在活动中表现团结，而只有约一半的对照组学生认为他们的团队在活动中表现团结。

此外，在自我评价表中关于"优势"的回答，实验组学生回答出 14 种，比对照组多 9 种，另外有 4 名对照组学生没有在这一题中进行作答。从这一题的回答结果可以看出，实验组学生能意识到自己在活动中表现出的多方面优势，说明他们在活动中充分发挥了多方面能力，为团队做出了较大贡献，因此能察觉到自己在活动中的优势；而对照组学生能识别出的优势较少，或无法识别出自己的优势，这说明有一部分学生可能没有在活动中充分发挥出自己的能力。

经上述分析可知，绝大多数实验组学生在活动中始终保持着较为积极的参与状态和投入水平，活动进展相较于对照组学生更加顺利。而部分对照组学生随着活动时间的推移，逐渐暴露出更多精神懈怠、团队合作不佳等问题，导致 PBL 活动未能按照计划的时间稳步推进。

5.3.5 学习者在 GPBL 活动中活动体验更佳

问卷结果显示，大多数实验组和对照组的学生对活动给予了充分肯定，但仍有几名学生对活动的一些方面持否定态度。实验组中持有肯定态度的人次略多，而对照组中持有否定态度的人次较实验组略多。从访谈结果中得知，实验组和对照组学生都认为活动十分有趣，他们认为完成项目活动任务能带来成就感，实验组的学生还提到游戏能够使活动氛围变得轻松、愉快。

然而，学生在自我评价表中也表达了在活动中面临的困难。实验组学生提到的困难主要围绕项目任务本身，而对照组学生不仅提到了项目本身，也提到了团队合作以及个人因素方面的问题。这说明对照组学生在活动中面临的挑战更多。访谈中也发现，对照组学生认为他们的团队面临合作不佳，团队成员参与不积极，部分队员贡献较少等问题，导致活动体验不佳。

学生克服困难的心态可以从自我评价表的"克服困难"回答中得知。对照组中有 7 人填写了"不知道"或者对这题留白，可能是因为这些学生可能在面对这些困难时束手无策，也有可能是因为他们对活动中存在的问题持消极态度。在回答问题的人次上，实验组学生在每一项中都较对照组的回答多，这从某种程度上可以说明，实验组学生更愿意在活动结束后进行反思，体现出他们对活动参与的积极心态。

总体来说，实验组学生和对照组学生都认为完成项目任务能带来成就感。此外，实验组学生还多了"游戏"体验，使得活动体验更丰富，活动氛围更加轻松；在困难及应对方面，对照组学生遇到的困难较实验组来源更广。在面对这些问题时，一些对照组学生表示无能为力，表现出对待困难的消极心态。多重困难及应对无力给对照组学生带来了一些负面的活动体验。

5.3.6 "游戏化"在 GPBL 活动中的作用

通过对调查问卷、课堂观察和访谈等数据分析后发现，"游戏化"在 GPBL 活动中能发挥以下四项功能：游戏化环境作为情境支撑；强化知识与技能的掌握；激发动机，从而促进学习投入；支持社会性发展。这四项功能与第三章火箭机制模型中动力系统的四要素相呼应。

5.3.6.1 情境支撑

活动中涉及的游戏元素形成了一个游戏化环境，该环境用作支撑活动的游戏化项目情境。具体来说，此次 GPBL 活动以现实生活中的问题情境为基础，通过让学生扮演设计师，团队闯关及竞争的方式完成各项项目挑战，在这当中的游戏元素如叙事主题、角色扮演、闯关挑战、竞争等与以设计平面图为核心的一系列项目任务融为一体，为学生提供了一个具有游戏化特征的项目情境。该情境既支持项目探究，也支持活动游戏化。游戏化项目情境是 GPBL 的重要组成部分，因为活动本身就需要通过情境来支持学习者展开 GPBL 活动，以此达到学习目标。

在此次活动中，一些学生会想象自己作为设计师参与其中。如调查问卷第15题（活动中，我会把自己想象成一名设计师，认真思考如何设计学校礼堂）的结果显示，大部分实验组学生（19名）对该题的观点表示认同。在对学生的访谈中，有学生认为当把自己想象成设计师时，感觉更能融入活动中。以上研究结果说明游戏化项目情境确实能赋予学习者代入感，促进他们在情境中完成项目任务。

5.3.6.2 强化知识与技能

为了让学生将比例尺知识更好地运用到活动探究当中，研究者在探究阶段开始前安排了知识与技能建构环节。该环节采用电子游戏的方式进行，两名学生可以在游戏中进行同步PK，PK中的题目均为判断题，题目内容涉及比例尺的相关概念和简单运算，每道题有10秒钟的思考时间。在学生对一道题做出判断后，游戏界面就会给予相应的反馈，即正误与否。

通过访谈学生的活动体验后得知，实验组学生认为"游戏化"体验活动氛围更加轻松。此外，通过课堂观察，实验组学生在知识与技能建构阶段较对照组更加积极主动，这样的效果主要是由PK游戏带来的。

5.3.6.3 激发动机

教师在访谈中提到，游戏环境能支持学生发挥能力，促进学生在项目活动中有出色表现，因为学生更乐于在游戏中展现自我。这与课堂观察结果一致：当得知正确回答老师的问题可以为团队赢得"星星"时，学生在课堂上争相举手，并认真回答老师提出的问题；再比如在交互白板PK游戏开始之前，学生亦十分希望自己能够上台来玩游戏；在探究过程中绝大多数学生都积极参与讨论、完成项目任务等。

经分析发现，活动之所以能带来积极结果，主要是因为学生认为活动趣味性较高，能够激发他们的动机。特别是在"竞争"和"挑战"元素的驱动下，学习活动变成了趣味挑战，促使学习兴趣被激发，也唤起了好胜心和荣誉感。为"赢得游戏"，他们提高了对活动的注意力和学习投入。比如调查问卷中第12、13题（12. 我很想玩交互白板中的2人PK游戏；13. 交互白板里的PK游戏结束后，我会认真听教师讲解游戏里涉及的每一题）的结果显示，大部分学生对上述两道题的回答持肯定态度。

学习者在问卷中的态度结果在访谈中得到了解释：学生认为交互白板中的

PK 游戏和活动中的"闯关挑战"十分有趣,他们希望自己的团队能够在游戏中胜出。在好胜心的驱使下,他们积极参与活动,尽可能把项目任务完成好,在这个过程中,形成对知识概念的理解和记忆。

从对教师的访谈得知,教师同样认为这些游戏设计能够吸引学生的注意力,激发学生的好胜心和荣誉感,从而积极投入到活动当中。

5.3.6.4 发展社会性

在 GPBL 活动中,游戏化对学生社会性发展的促进主要体现在团队合作能力的提高和对社会角色的理解上。根据观察、访谈和问卷(题目 10)的结果得知,实验组学生团队为了能够在"闯关挑战"中胜出,在活动中始终保持较高的参与水平,与团队成员始终保持高频互动与讨论,合作过程更为顺畅,团队中存在的问题较少;而在对照组团队中,则有较多团队成员在活动中存在参与不积极,对团队贡献较少,纪律散漫,不团结等问题。团队合作能力表现为团队成员需要对各自提出的观点和存在的问题,以交互、讨论、沟通方式来达成一致(Daft and Weick,1984;Roschelle,1992)。此外,也包括团队成员之间分工合作、分享任务的过程、经验等。在合作过程中,团队成员不断建构意义,认识到他人会有与自己不同的看法,并能学会解决人际的问题和冲突。总的来说,实验组团队成员的团队合作能力更强,因为他们在活动中始终保持密切交流,并愿意分工合作贡献出自己的力量。

"游戏化"是如何促进团队成员合作能力提高的呢?这可能是由于游戏目标使得各团队产生了结果依赖性、任务凝聚力和团队潜能。结果依赖性是指团队成员的个人利益与付出在一定程度上依赖于其他成员目标的成功实现。在结果依赖的环境下,团队成员更关心每一个人的结果,也更愿意寻找解决办法(Deutsch,1980;Johnson and Johnson,1989)。在对实验组团队成员的访谈中了解到,各团队成员对"游戏获胜"这个目标有着较高期待,而这个目标需要依靠所有团队成员共同的努力和贡献才能实现,单靠一个人的力量是十分薄弱的。在这样的环境下,团队成员之间形成了一种依赖,这种依赖建立在要共同实现游戏目标的基础之上。结果依赖使得团队成员在活动中的交互更加密切,因为他们知道要赢得比赛,需要依靠每位成员做出贡献。任务凝聚力是凝聚力中的一个维度,是留存在团队成员之间并作用于他们的力的合成(Festinger,1950)。团队成员在对游戏目标达成的共同承诺中促进了任务凝聚力的产生,从而支撑他们在活动中积极参与。

在对社会角色的理解上,实验组一名学生在访谈中提到自己在活动中会将自己想象成设计师，因为这会让她联想到自己父亲的职业与"设计师"职业有一些相似之处，所以她对"设计师"这份职业有更深的理解。可见，角色扮演元素为学生提供了一个想象空间，它能够让学生联想到自己在现实世界中接触到的社会角色，从而更容易将角色代入到活动当中，亲自去体验角色的社会职责。在对角色形成深刻理解的同时，也建构了对社会生活的理解。

5.4　讨论

5.4.1　GPBL 的成效

当前关于 PBL 在数学学科中的应用效果还缺乏比较有力的证据，不过也有一些研究证实了数学 PBL 能够帮助学习者提高数学知识水平，特别是贴近现实生活的数学知识，如几何、统计与概率（Hudson，2010）等，因为它们更有可能帮助学习者对数学概念产生更深刻的理解（Boaler，1998）。在准实验中实施的 GPBL 和 PBL 活动涉及比例尺相关知识，该知识点在现实生活中较为常见。调查问卷第 8 题结果显示，绝大多数学生都认为活动能让他们感受到比例尺知识在实际生活中的运用，这也许也是促使实验组和对照组学习者们数学测试成绩都得到提升的重要原因。

此外，准实验研究结果表明，与 PBL 相比，GPBL 在项目成果、知识与技能的掌握、学习动机、活动表现和活动体验方面都有更好的成效。这说明游戏化学习与 PBL 经过整合后，能够获得优于 PBL 的结果。根据 GPBL 机制模型，"游戏化"能为 PBL 提供动力源，并保留了"游戏化"与"项目式"两种方式所带来的优势，从而能提高活动的整体效能。

游戏化学习的突出贡献是它能创设出游戏化环境，学习者在这样的环境中感到愉悦，于是激发其学习兴趣、动机等，从而促进学习者主动学习。在这个过程中学习者的知识和技能、社会性、核心素养等方面得到提高。该研究结果与以往的一些研究结果类似。例如，在 2003 年美国的游戏化学习研究项目（Mind Research Institute ST Math）中，参与该项目的亚利桑那州学生的数学测试合格率提升了 6.9%，而未参与项目的控制组学生仅提升了 3.6%；美国"Quest to Learn"是一所将游戏机制融入学校教学的学校，研究发现，这所学校的学生具有较强的核心素养，如批判思维、创造力、问题解决能力等（张露和朱秋庭，2016）。此外，刘焱（2004）认为从学习者在游戏中的表现可以预测儿童往后的思维与创造力发展。

在准实验研究中，除学习成效外，通过观察发现，绝大多数学习者在 GPBL 活动中始终保持着愉快、兴奋的情绪。这说明游戏化学习能为学习者带来积极的情绪体验。在哈佛大学零点计划（PZ）、丹麦比隆国际学校（ISB）与乐高基金会合作的游戏化学习项目（pedagogy of play research）中，研究者认为可以用愉悦（delight）、惊奇（wonder）和主动选择（choice）来衡量学习者在活动中的心理状态和行为（夏雪梅，2018）。其中，愉悦和惊奇是学习者的情绪表现。可见游戏化学习对学习者的情绪调动也起着十分重要的作用。这启示活动设计者在规划活动时，也要关注"游戏化"对学习者情绪的影响。

5.4.2 游戏、游戏元素的应用

GPBL 活动中涉及的游戏、游戏元素主要包括嵌入完整的电子游戏、叙事主题与角色扮演，以及竞争与挑战，它们都在活动中发挥着各自不同的作用。接下来将对它们做进一步探讨。

5.4.2.1 完整的电子游戏

从当前有关电子类教育游戏的研究来看，已经有许多研究者设计并开发出了针对不同学科领域知识的游戏。教育游戏内的学习支持嵌入到游戏中，目的在于增强对特定领域知识的学习，学习支持应与游戏进程保持一致，并受游戏规则的约束（Ke，2016）。比如 *Quest Atlantis* 是一款运行多年的网络教育游戏，由印第安纳大学（Indiana University）教育学院的 Sasha Barab 教授等人设计和开发，它支持学习者沉浸在内容丰富的游戏空间中，以探索的方式来学习。故事的背景发生在坦桑尼亚，根据真实问题改编，游戏的任务设计与课程内容紧密结合，建立了"探索""使命"和"单元"三种层级的任务体系（马红亮，2015）。这样的游戏化探究式学习环境能为学习者带来极佳体验，但设计和开发这类电子游戏，对授课教师们来说是个不小的挑战。

目前我国大部分中小学已经完成了智慧教室的建设。智慧教室所包含的交互式电子白板替代了传统的黑板。它除了具备传统黑板的书写功能外，还具有板书、调用资源、模板化、程式化等独特功能（陈卫东等，2011）。有了智慧教室作为技术支撑，授课教师仅花 1 分钟就能够在课件中轻松设计和开发出一款简单有趣的电子游戏。在本书中，研究者正是利用了交互式电子白板中的游戏设计功能，开发出了电子游戏。尽管设计这类电子游戏无论在情节、内容等方面都不如上述提到的 *Quest Atlantis* 游戏这般宏大和复杂，但是它对于授课教师们来说却可以很容易掌握。技术的变革正渐渐为传统课堂注入新鲜血液，也促进了电子类教育游戏在课堂中的常态化应用。

通过玩电子游戏的方式强化学生对知识与技能的掌握，可以用强化理论进行解释。强化理论认为，如果一个行为跟随的是令人满意的结果，那么日后这个动作出现的可能性就会增加；而如果出现的是令人不太满意的结果，那么日后这个动作出现的可能性就会减少（Thorndike，1911）。活动中一名学习者的话印证了游戏的强化效果，他提到如果自己在 PK 游戏中做错了题，就会对这道题印象深刻，那么在下一次游戏中一定不会再犯这个错误。另外，学习者可以在游戏中对同一知识点进行刻意练习，如对比例尺公式进行运用。刻意练习也是一种重要的学习支持方式，它对于学习者积极发展复杂和综合的心理图示并真正认识到数学起作用的特定模式是必不可少的（Lehtinen 等，2017）。

不过值得注意的是，这类 PK 游戏的作用比较有限，不能对所有的知识与技能进行强化，它可能更适合于在游戏中嵌入，无须使用到太多逻辑思维和复杂运算的事实性知识。此外，强化理论对于学习的作用也是有限的，因为学习这件事不仅仅是行为与结果的联结这么简单（Mayer，2009）。

5.4.2.2 叙事主题、角色扮演元素

"叙事主题"元素提供了该情境的主题内容，其他的游戏化元素如"角色扮演""挑战""竞争"等，都要以"叙事主题"作为框架展开，共同形成游戏化项目情境。一些研究表明，游戏元素中的"叙事主题"在学习活动中能够提高学习者对知识的掌握和活动表现（Cordova and Lepper，1996；Adams 等，2012）。只要当它与教学目标直接相关时，它就能够将学习者引向对学习内容的思考（理查德，2019），从而促进学习者在认知上的发展。

在本书第 4 章，研究者经过两轮迭代设计，最终设计出了具有较高实操性的 GPBL 活动。活动的叙事主题是学校的礼堂需要进行修缮，学校拟聘请设计师对学校礼堂进行重新设计。该主题创设了一个真实问题情境，提供给学生的数据资料如礼堂的长、宽，礼堂当前的现状等也都是真实的。学生对学校礼堂并不陌生，可以说该主题的创设在一定程度上能够唤醒学生对礼堂已有的感知，促进学生将旧有认知与新获得的认知（如礼堂的长、宽）产生联结，从而形成意义建构。

尽管该主题能够唤醒学生的已有认知，但赋予学生的社会角色（角色扮演元素）似乎不太能让大多数学生产生共鸣。访谈过程中，有两名学生认为自己

在活动中没有获得"设计师"体验，另外两名学生则认为有。赋予学习者一个社会角色是重要的，因为这不仅能增强他们的代入感，也能促进他们发挥角色想象，对社会角色的职能形成意义建构，从而加深对情境和项目任务的理解，并在活动中按照社会角色的职能承担相应责任，即像专家一样思考和解决问题。因此在设计活动的叙事主题和角色时，既要考虑两者在内容上的一致性，也要考虑它们是否超出了学生的认知水平。

5.4.2.3 竞争元素

在 GPBL 活动中，"竞争"元素让项目活动变成了一场趣味游戏，从而激发出学习者的活动参与动机。那为什么竞争能够激发出学习者的动机呢？根据访谈得知，一方面是学生觉得活动有趣，另一方面是如果团队获胜了，他们的好胜心和荣誉感就能得到满足。

"竞争"元素一直被认为能够有效地激励学习者，促进他们生成认知加工。因为在面对竞争时，他们往往会变得更加努力，以此赢得游戏或比赛。然而，如果学习者将注意力集中在竞争活动本身，而不是学习内容上，竞争可能会引发与学习无关的认知负荷（Richard，2019）。在 GPBL 活动中，学生认为他们会高度关注到竞争活动下的学习，即将注意力集中在知识学习上。

Deleeuw 和 Mayer（2011）认为"竞争"对学习者的影响主要取决于他们认为这是挑战还是威胁。调查问卷第 14 题（我不想以团队比赛的方式完成项目任务，比赛会让我感到不安）结果显示，绝大多数学生对这道题的回答持否定态度。这表明实验组学生对活动中的"竞争"并不排斥，这项活动对他们来说更像是一项挑战而不是威胁。

第 6 章　总结与未来展望

本书是对 GPBL 从理论到实践的一次系统性探索，书中综合采用多种研究方法，旨在探究 GPBL 的内涵、机制、设计、实施及其成效，为研究者和学校教师揭示采用游戏化方式推进 PBL 的内在原理和实践的可行性。本章为最后一个章节，主要对研究进行总结，并分析本书的研究创新点与价值、研究局限，以及未来展望。

6.1　研究总结

当下我国正经历以核心素养为导向的教育改革，在新课标的指导下，越来越多教育研究者和学校教师开始积极探索 PBL 模式在不同学习场景下的应用。由于 PBL 高度依赖学习者的自主性，教师只扮演指导者、管理者的角色，因此师生会面临许多在传统讲授式课堂中没有遇到过的问题（比如学习者缺乏动机），导致活动难以顺利推进。本书认为可以将"游戏化"嵌入 PBL 中形成 GPBL 模式，这样做能够有效减少问题的产生，从而推动 PBL 模式在学校教学中的应用，进而促进教育改革的全面落实。然而，在检索相关研究时发现涉及 GPBL 主题的文献较为匮乏，说明目前针对 GPBL 的研究还处于萌芽阶段。因此，从理论和实践的角度对 GPBL 进行系统性的研究能够为 GPBL 今后的持续发展奠定基础，具有十分重要的意义。

基于此，本书针对 GPBL 这一主题展开了一系列相关研究，最终得出以下七点结论。其中，第三、第四点是对研究问题一的回应，第六点是对研究问题二的回应，第七点是对研究问题三的回应。

第一，明确了 GPBL 的概念及特征。本书通过梳理 PBL、游戏化学习的概念和特征，确定了 GPBL 的概念——GPBL 是指将"游戏化"运用到 PBL 中的一种学习模式。此外，本书通过内容分析方法，对 GPBL 相关文献进行梳理，并根据"游戏化"的程度，将 GPBL 分为四种应用模式：使用轻游戏化为 PBL 披上游戏的外衣；使用深度游戏化重塑 PBL 的内核；将完整的游戏植入 PBL 中；将游戏开发作为 PBL 活动的主要任务。

第二，构建了 GPBL 运作机制模型。本书从几个经典传统理论出发，构建出 GPBL 机制模型，也称为火箭机制模型。该模型与真正的火箭结构相似，包含动力系统、结构系统和控制系统。控制系统中包含"游戏化"发挥的四个功能，分别是游戏化环境、动机、强化及社会性。这些功能能够推动结构系统中的探究活动，并使活动中的学习共同体发展情境认知、知识与技能的强化，以及社会建构，从而实现项目成果的产出、核心素养的培养，以及知识与技能的习得三大学习目标。该模型能够解释 GPBL 模式的内部运作方式，即揭示出"游戏化"如何与 PBL 相结合，以及学习者如何在活动中达到学习目标。

第三，构建了 GPBL 设计与实施框架。本书在 GPBL 机制模型的基础上，通过结合当前已有的 PBL 实践模型，构建了 GPBL 设计与实施框架。GPBL 设计与实施框架呈现出一个完整且系统的活动设计流程，从对学习者、学科知识、学习目标等方面的分析，到对活动的流程规划、活动管理、学习评价等方面的设计，活动设计者通过它就能够对如何设计和实施 GPBL 活动形成全面感知。

第四，总结出 GPBL 设计原则与策略。在对 GPBL 有了深入理解后，本书总结出四个设计原则和十个设计策略（见表 6-1）；设计原则和策略则能帮助设计者在设计活动时打开设计思路、提供设计方法、留意设计要点等，从而帮助设计者高质量完成 GPBL 活动方案的设计。

表 6-1　GPBL 设计原则和策略

原则一	全方位融合"游戏化"与 PBL	策略一	寻找适合的"游戏化"嵌入方式
		策略二	用游戏化方式管理活动
		策略三	用游戏化方式评价学习表现及学习目标达成情况
原则二	用真实问题牵引活动，"游戏化"助情境延展	策略一	设计激发学习者探究欲的真实问题
		策略二	利用"游戏化"超越现实情境
		策略三	借助电子游戏搭建情境

续表 6-1

原则三	为自主探究搭建游戏化支架	策略一	用"游戏化"搭建团队合作支架
		策略二	用"游戏化"搭建认知支架
原则四	借助数字技术提高活动效能,赋能成果创新	策略一	利用课程管理平台优化活动指导
		策略二	使用技术工具探究及创新

第五,一方面完成了一项 GPBL 活动的两轮实施迭代,从而形成了具有高操作性的教学设计方案,推动教育创新;另一方面则能基于设计与实施经验对已有的 GPBL 设计与实施框架做进一步优化。

第六,探究了 GPBL 的学习成效。准实验研究结果表明,相比于传统的 PBL,GPBL 能够带来更加显著的学习成效。首先,GPBL 能够让学习者产出更高质量的项目成果,这主要体现在成果中具体物件的运算正确率上;其次,GPBL 更能促进学习者对知识与技能的掌握,包括对知识与技能的记忆、理解、运用;再次,GPBL 更能激发学习者的学习动机,促进学习者积极投入活动当中;又次,GPBL 能促进学习者在活动中有更好的表现,比如他们在活动中充满兴趣、积极参与、勇于尝试、专注认真,运用学科知识解决问题的能力也较强;最后,GPBL 能够带给学习者更好的学习体验,如使学习者认为活动轻松有趣,团队合作顺畅,面对困难时心态积极等。

第七,探究了"游戏化"在 GPBL 活动中的作用。GPBL 与传统 PBL 的不同在于它将"游戏化"嵌入活动当中,并在活动中发挥了重要作用。首先,它可以作为活动的情境支撑,赋予学习者代入感,感受活动的沉浸式体验。其次,它的反馈功能可以起到强化学习者对知识与技能掌握的作用,因为它可以让学习者的动作与反馈形成联结。不过,强化作用对于不需要复杂逻辑和运算来解决的事实性知识比较有效。再次,它能激发动机,提高学习者在活动中的参与度。最后,它能支持学习者的社会性发展,包括团队合作能力的提高和对社会角色的理解。

6.2 研究创新点与价值

尽管当前已有研究者探究游戏化学习与 PBL 的融合方式及效果,但目前未有对该学习模式进行定义,也未对该模式的特点和运作方式进行深入分析。此外，探究的方向往往只是针对一种游戏化学习方式与 PBL 的融合来进行理论构建、教学设计、效果评估等，不具有较大范围的可迁移性。总的来说，研究者们对 GPBL 的内涵、理论、研究方法尚未形成体系和共识。本书通过一系列系统性的研究，旨在探寻 GPBL 的本质。同时，将 GPBL 发展为一种独具特色的学习模式，便于后续对其展开更为深入的研究。可以说，这一次的探索为 GPBL 领域的发展奠定了良好的基础。本书的创新主要表现在以下两个方面。

一是对 GPBL 进行了一次系统性的探索，明晰了 GPBL 的本质。①基于游戏化学习与 PBL 的定义，对 GPBL 进行了概念界定，明确了 GPBL 新型学习模式。②采用内容分析法对近五年的 GPBL 文献进行梳理，归纳出 GPBL 的四种应用模式的特点。③根据游戏化学习和 PBL 的核心理论，构建了 GPBL 机制模型。该模型能够解释 GPBL 是如何运作的。④根据机制模型以及 PBL 的活动流程方式，经过多次迭代后，形成了 GPBL 设计与实施框架。该框架对 GPBL 活动环节的设计具有指导作用。⑤根据 GPBL 相关理论、GPBL 案例分析及对 GPBL 活动的迭代设计，获得了充分的设计经验，进而形成了一套完整的 GPBL 设计原则与策略。⑥对基于理论进行设计和迭代的 GPBL 活动进行准实验研究，旨在对它的学习成效以及对"游戏化"在 GPBL 中发挥的作用进行评估与分析，为我国乃至国际的 GPBL 研究与设计提供了借鉴。

二是综合使用多种研究方法，打破理论研究与实践研究的边界，让两者之间不断产生互动，以螺旋上升的方式逐步深入完善理论的构建、修正实践活动、评价和分析实践成效。①本书采用了案例研究、基于设计的研究以及准实验研究作为主要的研究方法，突破了大多数 GPBL 研究方法单一的局面。②对 GPBL 理论和实践的研究贯穿于这三个研究方法当中。采用案例研究方法一方面探究了 GPBL 的实施方式，另一方面对 CPBL 理论进行了完善；采用基于设计的研究一方面对 GPBL 活动设计进行了多次迭代，另一方面也对 GPBL 理论进行了补充和完善，起着承上启下的作用。采用准实验研究则是基于最终的活动设计，检验 GPBL 在实践中的学习成效及分析"游戏化"的作用。

6.3 研究局限

由于受研究时间、条件、精力所限，本书在以下四个方面存在可改进的空间：第一，在基于设计的研究和准实验研究中，只对小学六年级数学学科进行了 GPBL 活动设计和实施，未对其他学科、学段进行设计和实验；第二，研究未能开展大规模实验；第三，研究未从神经机制层面更进一步探索 GPBL；第四，研究对"游戏化"在 PBL 中发挥的作用进行了归纳，但未对这四个作用之间的关系进行进一步探究。

6.4 未来展望

本书通过理论和实践视角，对 GPBL 进行了系统性探究，最终构建了 GPBL 机制模型、GPBL 设计与实施框架；提出了 GPBL 的设计原则和策略；检验了 GPBL 的学习成效；分析了"游戏化"在该 GPBL 活动实施中发挥的具体作用。从探究的结果来看，GPBL 继承了游戏化学习和 PBL 这两个方面的优势，具有较大发展潜力，相信这种独特的学习模式能够为教育改革贡献出一份重要的力量。在未来的研究中，期待 GPBL 能在以下几个方面得以继续发展。

第一，可进一步扩大 GPBL 的实践范围。新课标中强调的核心素养贯穿于小学到高中学段，因此十分有必要让学习者在中小学阶段就参与 GPBL 活动。鉴于 GPBL 的研究处于萌芽阶段，我国的中小学乃至大学教师对 GPBL 缺乏深刻认识，这就需要研究者与他们保持长期的合作关系，在不同学科、学段中开展 GPBL 多轮迭代实践，一方面能够让研究者积累更多的案例资料，获得更多学习成效上的证据，从而不断建构和完善相关的理论；另一方面能够支持学校教师开展 GPBL 活动，从而形成对 GPBL 的深刻理解，进而推动 GPBL 常态化教学，让更多学生受益。

第二，尝试将 GPBL 运用于其他的实践场景当中。除在课堂中开展 GPBL 外，也可将 GPBL 应用于一些非正式学习环境当中，利用夏令营、研学活动等课外的时间和校外资源开展与活动主题相关的活动。比如此次的活动目的地是去参观古动物博物馆，那么教师可以与博物馆的工作人员合作，利用场馆的资源开展 GPBL 活动，这样也许就能让学习者化被动参观为主动参与，不再是走马观花式的"到此一游"。此外，随着远程教育的不断深入，在线协作工具的易用性越来越强，未来还可以探究将 GPBL 与线上学习进行结合，一方面让 GPBL 的实施更加灵活，另一方面也让线上学习的体验更加丰富。

第三，围绕课程标准，建立科学的 GPBL 评价体系，使其与教育改革方向一致。目前还未出现针对 GPBL 的评价体系，评价体系一方面可为教师组织

GPBL 提供活动方向，并用于检验教学目标是否达成；另一方面评价结果可为学习者提供高质量的评价反馈，从而帮助学习者更清晰地了解并反思自己的学习行为及结果。

第四，从神经机制视角深度诠释 GPBL 的学习过程，从而理解 GPBL 的本质，如学习效果的产生机制在大脑中是如何进行的，为教学设计提供更科学的依据和方法，最终提高学习成效。此外，神经机制的研究还有助于理解 GPBL 与其他学习方式的差异，以及不同人群在学习过程中的表现。在从神经机制的视角进行探究的过程中，需要依据大量教育神经科学方面的研究成果。

第五，厘清 GPBL 动力系统中四种游戏化动力成分之间的关系。这些动力成分之间可能存在着相互作用的关系，通过研究它们之间的关系，能够恰当地运用这些成分进行活动设计，从而提高学习者的活动参与度，达到更好的活动效果。

附　　录

附录 A　35 项研究内容编码表

研究编号	主要作者（年份）	国家	数据收集	研究方法	数据来源	研究样本量	实施情境	学段	学习结果	应用模式
1	Callaghan et al.（2016）	澳大利亚	混合	3	观察、问卷、文本（对话记录）、项目制品	168	课外	中学	A,E	3
2	Gabriele et al.（2017）	意大利	定量	1	测试、问卷	136	课内	大学	E	3
3	Díaz-Lauzurica et al.（2019）	西班牙	质性	3	观察、访谈、文本（师生活动日记）	8	课内	中学	A,B,E,F	3
4	Ke et al.（2019）	中国	混合	4	测试、访谈、观察	10	课外	中学	C,D,E,F	3
5①	Ke et al.（2019）	中国	混合	4	测试、访谈、观察	10	课外	中学	C,D,E,F	3
6	Hewett et al.（2020）	美国	质性	3	观察、访谈、项目制品	13	课外	中学	A,C	3
7	Punia et al.（2020）	印度	定量	2	问卷、项目制品	240	课内	大学	B	3

① 本表中的研究编号 4 与 5 是两项不同的实证研究。

续附录 A

研究编号	主要作者（年份）	国家	数据收集	研究方法	数据来源	研究样本量	实施情境	学段	学习结果	应用模式
8	Wang（2020）	中国	混合	2	测试、问卷、访谈、项目制品	186	课内	小学	D,E,F	3
9	Kapralos et al.（2015）	加拿大	混合	3	问卷、访谈	40	课内	大学	E	4
10	Gestwicki et al.（2016）	美国	质性	3	访谈、观察、文本（学生工作文稿）、项目制品	—	课外	大学	—	4
11	Prigmore et al.（2016）	英国	质性	3	访谈	3	课外	大学	—	4
12	Baran et al.（2018）	土耳其	混合	2	测试、问卷、访谈	34	课内	中学	D,E	4
13	Costa et al.（2018）	葡萄牙	混合	3	问卷	58	课内	中小学	B	4
14	Topalli et al.（2018）	土耳其	定量	2	测试、自我评估	395	课内	大学	D	4
15	Arnab et al.（2019）	英国	质性	3	问卷、观察、文本（反思报告）	122	课内	大学	A,E	4
16	Gaeta et al.（2019）	西班牙、奥地利、英国	定量	4	量表	308	课内	中小学	A,B,E	4
17	Romero et al.（2019）	马来西亚	混合	3	量表	18	课内	大学	—	4
18	Engström et al.（2020）	瑞典、丹麦、中国	混合	2	观察、问卷、项目制品	34	课内	大学	—	4
19	Osman et al.（2020）	马来西亚	定量	2	测试、问卷、访谈	138	课内	中学	A,C,D	4

续附录 A

研究编号	主要作者（年份）	国家	数据收集	研究方法	数据来源	研究样本量	实施情境	学段	学习结果	应用模式
20	Francese et al. (2015)	意大利	混合	3	问卷、观察、文本（活动日志）	55	课内	大学	B,E	1
21	Warin et al. (2015)	法国	混合	4	问卷、访谈、观察、文本（学习报告）	41	课内	大学	C,E	2
22	de-Juan et al. (2016)	西班牙	混合	1	测试、问卷	27	课内	大学	D,E	1
23	Wu et al. (2016)	美国	混合	3	问卷、观察、访谈	8	课内	大学	A,D,E,F	2
24	Chua et al. (2017)	马来西亚	定量	3	问卷	105	课内	大学	A,C,E,F	1
25	Shih et al. (2017)	中国	混合	3	量表、问卷、观察访谈	20	课外	小学	A,D,E	1,2
26	Gelonch-Bosch et al. (2019)	西班牙	混合	3	观察、问卷	—	课内	大学	E	1
27	Mantawy et al. (2019)	美国	混合	3	问卷、项目制品	12	课内	大学	A,C,E	1
28	Isabelle (2020)	加拿大	混合	1	观察、问卷、项目制品	269	课内	大学	A,C,D,E,F	1
29	Yoon et al. (2015)	韩国	混合	1	问卷、项目制品	13	课内	大学	A,D,E	1,3
30	Altanis et al. (2018)	希腊	混合	1	问卷、观察	22	课内	中学	B,C,E	3,4
31	Fuster-Guilló et al. (2019)	西班牙	定量	3	问卷、观察、项目制品	140	课内	大学	B,E	1,3

续附录 A

研究编号	主要作者（年份）	国家	数据收集	研究方法	数据来源	研究样本量	实施情境	学段	学习结果	应用模式
32	Rajkovic et al.（2019）	塞尔维亚	质性	4	（焦点小组）访谈、项目制品	58	课内	大学	A,F	3,4
33	Rodríguez-Oroz et al.（2019）	智利	定量	4	测试、问卷	16	课内	大学	D,E	3,4
34	Alden et al.（2020）	意大利	混合	4	观察、访谈、问卷	10	课内	小学	B,E	3,4
35	Hernández Gándara et al.（2020）	西班牙	混合	4	问卷、观察、访谈、文本（师生评价）	44	课内	大学	E	2,4

研究方法

1——单组前后测对照试验

2——对比实验

3——案例研究

4——基于设计的研究

学习结果

A——学习与创新技能

B——信息媒体与技术技能

C——生活与职业技能

D——学科知识与成绩

E——学习体验和动机

F——元认知与自主学习能力

应用模式

1——使用轻度游戏化为 PBL 披上游戏的外衣

2——使用深度游戏化重塑 PBL 的内核

3——将完整的游戏植入 PBL 中

4——将游戏开发作为 PBL 活动的主要任务

附录 B　最初设计

"理想校园"改造大赛			
学科：数学	教材版本：北师大版	年级：六年级	项目时长：3 课时
项目说明	本项目的主要活动是让学生扮演一家设计公司的建筑/景观/室内设计师，以团队为单位，自主设计一个能够让校园环境和校园生活变得更加美好的改造方案，争取获得学校教师的支持。该项目一方面能够让学生在经历设计方案、动手实践、交流反思等活动过程中，综合运用图形位置、形状、比例、比例尺、数据收集等知识，从而加深对数学知识和相关技能的掌握；另一方面，能够让学生在实践中以专家视角体验数学与生活的密切联系，从而提高学习兴趣		
学习者分析	参与此次 GPBL 活动的是小学六年级的学生。他们已经掌握了测量（二年级下册）、方向与位置（四年级上册）、形状（四年级下册）、形状面积（五年级上册）、确定位置（五年级下册）、分数（五年级上册、下册）、比的认识（六年级上册）、比例的认识和应用（六年级下册）等与学习活动相关的知识。最近，他们刚学了六年级下册中关于比例尺的知识点。此外，大多数学生在学校里度过了五年多的学习时光，他们对校园里的一草一木已经十分熟悉，这份熟悉感可以勾起学生对校园角落丰富的回忆，促使设计方案不仅更具有现实意义，也更加贴合学生需求		
学科知识	●比例尺的概念：图上距离与实际距离的比叫比例尺。 ●比例尺的分类及转化：线段比例尺和数值比例尺。 ●比例尺的应用：比例尺＝图上距离/实际距离		
学习目标	●知识 1. 能够判断物体的方向与位置； 2. 能够对物体进行测量并使用正确的长度单位； 3. 能识别常见的平面图形； 4. 能正确说出比例尺所表示的具体意义； 5. 能将线段比例尺改成数值比例尺； 6. 能根据比例尺计算出实际物体在绘图纸上的大小。 ●技能 1. 确定主要建筑和活动场地； 2. 绘制校园围墙的边界；		

续附录 B

学习目标		3. 各建筑和活动场地的平面大小和形状、各建筑间的距离及在校园内的分布情况； 4. 算出比例尺； 5. 根据比例尺确定各建筑和活动场地在平面图上的大小、形状； 6. 绘制出各建筑和活动场地在平面图上的位置，添加图名； 7. 在平面图上绘制出校园改造方案； 8. 展示并交流设计方案。 ●核心素养 学生通过对平面图中物件的测量，从而提高数感；通过运用比例尺知识计算平面图中物件的实际距离，从而提高运算能力。通过运用几何知识设计各个物件，从而提高学生的量感和对空间概念的理解能力。此外，让学生在真实情境中解决问题，有助于学生将所学的数学知识同现实生活联系起来，不仅能提升学生的应用意识，同时通过实践和探索，还能够让学生对数学知识产生好奇心和求知欲，从而提高学习积极性。 ●项目成果 1. 能制作出具有特色的校园改造方案设计图； 2. 能完成校园改造方案计划书
驱动问题		如何对校园内的建筑或活动场地进行改造
项目规划	确定项目	1. 创设情境； 2. 提出驱动问题； 3. 了解平面图
	制订计划	1. 发布任务； 2. 组队及分工
	知识与技能建构	回顾比例尺知识
	活动探究	1. 组织学生合作探究及完成作品； 2. 设定任务期限； 3. 分发及讲解实物工具
	作品制作	1. 组织学生团队自主制作作品； 2. 教师在此过程中提供反馈和指导
	成果交流	安排展示交流活动

续附录 B

项目规划	总结评价	评价结果	1. 授课教师评分（15分）； 2. 教师评分（非授课教师）（85分）； 3. 组织学生进行自我评价和组内互评
		评选	计算评分并宣布最佳方案
		总结	1. 教师总结此次活动； 2. 组织学生反思
	资源环境		授课工具：电子白板、实物与方案示例图、课件 文本工具：校园改造设计方案模板、学习日志模板、学生自我评价表、学生互评表、项目方案评价表 测绘工具：卷尺、A3纸板 激励工具：奖状
项目管理	教师制订【校园设计方案项目管理表】（具体内容见下方），并借助项目管理表记录过程性及终结性成果；在每节课提醒学生下一步进度、设定任务完成期限；给予学生必要的反馈；关注活动进展等。 校园设计方案项目管理表 组别： 分数： （总分：15）			

得分点	得分
任务4	
按时完成任务4	
任务5	
按时完成学习日志	
按时完成项目计划书	
按时完成方案设计图	
任务6	
团队成员参与成果展示（成果包括项目计划书和方案设计图）	

学习评价	项目成果评价	设计方案评价（项目书和方案设计图）
	过程评价	学习日志、学生自我评价、组内互评

续附录 B

项目流程	教师活动	学生活动	用时
确定项目	创设情境 师：今年暑假学校老师们考虑对校园实施新一轮的改造，旨在为大家提供更加美好的校园环境和校园生活。现准备选择一家设计公司为学校设计改造方案。假如你现在是某设计公司的一名建筑设计师/景观设计师/室内设计师，你要与你的同伴们（组员）以独特的设计眼光，一同观察校园建筑设施或活动场地中存在的不足，并提出改善方案。获得最高分数的方案将有机会成为暑假校园改造的实施方案。 提出驱动问题：如何做出一份能够打动学校老师的校园改造方案设计图呢？ 了解平面图：请同学们思考一下，平面图是以怎样的方式呈现出实物图的（由此引出比例尺知识点）	感知项目挑战：学生在情境中初步感知项目主题，了解要应对的项目挑战。 举手回答老师提出的问题	10 分钟 （课时 1）
制订计划	发布任务： 1. 大致绘出校园内主要建筑、活动场地的大小及方位（草图）； 2. 实地测量学校主要建筑、活动场地的大小和位置； 3. 计算校园内主要建筑、活动场地在平面图上的大小； 4. 在平面图中重新绘制建筑及场地（根据任务 3 的计算结果）； 5. 对平面图中的建筑物和活动场地进行改造设计； 6. 所有团队展示设计方案； 组队及分工：将全班同学分成几个团队，每个团队成员既是设计师，又在团队中主要承担如下角色，角色可根据实际情况进行调整	举手回答：指出两者之间存在的关系。 明确项目计划及任务分工	5 分钟 （课时 1）

续附录 B

项目流程	教师活动	学生活动	用时
制订计划	队长：对团队成员进行分工，组织讨论项目的方案； 记录员：进行计划书、学习日志的填写和完善； 协调员：负责团队纪律，协调组员间的关系； 制作员：根据团队成员的实地调研、计算和改造想法，绘制设计方案； 解说员：向班级汇报方案设计的思路和具体做法		
知识与技能建构	回顾学过的知识：通过电子交互白板上的小游戏回顾"比""比例尺"等知识；教师提问：如何确定方案设计图的比例呢？	玩游戏：通过玩电子游戏的方式回顾知识。 部分游戏画面截图：	25 分钟（课时 1）
活动探究	设定任务期限，并提醒学生按时提交【项目管理表】中的材料。 分发及讲解实物：分发文本和测绘工具，并讲解它们的使用方式（提示：汇报的主要内容为方案计划书中的内容）。 开启探究活动：教师开展项目管理工作	分组； 分配小组角色； 学生在规定时间内开展自主探究：完成任务 1—3	20 分钟（课时 2）
作品制作	1. 组织学生团队制作作品； 2. 提供反馈和指导：教师根据各团队在活动中的实际情况，给予针对性的反馈和指导	学生团队合作完成作品的制作：完成任务 4—6	20 分钟（课时 2）
成果交流	安排展示交流活动：通过抽签的方式请各团队到讲台展示及汇报成果	展示与交流：各团队展示及汇报设计方案，并与教师和其他同学进行交流	20 分钟（课时 3）

续附录 B

项目流程		教师活动	学生活动	用时
总结评价	评价最终方案和过程表现	教师评价：教师使用【项目方案评价表】对每个团队的最终改造方案进行评价	学生填写【自我评价表】和【学生互评表】，随后递交表格给教师，下节课教师将对结果进行简单总结	10 分钟（课时 3）
	评选最佳方案	评选：教师统计分值，宣布各团队得分，并对得分最高的团队颁发"最受欢迎"奖状	—	5 分钟（课时 3）
	总结	教师总结此次项目活动，包括各组的过程表现及项目成果，运用的知识，采用的方法，以及改造方案本身的现实意义	分享心得：获得最高分的团队上台领奖，组员分享心得体会，如你觉得你们组哪些地方做得比较好，活动过程中遇到了哪些困难等	5 分钟（课时 3）

附录 C 第一轮活动实施方案设计

校园"礼堂改造"计划之夺星大挑战			
学科：数学	教材版本：北师大版	年级：六年级	项目时长：3 课时
项目说明	本项目的主要活动是让学生扮演一家公司的建筑/景观/室内设计师，以团队为单位，对学校礼堂进行改造设计，旨在让空间变得更加美观和实用。该项目一方面能够让学生在经历设计方案、动手实践、交流反思等活动过程中，综合运用图形位置、形状、比例尺、数据收集等知识，从而加深对数学知识和相关技能的掌握；另一方面，能够让学生在实践中以专家的视角体验数学与生活的密切联系，从而提高数学学习兴趣		

续附录 C

学习者分析	参与此次活动的是小学六年级的学生。他们已经掌握了测量（二年级下册）、方向与位置（四年级上册）、形状（四年级下册）、形状面积（五年级上册）、确定位置（五年级下册）、分数（五年级上册、下册）、比的认识（六年级上册）、比例的认识与应用（六年级下册）等与学习活动相关的知识。最近，他们刚学了六年级下册中关于比例尺的知识点。此外，大多数同学在学校里度过了六年的学习时光，他们对学校的礼堂十分熟悉，这份熟悉感促使设计方案不仅更具有现实意义，也更加贴合学生需求		
分析学科知识	学科知识重点： ●比例尺的概念：图上距离与实际距离的比叫比例尺； ●比例尺的分类及转化：线段比例尺和数值比例尺； ●比例尺的应用：比例尺＝图上距离/实际距离		
确定学习目标	项目成果	1.能制作出具有特色的校园改造方案设计图； 2.能完成校园改造方案计划书	
	知识与技能	1.能正确理解比例尺所表示的具体意义； 2.能将线段比例尺与数值比例尺相互转化； 3.能算出实物与平面图的比例尺，也能根据比例尺计算出平面图在实物图中的大小； 4.能与同伴合作解决问题，并能向他人展示及交流项目成果	
	核心素养	学生通过对平面图中物件的测量，从而增强数感；通过运用比例尺知识计算平面图中物件的实际距离，从而提高运算能力。通过运用几何知识设计各个物件，从而增强学生的量感和对空间概念的理解能力。此外，让学生在真实情境中解决问题，有助于学生将所学的数学知识同现实生活联系起来，不仅能提升学生的应用意识，同时通过实践和探索，还能够让学生对数学知识产生好奇心和求知欲，从而提高学习积极性	
设计驱动问题	如何对校园礼堂进行改造		
项目规划			
项目流程	教师活动		学生活动
确定项目	1.创设情境：学校准备对学校的礼堂进行装修，欲征询设计师（由学生扮演）的方案； 2.提出驱动问题； 3.了解平面图		初步感知项目主题及挑战

166

续附录 C

项目流程	教师活动		学生活动
制订计划	1. 发布"夺星挑战"任务； 2. 讲解游戏规则； 3. 组织学生组队； 4. 对团队成员的角色及需要完成的任务进行说明； 5. 分发及讲解实物工具		1. 进一步感知每一个项目任务； 2. 根据组队要求组成团队并分配角色； 3. 领取实物工具
知识与技能建构	1. 展示样例图； 2. 组织学生在电子游戏中回顾所学知识		学生在教师的引导下回顾所学知识，为后续的活动探究做准备
活动探究	1. 组织学生继续展开合作探究； 2. 教师在学生探究过程中持续提供反馈和指导		以团队方式开展合作探究，制作作品
成果交流	组织团队展示及交流设计方案		团队展示并汇报设计方案，随后与教师和其他同学进行交流
总结评价	评价结果	1. 授课教师评分（15分）； 2. 非授课教师评分（85分）； 3. 组织学生进行自我评价	学生进行自我评价
	评选	1. 统计各团队获得的星星数； 2. 宣布最佳方案并颁奖	学生团队上台领奖
	总结	1. 教师总结此次活动； 2. 组织学生反思	各团队成员分享参与此次项目活动的心得体会
资源环境	授课工具：电子白板、实物与方案示例图、课件 文本工具：方案计划书模板、自我评价模板、项目方案评价表、物件清单 测绘工具：卷尺、A3 纸板 激励工具：奖状 项目方案评价表（85 颗） 团队： | 得分项	星星（颗）	备注
---	---	---
挑战一：绘制平面图（35 颗）		
整洁、美观（5 颗）		
比例尺使用合理（15 颗）		
实物在图中的比例尺计算准确（15 颗）		
挑战二：设计平面图（20 颗）		
可行性（5 颗）		
创新性（5 颗）		
实物在图中的比例尺计算准确（10 颗）					

续附录 C

项目流程	教师活动	学生活动
资源环境	<div>得分项 / 星星（颗）/ 备注 挑战三：汇报表现及方案计划书（30 颗） 表达精练（10 颗） 逻辑清晰（10 颗） 方案计划书内容完整（10 颗） 共获得星星（　　颗）</div>	

物件清单

物件	平面图大小	计算过程	实际大小	负责人
	长： 宽：		长： 宽：	

校园公共空间改造设计方案计划书（300 字左右）

组别：

一、存在的问题（请对改造前的现状及存在的问题进行分析）

二、改造目标（请描述改造后可能带来的价值和意义）

三、形成方案的步骤（请描述完成项目的整个过程、步骤）

四、改造结果（请描述改造之后的样子）

五、团队分工（请描述你们团队的分工情况）

自我评价模板

组别：　　　　姓名：　　　　日期：

1. 我在团队中做了这些事，过程是：

2. 在活动中，我知道了自己的优势有：

3. 令我感到困难的事情有：

4. 要改变这些困难，我可以采取的方法：

续附录 C

项目管理
教师活动
制定【项目管理表】（具体见下方）。教师借助项目管理表监督各团队的进展，同时，课堂上提醒学生任务完成期限，给予学生必要的反馈，关注活动进展状况等。

项目管理表（15 颗）

团队：   总分（星星数）：

按时完成挑战	星星（颗）
挑战一（5 颗）	
挑战二（5 颗）	
挑战三（5 颗）	

方案评价
教师活动
1. 教师对各团队的项目成果（平面设计图和方案计划书）进行评价； 2. 项目活动结束后，教师查看学生的自我评价表，对学生在活动中的表现情况以及高阶思维能力（问题解决能力、合作能力等）的获得情况进行评价； 3. 项目活动结束后，教师对学生完成的知识测试题进行打分，从而对学生的知识获得情况进行评价

具体实施流程			
项目流程	教师活动	学生活动	用时
确定项目	创设校园情境 师：今年暑假，学校考虑将礼堂进行改造（展示图片，实物长 20 米，宽 10 米），使该空间能够有效利用起来。因此，学校打算选择一家设计公司来帮忙。为能在有限的时间里从众多公司中挑选出最佳方案。学校想到用闯关游戏——"夺星大挑战"这样的游戏方式对各方案进行选拔。假如你是某设计公司里一位小有名气的建筑设计师/景观设计师/室内设计师，你与同伴们（队员）非常希望自己的团队被选中。因此接下来，你们将全力以赴接受挑战。 提出驱动问题：请大家思考一下，如何改造校园礼堂呢？ 了解平面图：请同学们思考一下，平面图是以怎样的方式呈现出实物图的（由此引出比例尺知识点）	初步感知项目主题及挑战：学生在情境中初步感知项目主题，了解要应对的项目挑战。 回答教师提出的问题	5 分钟 （课时 1）

续附录 C

项目流程	教师活动	学生活动	用时
制订计划	发布"夺星挑战"任务： 挑战一：绘制——在平面图上绘制出对应比例的礼堂； 挑战二：设计——对平面图中的礼堂进行改造设计； 挑战三：展示——所有小组展示设计方案。 讲解游戏规则：各公司团队需在规定时间内完成三项闯关挑战，每完成一关，教师就会根据团队表现，给予"星星"奖励（总共有 100 颗，有 15 颗星为按时完成每项挑战的奖励，延迟一天扣一颗，85 颗作为三项挑战结果的奖励），最终累计获得"星星"数量最多的团队胜出。 接着，教师说明"项目管理表"（占 15 颗星）和"项目方案评价表"（占 85 颗星）中的评价点。每位队员将获得人航贴 5 枚。 组织学生组队：将学生进行分组，每个团队成员既是设计师，又在小组中担任如下角色，角色可根据实际情况进行调整： 队长（1 名）：分配团队人员的任务，组织讨论项目方案； 记录员(1～2 名)：记录团队讨论内容； 协调员（1～2 名）：负责小组纪律，协调组员间的关系。 任务说明：每项挑战均需全员参加。每位学生须独立在平面图中计算、设计和绘制至少 1 个物件，需在平面图下方标明每个物件所占空间的实际大小和设计图中的大小。 分发及讲解实物：分发文本材料和测绘工具，并讲解它们的使用方式（提示：汇报的主要内容为方案计划书中的内容）	进一步感知项目任务：学生进一步了解项目任务和游戏规则，在此过程中如对活动有疑问，可向教师询问。 组队：学生组成团队，确定好团队成员各自的角色与分工； 领取实物工具	15 分钟 （课时 1）

续附录 C

项目流程	教师活动	学生活动	用时
知识与技能建构	展示样例图：随后，教师展示及说明房屋设计图样例，并对样例进行说明。最后提问：如何确定方案设计图的比例呢？ 组织学生在游戏中回顾所学知识：教师通过组织学生玩电子交互白板小游戏的方式帮助学生回顾之前学过的知识，如"比""比例""比例尺"，并在游戏结束后对游戏中的题目逐一进行讲解	思考教师提出的问题。 预设1：将实物按照相同比例缩小更准确。 预设2：要是将比例标注出来，看图的人更能了解实物的大小。 预设3：用比例或线段都能表示比例，都很清晰。 在游戏中回顾所学知识：学生在教师的指导下通过玩电子游戏的方式复习之前旧知识	20分钟 （课时1）
活动探究	组织探究：组织学生开展探究活动，提醒学生任务期限。探究过程中，对学生团队予以适当的反馈和个性化指导，并开启项目管理工作（15颗星）。 持续提供反馈和指导：教师在学生探究过程中，根据各团队在活动中的实际情况，给予针对性的反馈和指导	自主探究：学生团队进行自主探究	20分钟 （课时2）
交流成果	安排展示交流活动：通过抽签的方式请各团队到讲台展示成果	展示与交流：各团队展示设计方案，其他同学可进行提问和评价	25分钟 （课时3）
评价	评价：使用【项目方案评价表】对最终方案进行评价（85颗星）。 组织自评：组织学生进行自我评价	自评：填写【自我评价表】	5分钟 （课时3）
评选出最佳方案	评选：统计并宣布各团队最终所获得的星星数量，并颁发"最佳方案"奖状	领奖：获得最高分的小组上台领奖	5分钟 （课时3）

续附录 C

项目流程	教师活动	学生活动	用时
总结	总结此次项目活动，包括：各组的过程表现及项目成果、运用的知识、采用的方法、改造方案的现实意义等。 组织各团队分享心得体会（反思）	分享心得：各团队成员分享心得体会，如你觉得你们组哪些地方做得好/不好，活动过程中遇到了哪些困难，是如何克服的，等等	5分钟 （课时3）

附录 D　第二轮活动实施方案设计

校园"礼堂改造"计划之夺星大挑战			
学科：数学	教材版本：北师大版	年级：六年级	项目时长：3课时
项目说明	本项目的主要活动是让学生扮演一家公司的建筑/景观/室内设计师，以团队为单位，对学校礼堂进行改造设计，旨在让空间变得更加美观和实用。该项目一方面能够让学生在经历设计方案、动手实践、交流反思等活动过程中，综合运用图形位置、形状、比例尺、数据收集等知识，从而加深对数学知识和相关技能的掌握；另一方面，能够让学生在实践中以专家的视角体验数学与生活的密切联系，从而提高数学学习的兴趣		
学习者分析	参与此次 GPBL 活动的是小学六年级的学生。他们已经掌握了测量（二年级下册）、方向与位置（四年级上册）、形状（四年级下册）、形状面积（五年级上册）、确定位置（五年级下册）、分数（五年级上册、下册）、比的认识（六年级上册）、比例的认识与应用（六年级下册）等与学习活动相关的知识。最近，他们刚学了六年级下册中关于比例尺的知识点。此外，大多数同学在学校里度过了六年的学习时光，他们对学校的礼堂十分熟悉，这份熟悉感促使设计方案不仅具有现实意义，也更加贴合学生需求		
分析学科知识	学科知识重点： ●比例尺的概念：图上距离与实际距离的比叫比例尺； ●比例尺的分类及转化：线段比例尺和数值比例尺； ●比例尺的应用：比例尺=图上距离/实际距离		

续附录 D

确定学习目标	项目成果	1. 能制作出具有特色的校园改造方案设计图； 2. 能完成校园改造方案计划书
	知识与技能	1. 能正确理解比例尺所表示的具体意义； 2. 能将线段比例尺与数值比例尺相互转化； 3. 能算出实物与平面图的比例尺，也能根据比例尺计算出平面图在实物图中的大小； 4. 能与同伴合作解决问题，并能向他人展示及交流项目成果
	核心素养	学生通过对平面图中物件的测量，从而增强数感；通过运用比例尺知识计算平面图中物件的实际距离，从而增强运算能力。通过运用几何知识设计各个物件，从而增强学生的量感和对空间概念的理解能力。此外，让学生在真实情境中解决问题，有助于学生将所学的数学知识同现实生活联系起来，不仅能提升学生的应用意识，同时通过实践和探索，还能够让学生对数学知识产生好奇心和求知欲，从而提高学习积极性
设计驱动问题	如何对校园礼堂进行改造	

项目规划		
项目流程	教师活动	学生活动
确定项目	1. 创设情境：学校领导准备对学校的礼堂进行装修，欲征询设计师（由学生扮演）的方案； 2. 提出驱动问题； 3. 了解平面图	初步感知项目主题及挑战
制订计划	1. 发布"夺星挑战"任务； 2. 讲解游戏规则； 3. 组织学生组队； 4. 对团队成员的角色及需要完成的任务进行说明； 5. 分发及讲解实物工具	1. 进一步感知每一个项目任务； 2. 根据组队要求组成团队、分配角色及分工； 3. 领取实物工具

续附录 D

项目流程	教师活动	学生活动
活动探究	1.组织学生展开合作探究，在学生探究过程中持续提供反馈和指导； 2.知识与技能建构： ①组织学生在游戏中回顾所学知识，如"比""比例""比例尺"； ②在开启每一个挑战之前，教师根据挑战的内容（根据任务挑战表）对学生进行有针对性的知识与技能建构	1.以团队方式开展合作探究，制作作品； 2.学生在教师的引导下通过玩游戏的方式回顾与项目相关的学科知识，为后续的活动探究做准备
成果交流	组织团队展示及交流设计方案	团队展示并汇报设计方案，随后与教师和其他同学进行交流
总结评价	评价结果：1.授课教师评分（15分）；2.非授课教师评分（85分）；3.组织学生进行自我评价	学生进行自我评价
	评选：1.统计各团队获得的星星数；2.宣布最佳方案并颁奖	学生团队上台领奖
	总结：1.教师总结此次活动；2.组织学生反思	各团队成员分享参与此次项目活动的心得体会
资源环境	授课工具：电子白板、课件 文本工具：方案计划书模板、任务挑战表、自我评价模板、项目方案评价表、物件清单 测绘工具：4K 纸板 激励工具：奖状、小奖励	

项目方案评价表（85颗）

团队：

得分项	星星（颗）	备注
挑战一：回答问题及绘制礼堂的长和宽（30颗）		
正确回答老师提出的问题（10颗）		
礼堂在图中的长和宽比例正确（10颗）		
比例尺计算正确（10颗）		

续附录 D

项目流程	教师活动	学生活动
资源环境	<table><tr><td colspan="3">得分项</td><td>星星（颗）</td><td>备注</td></tr><tr><td colspan="5">挑战二：设计礼堂的平面图（30 颗）</td></tr><tr><td colspan="3">图中各物件的实际距离计算正确（15）</td><td></td><td></td></tr><tr><td colspan="3">方案的可行性（5 颗）</td><td></td><td></td></tr><tr><td colspan="3">方案的创新性（5 颗）</td><td></td><td></td></tr><tr><td colspan="3">方案图整洁、美观（5 颗）</td><td></td><td></td></tr><tr><td colspan="5">挑战三：汇报设计方案及完成方案计划书（25 颗）</td></tr><tr><td colspan="3">表达精练（5 颗）</td><td></td><td></td></tr><tr><td colspan="3">逻辑清晰（5 颗）</td><td></td><td></td></tr><tr><td colspan="3">方案计划书内容完整（15 颗）</td><td></td><td></td></tr><tr><td colspan="3">共获得星星</td><td></td><td></td></tr><tr><td colspan="5">物件清单</td></tr><tr><td>物件</td><td>平面图大小</td><td>计算过程</td><td>实际大小</td><td>负责人</td></tr><tr><td></td><td>长： 宽：</td><td></td><td>长： 宽：</td><td></td></tr><tr><td></td><td></td><td></td><td></td><td></td></tr><tr><td></td><td></td><td></td><td></td><td></td></tr></table> 校园公共空间改造设计方案计划书（300 字左右） 组别： 一、存在的问题（请对改造前的现状及存在的问题进行分析） 二、改造目标（请描述改造后可能带来的价值和意义） 三、形成方案的步骤（请描述完成项目的整个过程、步骤） 四、改造结果（请描述改造之后的样子） 五、团队分工（请描述你们团队的分工情况）	

续附录 D

项目流程	教师活动	学生活动
资源环境	<div>任务挑战表</div><div>挑战一：绘制礼堂的长和宽</div><div>1. 计算礼堂实际长和宽的比例</div><div>2. 计算在该比例下，礼堂在图上的长和宽可以画多长</div><div>3. 在图纸上画出礼堂的大致形状，并在图上标出它的实际长度（标出长和宽的长度）</div><div>挑战二：设计礼堂的平面图</div><div>1. 思考画哪些物件</div><div>2. 在图纸上画出这些物件</div><div>3. 测量这些物件在图纸上的长度和宽度</div><div>4. 利用比例尺将这些长度和宽度换算成实际的长度和宽度，并标注在图上</div><div>5. 完成物件清单</div><div>挑战三：汇报设计方案及完成方案计划书</div><div>1. 各团队汇报设计方案（每位成员均需参与汇报）</div><div>2. 完成方案计划书</div><div>自我评价模板</div><div>组别：　　　姓名：　　　日期：</div><div>1. 我在团队中做了这些事，过程是：</div><div>2. 在活动中，我知道了自己的优势有：</div><div>3. 令我感到困难的事情有：</div><div>4. 要改变这些困难，我可以采取的方法：</div>	

续附录 D

项目管理	
教师活动	游戏化设计
制订【项目管理表】（具体见下方）。教师借助项目管理表监督各团队的进展；监督团队成员按规则完成项目任务（如必须每人都参与平面图中物件的设计、绘制和计算）；课堂上提醒学生任务完成期限，给予学生必要的反馈，关注活动进展状况；加强对学生纪律的监督。 项目管理表（15颗） 团队：　　　　　　　　　　　总分（星星数）： | 按时完成挑战 | 星星（颗） | |---|---| | 挑战一（5颗） | | | 挑战二（5颗） | | | 挑战三（5颗） | |	

方案评价	
教师活动	游戏化设计
1. 教师对各团队的项目成果（平面设计图和方案计划书）进行评价； 2. 项目活动结束后，教师查看学生的自我评价表，对学生在活动中的表现情况以及高阶思维能力（问题解决能力、合作能力等）的获得情况进行评价； 3. 项目活动结束后，教师对学生完成的知识测试题进行打分，从而对学生的知识获得情况进行评价	

具体实施流程			
项目流程	教师活动	学生活动	用时
确定项目	创设校园情境 师：今年暑假，学校考虑将礼堂进行改造（展示图片，实物长20米，宽10米），使该空间能够有效利用起来。因此，学校打算选择一家室内设计公司来帮忙改造。室内设计公司里有设计师，他们能够根据顾客的需求设计出合适的装修方案，并跟进后续的装修程序。为能在有限的时间里从众多设计公司中挑	初步感知项目主题及挑战：学生在情境中初步感知项目主题，了解要应对的项目挑战。 回答教师提出的问题	5分钟 （课时1）

续附录 D

项目流程	教师活动	学生活动	用时
确定项目	选出最适合学校的设计方案，学校想到用闯关游戏——"夺星挑战"的方式对各设计公司提出的方案进行选拔。假如你们都是设计公司里小有名气的室内设计师（呈现公司内景图片），你和你们的团队非常希望被选中，因此你们将全力以赴接受挑战。 提出驱动问题：请大家思考一下，如何对校园礼堂进行改造？ 了解平面图：请同学们思考一下，平面图是以怎样的方式呈现出实物图的（由此引出比例尺知识点）		
制订计划	发布"夺星挑战"任务： 挑战一：绘制礼堂的长和宽； 挑战二：设计礼堂的平面图； 挑战三：汇报设计方案及完成方案计划书。 讲解游戏规则：各公司团队需在规定时间内完成三项闯关挑战，每完成一关，教师就会根据团队表现，给予"星星"奖励（总共有 100 颗，有 15 颗星为按时完成每项挑战的奖励，延迟将扣星，85 颗作为三项挑战结果的奖励），最终累计获得"星星"数量最多的团队胜出。接着，教师说明"项目管理表"（占 15 颗星）和"项目方案评价表"（占 85 颗星）中的评价点。 组织学生组队：将学生进行分组，每个团队代表一家公司，团队成员给自己的公司取名。此外，每个团队成员既是设计师，又在小组中担任如下角色： 1. 挑战一队长或副队长（1～2 名）； 2. 挑战二队长或副队长（1～2 名）；	进一步感知项目任务：学生进一步了解项目任务和游戏规则，在此过程中如对活动有疑问，可向教师询问。 组队及分工：学生组成团队，并分配好团队成员的职责。 领取实物工具	10 分钟（课时 1）

续附录 D

项目流程	教师活动	学生活动	用时
制订计划	3. 挑战三队长或副队长（1~2名）； （每位团队成员均需担任至少一次队长或副队长，队长和副队长负责某个挑战任务的决策和组织，确保项目任务按质按量完成） 任务说明：每项挑战均需全员参加。每位学生须独立在平面图中计算、设计和绘制至少1个物件。 分发及讲解实物：分发项目评价表、任务挑战表、方案计划书、物件清单和空白图纸，并讲解它们的使用方式（提示：汇报的主要内容为方案计划书中的内容）		
活动探究	组织探究：组织学生开展探究活动，并开启项目管理工作（15颗星）。 持续提供反馈和指导：教师在学生探究过程中，参与到各团队中与学生进行互动，并根据各团队在活动中的实际情况，给予针对性的反馈和指导。 知识与技能建构： 组织学生在游戏中回顾所学知识：教师通过组织学生玩电子交互白板小游戏的方式帮助学生回顾之前学过的知识，如"比""比例""比例尺"，并在游戏结束后对游戏中的题目逐一进行讲解。 挑战开启前的知识与技能建构：在每一个挑战开启之前，教师根据挑战表中的内容，对学生进行有针对性的知识与技能建构	自主探究：学生团队进行自主探究。 完成各项挑战期限： 挑战一10分钟（课时1） 挑战二20分钟（课时2） 挑战三20分钟（课时2） 在游戏中回顾所学知识：学生在教师的指导下通过玩电子游戏的方式复习之前旧知识	65分钟、 25分钟
交流成果	安排展示交流活动：通过抽签的方式请各团队到讲台展示成果	展示与交流：各团队展示设计方案，其他同学可进行提问和评价	25分钟 （课时3）

续附录 D

项目流程	教师活动	学生活动	用时
评价	评价：使用【项目方案评价表】对最终方案进行评价（85 颗星）。 组织自评：组织学生进行自我评价	自评：填写【自我评价表】	5 分钟 （课时 3）
评选出最佳方案	评选：统计并宣布各团队最终所获得的星星数量，颁发"最佳方案"奖状，每位团队成员获得一次抽奖机会	领奖：获得最高分的小组上台领奖	5 分钟 （课时 3）
总结	总结此次项目活动，包括：各组的过程表现及项目成果；运用的知识，采用的方法；改造方案的现实意义等。 组织各团队分享心得体会（反思）	分享心得：各团队成员分享心得体会，如你觉得你们组哪些地方做得好/不好，活动过程中遇到了哪些困难，是如何克服的，等等	5 分钟 （课时 3）

附录 E　最终设计

校园"礼堂改造"计划之夺星大挑战				
学科：数学	教材版本：北师大版		年级：六年级	项目时长：3 课时
项目说明	本项目的主要活动是让学生扮演一家公司的设计师，以团队为单位，对学校礼堂进行改造设计，旨在让空间变得更加美观和实用。活动中，学生以专家的视角通过综合运用图形位置、形状、比例尺等知识，经历设计方案、动手实践、交流反思等过程，加深对数学知识和相关技能的掌握，体验数学与生活的密切联系，培养对数学学习的兴趣			
学习者分析	参与此次 GPBL 活动的是小学六年级的学生。他们已经掌握了测量（二年级下册）、方向与位置（四年级上册）、形状（四年级下册）、形状面积（五年级上册）、确定位置（五年级下册）、分数（五年级上册、下册）、比的认识（六年级上册）、比例的认识与应用（六年级下册）等与学习活动相关的知识。最近，他们刚学了六年级下册中关于比例尺的知识点。此外，大多数同学在学校里度过了六年的学习时光，他们对学校的礼堂十分熟悉，这份熟悉感促使设计方案不仅更具有现实意义，也更加贴合学生需求			

续附录 E

分析学科知识	学科知识重点： ●比例尺的概念：图上距离与实际距离的比叫比例尺； ●比例尺的分类及转化：线段比例尺和数值比例尺； ●比例尺的应用：比例尺＝图上距离/实际距离	
确定学习目标	项目成果	1. 能制作出具有特色的校园改造方案设计图； 2. 能完成校园改造方案计划书
	知识与技能	1. 能正确理解比例尺所表示的具体意义； 2. 能将线段比例尺与数值比例尺相互转化； 3. 能算出实物与平面图的比例尺，也能根据比例尺计算出平面图在实物图中的大小； 4. 能与同伴合作解决问题，并能向他人展示及交流项目成果
	核心素养	学生通过对平面图中物件的测量，从而提高数感；通过运用比例尺知识计算平面图中物件的实际距离，从而提高运算能力。通过运用几何知识设计各个物件，从而提高学生的量感和对空间概念的理解能力。此外，让学生在真实情境中解决问题，有助于学生将所学的数学知识同现实生活联系起来，不仅能提升学生的应用意识，同时通过实践和探索，还能够让学生对数学知识产生好奇心和求知欲，从而提高学习积极性
设计驱动问题	如何改造校园礼堂	

项目规划		
项目流程	教师活动	学生活动
确定项目	1. 创设情境：学校领导准备对学校的礼堂进行装修，欲征询设计师（由学生扮演）的方案； 2. 提出驱动问题； 3. 了解平面图	初步感知项目主题及挑战
制订计划	1. 发布"夺星挑战"任务； 2. 讲解游戏规则； 3. 组织学生组队； 4. 对团队成员的角色及需要完成的任务进行说明； 5. 分发及讲解实物工具	1. 进一步感知每一个项目任务； 2. 根据组队要求组成团队并分配角色； 3. 领取实物工具

续附录 E

项目流程	教师活动	学生活动
活动探究	1. 组织学生展开合作探究，在学生探究过程中持续提供反馈和指导； 2. 知识与技能建构： ①组织学生在游戏中回顾所学知识，如"比""比例""比例尺"； ②在开启每一个挑战之前，教师根据挑战的内容（根据任务挑战表）对学生进行有针对性的知识与技能建构	1. 以团队方式开展合作探究，制作作品； 2. 学生在教师的引导下通过玩游戏的方式回顾与项目相关的学科知识，为后续的活动探究做准备
成果交流	组织团队展示及交流设计方案	团队展示并汇报设计方案，随后与教师和其他同学进行交流
总结评价	评价结果：1. 授课教师评分（15分）；2. 非授课教师评分（85分）；3. 组织学生进行自我评价	学生进行自我评价
	评选：1. 统计各团队获得的星星数；2. 宣布最佳方案、颁奖、组织抽奖	学生团队上台领奖并抽奖
	总结：1. 教师总结此次活动；2. 组织学生反思	各团队成员分享参与此次项目活动的心得体会
资源环境	授课工具：电子白板、课件 文本工具：方案计划书模板、任务挑战表、自我评价模板、项目方案评价表、物件清单 测绘工具：4K 纸板 激励工具：奖状、小奖励 项目方案评价表（85 颗） 团队：		

得分项	星星（颗）	备注
挑战一：回答问题及绘制礼堂的长和宽（30 颗）		
正确回答老师提出的问题（10 颗）		
礼堂在图中的长和宽比例正确（10 颗）		
比例尺计算正确（10 颗）		

续附录 E

项目流程	教师活动	学生活动
资源环境		

得分项	星星（颗）	备注
挑战二：设计礼堂的平面图（30 颗）		
图中各物件的实际距离计算正确（15）		
方案的可行性（5 颗）		
方案的创新性（5 颗）		
方案图整洁、美观（5 颗）		
挑战三：汇报设计方案及完成方案计划书（25 颗）		
表达精练（5 颗）		
逻辑清晰（5 颗）		
方案计划书内容完整（15 颗）		
共获得星星（ 颗）		

物件清单

物件	平面图大小	计算过程 图上距离/实际距离 = 比例尺 实际距离 = 图上距离/比例尺	实际大小	负责人
	长： 宽：		长： 宽：	

校园公共空间改造设计方案计划书（300 字左右）

组别：

一、存在的问题（请对改造前的现状及存在的问题进行分析）

二、改造目标（请描述改造后可能带来的价值和意义）

三、形成方案的步骤（请描述完成项目的整个过程、步骤）

四、改造结果（请描述改造之后的样子）

五、团队分工（请描述你们团队的分工情况）

续附录 E

项目流程	教师活动	学生活动
资源环境	任务挑战表
	挑战一：绘制礼堂的长和宽
	1. 计算礼堂实际长和宽的比例
	2. 计算在该比例下，礼堂在图上的长和宽可以画多长
	3. 在图纸上画出礼堂的大致形状，并在图上标出它的实际长度（标出长和宽的长度）
	挑战二：设计礼堂的平面图
	1. 思考画哪些物件
	2. 在图纸上画出这些物件
	3. 测量这些物件在图纸上的长度和宽度
	4. 利用比例尺将这些长度和宽度换算成实际的长度和宽度，并标注在图上
	5. 完成物件清单
	挑战三：汇报设计方案及完成方案计划书
	1. 各团队汇报设计方案（每位成员均需参与汇报）
	2. 完成方案计划书
	自我评价模板
	组别：　　　姓名：　　　日期： 1. 我在团队中做了这些事，过程是： 2. 在活动中，我知道了自己的优势有： 3. 令我感到困难的事情有： 4. 要改变这些困难，我可以采取的方法：
	项目管理
	1. 教师借助项目管理表（见下方）监督各团队的进展； 2. 监督团队成员按规则完成项目任务（如必须每人都参与平面图中物件的设计、绘制和计算）； 3. 课堂上提醒学生任务完成期限，并要在探究活动过程中多次提醒时间； 4. 给予学生必要的反馈，关注活动进展状况； 5. 加强对学生纪律的监督

续附录 E

项目流程	教师活动	学生活动
	项目管理表（15 颗） 团队：　　　　总分（星星数）： <table><tr><th>按时完成挑战</th><th>星星（颗）</th></tr><tr><td>挑战一（5 颗）</td><td></td></tr><tr><td>挑战二（5 颗）</td><td></td></tr><tr><td>挑战三（5 颗）</td><td></td></tr></table>	
	方案评价	
活动结束后： 1. 教师对各团队的项目成果（平面设计图和方案计划书）进行评价； 2. 教师查看学生的自我评价表，对学生在活动中的表现情况以及高阶思维能力（问题解决能力、合作能力等）的获得情况进行评价； 3. 教师对学生完成的知识测试题进行打分，从而对学生的知识获得情况进行评价		
	具体实施流程	

项目流程	教师活动	学生活动	用时
确定项目	创设校园情境：今年暑假，学校考虑将礼堂进行改造（展示图片，实物长 20 米，宽 10 米），使该空间能够有效利用起来。因此，学校打算选择一家室内设计公司来帮忙改造。室内设计公司里有设计师，他们能够根据顾客的需求设计出合适的装修方案，并跟进后续的装修程序。为能在有限的时间里从众多设计公司中挑选出最适合学校的设计方案，学校想到用闯关游戏——"夺星大挑战"的方式对各设计公司提出的方案进行选拔。假如你们都是设计公司里小有名气的室内设计师（呈现公司内景图片），你和你们的团队非常希望被选中，因此你们将全力以赴接受挑战。 提出驱动问题：请大家思考一下，如何改造校园礼堂，使之既美观又实用？ 了解平面图：请同学们思考一下，平面图是以怎样的方式呈现出实物图的（由此引出比例尺知识点）	初步感知项目主题及挑战：学生在情境中初步感知项目主题，了解要应对的项目挑战。 回答老师提出的问题	5 分钟（课时 1）

续附录 E

项目流程	教师活动	学生活动	用时
制订计划	发布"夺星挑战"任务： 挑战一：绘制礼堂的长和宽； 挑战二：设计礼堂的平面图； 挑战三：汇报设计方案及完成方案计划书。 讲解游戏规则：各公司团队需在规定时间内完成三项闯关挑战，每完成一关，教师就会根据团队表现，给予"星星"奖励（总共有100颗，有15颗星为按时完成每项挑战的奖励，延迟将扣星，85颗作为三项挑战结果的奖励）。最终累计获得"星星"数量最多的团队胜出。此外获胜的团队成员每人将获得抽奖一次。 接着，教师说明"项目管理表"（占15颗星）和"项目方案评价表"（占85颗星）中的评价点。 组织学生组队：将学生进行分组，每个团队代表一家公司，团队成员给自己的公司取名。此外，每个团队成员既是设计师，又在团队中担任如下角色： 1. 挑战一队长或副队长（1~2名）； 2. 挑战二队长或副队长（1~2名）； 3. 挑战三队长或副队长（1~2名）； （每位团队成员均需担任至少一次队长或副队长，队长和副队长负责某个挑战任务的决策和组织，确保项目任务按质按量完成。） 任务说明：每项挑战均需全员参加。每位学生须独立在平面图中计算、设计和绘制至少1个物件。 分发及讲解实物：分发项目评价表、任务挑战表、方案计划书、物件清单和空白图纸，并讲解它们的使用方式（提示：汇报的主要内容为方案计划书中的内容）	进一步感知项目任务：学生进一步了解项目任务和游戏规则，在此过程中如对活动有疑问，可向教师询问。 组队：学生组成团队，并分配好小组角色。 领取实物工具	10分钟（课时1）

续附录 E

项目流程	教师活动	学生活动	用时
活动探究	组织探究：组织学生开展探究活动，并开启项目管理工作（15颗星）。 持续提供反馈和指导：教师在学生探究过程中，参与到各团队中与学生进行互动，并根据各团队在活动中的实际情况，给予针对性的反馈和指导。 知识与技能建构： 组织学生在游戏中回顾所学知识：教师通过组织学生玩电子交互白板小游戏的方式帮助学生回顾之前学过的知识，如"比""比例""比例尺"，并在游戏结束后对游戏中的题目逐一进行讲解。 挑战开启前的知识与技能建构：在每一个挑战开启之前，教师根据挑战表中的内容，对学生进行有针对性的知识与技能建构	自主探究：学生团队进行自主探究。 完成各项挑战期限： 挑战一 10 分钟（课时1） 挑战二 20 分钟（课时2） 挑战三 20 分钟（课时2） 在游戏中回顾所学知识：学生在教师的指导下通过玩电子游戏的方式复习之前旧知识	65 分钟、25 分钟
交流成果	安排展示交流活动：通过抽签的方式请各团队到讲台展示成果	展示与交流：各团队展示设计方案，其他同学可进行提问和评价，尤其要关注物件清单中的计算结果是否正确	25 分钟（课时3）
评价	评价：使用【项目方案评价表】对最终方案进行评价（85颗星） 组织自评：组织学生进行自我评价	自评：填写【自我评价表】	5 分钟（课时3）
评选出最佳方案	评选：统计并宣布各团队最终所获得的星星数量，说明每个团队的得分原因；颁发"最佳方案"奖状，每位团队成员获得一次抽奖机会	领奖：获得最高分的小组上台领奖并抽奖	5 分钟（课时3）
总结	总结此次项目活动，包括：各组的过程表现及项目成果，运用的知识，采用的方法，改造方案的现实意义等。 组织各团队分享心得体会（反思）	分享心得：各团队成员分享心得体会，如你觉得你们组哪些地方做得好/不好，活动过程中遇到了哪些困难，是如何克服的，等等	5 分钟（课时3）

附录 F　基于设计的研究——访谈提纲（针对第一轮实施活动）

访谈对象：教师
● 您对此次教学的感受是怎样的？（时间安排、项目进展、教学难度、学生状态、重复性等）
● 您在实施活动的过程中是否遇到一些困难？
● 您希望得到哪些支持来克服困难？
● 您觉得活动中有哪些地方可以改进？
● 您希望用什么方法改进？
访谈对象：学生
● 你对活动（时间安排、项目进展、学习难度、活动状态、团队合作、游戏化方式等）有怎样的感受？
● 你在活动中是否遇到过一些困难或挑战？请举例说明。
● 你希望得到哪些支持来克服困难或挑战？
● 你觉得活动中存在哪些不足？希望如何改善？

附录 G　基于设计的研究——访谈提纲（针对第二轮实施活动）

访谈对象：教师
● 您觉得这次活动实施的效果较上次有明显的提高吗？体现在哪些方面？
● 您觉得学生制作的项目成果质量如何？达到您的期待了吗？
● 您觉得此次活动中遇到了哪些困难？
● 您觉得活动还存在哪些不足？

续附录G

●您觉得活动还可以如何改进？
访谈对象：学生
●你对活动（时间安排、项目进展、学习难度、活动状态、团队合作、游戏化方式、知识掌握等）有怎样的感受？
●你在活动中能掌握并运用数学知识吗？哪些环节掌握和运用到了数学知识？请举例说明。
●你在活动中是否遇到过一些困难或挑战？请举例说明。
●你希望得到哪些支持来克服困难或挑战？
●你觉得活动中存在哪些不足，希望如何改善？

附录 H　基于设计的研究——知识水平测试题

前测题

一、填一填

1. 一幅地图，图上2厘米表示100千米的实际距离，这幅地图的比例尺是（　　）。

2. 把线段比例尺 $\underset{0\ \ \ 30\ \ \ 60\ \ \ 90}{\longmapsto}$ km 改成数值比例尺是（　　）。

3. 一幅地图的比例尺是 1∶3400000，它表示图上1厘米长的线段代表实际距离（　　）千米。

二、判一判（正确的打√，错误的打×）

1. 在一幅地图上，用10厘米的距离表示地面上100米的距离这幅地图的比例尺是 1∶10 000 厘米。（　　）

2. 线段比例尺 $\underset{0\ \ \ 20\ \ \ 40}{\longmapsto}$（千米），改写成数值比例尺是 2∶40。（　　）

3. 一张比例尺是 1∶4500000 的地图上量得两城的距离是3厘米，则两城的实际距离是1350千米。（　　）

三、选一选

1. 一种 8 毫米的手表零件，画在图纸上长 16 厘米，这幅图纸的比例尺是（　　）。

  A．1∶2　　　　　　　B．1∶20　　　　　　　C．20∶1

2. 把线段比例尺 $\underline{0\quad 10\quad 20\quad 30}$（千米），改为数值比例尺是（　　）。

  A．110　　　　　　　B．1∶100000　　　　　C．1∶1000000

四、你会计算吗？

1. 小明和妈妈要去上海看世博会，在比例尺是 1∶3000000 的地图上，量得小明家到上海的距离是 10 厘米，求小明家到上海的实际距离是多少千米？

2. 在比例尺是 1/1000 的地图上，量得一间房屋地基长 8 厘米，宽 5 厘米。这间房屋实际的长和宽分别是多少？

后测题

一、填一填

1. 一幅地图上，图上 2 厘米表示实际距离 160 米。这幅图的比例尺是（　　）。

2. 一幅地图的比例尺是 $\underline{0\quad 80\quad 160}$ km 改写成数值比例尺是（　　）。

3. 一幅图的比例尺是 10∶1，它表示图上 1 厘米长的线段代表实际距离（　　）。

二、判一判（正确的打√，错误的打×）

1. 某品牌钟表上需要一个长 0.5 毫米的零件，设计师将这个零件放大画在图纸上长 5 厘米，这幅图的比例尺是 1∶100。（　　）

2. 在线段比例尺 $\underline{0\quad 50\quad 100\quad 150}$（千米）中，改成数值比例尺是 1∶150。（　　）

3. 一幅地图的比例尺是 1∶40000000，在这幅地图上量得甲、乙两地之间的距离为 2cm，甲、乙两地的实际距离是 400km。（　　）

三、选一选

1. 在比例尺是 1∶40000 的地图上，图上距离 1cm 表示实际距离（　　）。

  A．400 米　　　B．4 千米　　　C．40 千米　　　D．400 千米

2. 把 $\underline{0\quad 60\quad 120}$（千米）改写成数值比例尺是（　　）。

A. 1∶60　　　　B. 1∶600　　　　C. 1∶6000000

四、你会计算吗?

1. 在比例尺是 1∶5000000 的中国地图上,量得上海到杭州的距离是 3.4cm,上海到杭州的实际距离是多少千米?

2. 一个长方形操场,长 160 米,宽 120 米。如果把它画在比例尺是 1/4000 的地图上,长和宽各应画多少厘米?

附录 I　准实验研究——知识水平测试题

前测题

一、填一填

1. 比例尺 = (　　　　) ∶ (　　　　)

2. 一个零件的长度是 2.5 毫米,画在比例尺是 20∶1 的设计图上是 (　　) 厘米。

二、判一判

把一个长方形操场画在 1∶100 的图上,图上操场的面积缩到原来的 1/100。(　　)

三、选一选

1. 把实际长 3.5km 的路程画在比例尺是 1∶70000 的地图上,应画 (　　) cm。

A. 5　　　　B. 7　　　　C. 35

2. 红星小学的运动操场长 120m,宽 80m,画在图纸上,选 (　　) 的比例尺比较合适。

A. 1/200　　　B. 1/2000　　　C. 1/10000　　　D. 1/400000

四、填一填

图上距离	实际距离	比例尺
20 cm	4 km	
15 cm		1∶500000
	12 km	1∶200000

五、算一算

1. 一种精密零件长 5 毫米，把它画在比例尺是 12∶1 的零件上，长应该画多少厘米？

2. 在一幅世界地图上，用 6 厘米长的线段表示 2100 千米的实际距离，求这幅地图的比例尺。如果把这个数值比例尺改成线段比例尺，应怎样画？请画出来。

后测题

一、填一填

1. 比例尺的分类：（　　　　　）和（　　　　　　　）。

2. 一个零件长 5 毫米，画在图纸上长 25 厘米，这张图纸的比例尺是（　　　）。

二、判一判

线段比例尺 0　20　40（千米），改写成数值比例尺是 2∶40。（　　　）

三、选一选

1. 一条公路实际长 200 千米，如果把它用 1∶2000000 比例尺画在地图上，应画（　　）。

A. 1 厘米　　　　B. 10 厘米　　　C. 10 分米

2. 一幅地图上，用 20 厘米表示 380 千米，则该地图的比例尺为（　　　）。

A. 1∶19000000　　B. 1∶1900000　　C. 1∶190000　　D. 1∶19000

四、填一填

比例尺	图上距离	实际距离
1∶40000	3.5cm	
1∶600000		18km
	4cm	20km

五、算一算

1. 在比例尺是 1∶600000 的地图上多少厘米表示实际距离 300 千米？

2. 在一幅比例尺是 1∶7000000 的地图上，量出北京到井冈山的距离大约是 21 厘米。北京到井冈山的实际距离大约是多少千米？

附录 J　准实验研究——师生访谈提纲

	教师访谈提纲 1（适用于传统 PBL）
学习方式	●您认可这样的学习方式吗？为什么？ ●您觉得这样的学习方式是否能促进学生的学习结果（如知识与技能，情感态度价值观）？如果能，请举例说明。
实施困难	●在教学实施过程中，您是否遇到了困难？如果遇到，您是如何解决的？
活动支持	●活动中您为学生提供了哪些支持？您觉得足够了吗？
项目管理	●您觉得管理项目活动困难吗？如果困难，请举例说明。
	教师访谈提纲 2（适用于 GPBL）
学习方式	●您认可这样的学习方式吗？为什么？ ●您觉得这样的学习方式是否能促进学生的学习结果（如知识与技能、情感态度价值观）？如果能，请举例说明。
实施困难	●在教学实施过程中，您是否遇到困难？如果遇到，您是如何解决的？
活动支持	●活动中您为学生提供了哪些支持？您觉得足够了吗？

续附录 J

项目管理	●您觉得管理项目活动困难吗？如果困难，请举例说明。
"游戏化"设计	●您觉得游戏化设计（如夺星挑战、电子交互白板游戏、角色扮演）与项目活动融合的效果如何？请举例说明。 ●您觉得游戏化设计（如夺星挑战、电脑游戏、电子交互白板游戏、角色扮演）为此次的学习活动带来了哪些益处？请举例说明。 ●您觉得在哪种学习方式下，学生的学习效果更好？请举例说明。 ●您更愿意采用哪种方式进行授课？为什么？
学生个人访谈提纲1（适用于传统PBL）	
主题与任务	●你觉得设计学校公共空间这个主题有趣吗？意义大吗？请说明原因。 ●你觉得此次活动的任务挑战大吗？具体体现在哪些方面？请举例说明。（绘制—设计—展示） ●你是否愿意尽力去完成这些任务？为什么？
知识与技能的强化	●你能听懂老师教授的比例尺内容吗？ ●你在写知识测试题的时候会感觉烦躁/焦虑/无助/担忧/快乐/自信吗？为什么？
团队合作	●你对这次活动的团队合作满意吗？为什么？（如团队分工是否合理、团队成员是否尽责，团队成员的想法好不好） ●合作过程中会遇到问题吗？如果会，请举例说明，最后是如何协调/解决的？ ●出现问题时，你和其他团队成员是会想办法尽力解决问题，把主要精力放在项目任务上，还是会把它放大，因而耽误了活动进程？你觉得为什么会出现这样的情况？ ●下次再遇到相似的问题，你知道如何处理了吗？
成果展示与交流	●在你们团队将方案设计好后，你期待将它向同学们展示吗？为什么？ ●上讲台进行成果展示，你会感到紧张吗？为什么？ ●你喜欢与大家共同交流设计方案吗？为什么？ ●其他同学的方案设计对你有启发吗？为什么？ ●团队成员在成果展示过程中出现过什么问题吗？是如何解决的？
评价方式	●你觉得评价方式合理吗？为什么？ ●你希望的评价方式是怎样的？

续附录 J

总体感受与建议	●你喜欢这样的学习方式吗？最喜欢/最不喜欢哪些地方？为什么？ ●你觉得这样的学习方式能帮助你提高学习兴趣和学习效果吗？为什么？ ●如果喜欢，你希望未来这样的学习方式可以应用在哪些学科？ ●在整个活动过程中，你/你们还遇到了哪些困难？是如何解决的？ ●面对上述提到的任务挑战、团队合作、成果展示等方面的问题，你/团队成员会积极应对，还是会想要逃避？为什么？ ●你对这次课有什么建议吗（内容、形式、时间等）？
其他	●你还有什么想和我们分享吗？
学生个人访谈提纲 1（适用于 GPBL）	
主题与任务	●你觉得设计学校公共空间这个主题有趣吗？意义大吗？请说明原因。 ●你觉得此次活动的任务挑战大吗？具体体现在哪些方面？请举例说明。（绘制—设计—展示） ●你是否愿意尽力去完成这些任务？为什么？ ●你是否会为了赢而主动承担项目任务/主动克服种种困难？为什么？
积分奖励	●你关注自己团队和其他团队的"星星"数量吗？为什么？ ●你会为了"夺星"而努力完成项目任务吗？为什么？（成就感、奖励） ●你们团队最终获得了多少颗星星？在班里排第几？ ●你对这个结果感到满意吗？为什么？ ●你觉得夺星挑战有趣吗？为什么？
闯关挑战	●你有想去挑战"闯关"的冲动吗？为什么？ ●你觉得闯关对你来说是动力还是压力？为什么？
扮演设计师	●你会在活动中把自己想象成设计师吗？如果会，你觉得它带给了你怎样的体验？（更加投入、有趣） ●你会从设计师的角度去思考方案设计吗？如果会，请举例说明。
知识与技能的强化	●你能听懂老师教授的比例尺内容吗？ ●你觉得团队成员在游戏中 PK 的方式有趣吗？为什么？（比如轻松、好奇、好玩） ●你想上去参与吗？为什么？ ●你会否因为觉得这样好玩而认真听老师讲解游戏中的题目？为什么？

续附录 J

团队合作	●你对这次活动的团队合作满意吗？为什么？（如团队分工是否合理、团队成员是否尽责，团队成员想法好不好） ●合作过程中会遇到问题吗？如果会，请举例说明，最后是如何协调/解决的？ ●出现问题时，你和其他团队成员是会想办法尽力解决问题，把主要精力放在项目任务上，还是会把它放大，因而耽误了活动进程？你觉得为什么会出现这样的情况？ ●下次再遇到相似的问题，你知道如何处理了吗？
成果展示与交流	●在你们团队将方案设计好后，你期待将它向同学们展示吗？为什么？ ●上讲台进行成果展示，你会感到紧张吗？为什么？ ●你喜欢与大家共同交流设计方案吗？为什么？ ●其他同学的方案设计对你有启发吗？为什么？ ●团队成员在成果展示过程中出现过什么问题吗？是如何解决的？
评价方式	●你觉得评价方式合理吗？为什么？ ●你希望的评价方式是怎样的？
总体感受与建议	●你喜欢这样的学习方式吗？最喜欢/最不喜欢哪些地方？为什么？ ●你觉得游戏化设计（夺星挑战、电子交互板游戏、角色扮演）能否为你在此次的学习活动中带来益处？请举例说明。 ●你觉得这样的学习方式能帮助你提高学习兴趣和学习效果吗？为什么？ ●如果喜欢，你希望未来这样的学习方式可以应用在哪些学科？ ●在整个活动过程中，你/你们还遇到了哪些困难？是如何解决的？ ●面对上述提到的任务挑战、团队合作、成果展示等方面的问题，你/团队成员会积极应对，还是会想要逃避？为什么？ ●你对这次课有什么建议吗（内容、形式、时间等）？
其他	●你还有什么想和我们分享吗？

附录 K 准实验研究——活动看法与感受问卷（GPBL）

亲爱的同学，你好！本问卷旨在了解你对此次活动的看法与感受。问卷采取匿名方式，答案无对错之分，只有态度上的异同，请你凭第一感觉填写，你的回答对我们意义非凡！

你所在的班级：　　　　　　　你的性别：

题号	回答	题目
1		这次的学习活动很有趣。 A. 非常符合　B. 比较符合　C. 一般　D. 比较不符合　E. 非常不符合
2		这次的学习活动让我感到轻松愉快。 A. 非常符合　B. 比较符合　C. 一般　D. 比较不符合　E. 非常不符合
3		这次的学习活动能够帮助我掌握比例尺知识。 A. 非常符合　B. 比较符合　C. 一般　D. 比较不符合　E. 非常不符合
4		这样的学习方式不适合我。 A. 非常符合　B. 比较符合　C. 一般　D. 比较不符合　E. 非常不符合
5		我希望以后能有更多类似的学习活动。 A. 非常符合　B. 比较符合　C. 一般　D. 比较不符合　E. 非常不符合
6		这次的学习活动能提高我在创造、问题解决、团队合作等方面的综合能力。 A. 非常符合　B. 比较符合　C. 一般　D. 比较不符合　E. 非常不符合
7		相比于传统的数学课堂，我在这次的学习活动中更加积极和主动。 A. 非常符合　B. 比较符合　C. 一般　D. 比较不符合　E. 非常不符合
8		活动能让我感受到比例尺知识在实际生活中的应用。 A. 非常符合　B. 比较符合　C. 一般　D. 比较不符合　E. 非常不符合
9		活动中，我能独立计算出平面图物件的实际长度和宽度。 A. 非常符合　B. 比较符合　C. 一般　D. 比较不符合　E. 非常不符合
10		我们的团队在活动中非常团结。 A. 非常符合　B. 比较符合　C. 一般　D. 比较不符合　E. 非常不符合

续附录 K

题号	回答	题目
11		活动能带给我很大的成就感。 A. 非常符合　B. 比较符合　C. 一般　D. 比较不符合　E. 非常不符合
12		我很想玩交互白板中的二人 PK 游戏。 A. 非常符合　B. 比较符合　C. 一般　D. 比较不符合　E. 非常不符合
13		交互白板里的 PK 游戏结束后,我会认真听教师讲解游戏里涉及的每一题。 A. 非常符合　B. 比较符合　C. 一般　D. 比较不符合　E. 非常不符合
14		我不想以团队比赛的方式完成项目任务,比赛会让我感到不安。 A. 非常符合　B. 比较符合　C. 一般　D. 比较不符合　E. 非常不符合
15		活动中,我会把自己想象成一名设计师,认真思考如何设计学校礼堂。 A. 非常符合　B. 比较符合　C. 一般　D. 比较不符合　E. 非常不符合

附录 L　准实验研究——活动看法与感受问卷（PBL）

亲爱的同学,你好!本问卷旨在了解你对此次活动的看法与感受。问卷采取匿名方式,答案无对错之分,只有态度上的异同,请你凭第一感觉填写,你的回答对我们意义非凡!

你所在的班级:　　　　　　　你的性别:

题号	回答	题目
1		这次的学习活动很有趣。 A. 非常符合　B. 比较符合　C. 一般　D. 比较不符合　E. 非常不符合
2		这次的学习活动让我感到轻松愉快。 A. 非常符合　B. 比较符合　C. 一般　D. 比较不符合　E. 非常不符合
3		这次的学习活动能够帮助我掌握比例尺知识。 A. 非常符合　B. 比较符合　C. 一般　D. 比较不符合　E. 非常不符合
4		这样的学习方式不适合我。 A. 非常符合　B. 比较符合　C. 一般　D. 比较不符合　E. 非常不符合

续附录 L

题号	回答	题目
5		我希望以后能有更多类似的学习活动。 A. 非常符合　B. 比较符合　C. 一般　D. 比较不符合　E. 非常不符合
6		这次的学习活动能提高我在创造、问题解决、团队合作等方面的综合能力。 A. 非常符合　B. 比较符合　C. 一般　D. 比较不符合　E. 非常不符合
7		相比于传统的数学课堂，我在这次的学习活动中更加积极和主动。 A. 非常符合　B. 比较符合　C. 一般　D. 比较不符合　E. 非常不符合
8		活动能让我感受到比例尺知识在实际生活中的应用。 A. 非常符合　B. 比较符合　C. 一般　D. 比较不符合　E. 非常不符合
9		活动中，我能独立计算出平面图物件的实际长度和宽度。 A. 非常符合　B. 比较符合　C. 一般　D. 比较不符合　E. 非常不符合
10		我们的团队在活动中非常团结。 A. 非常符合　B. 比较符合　C. 一般　D. 比较不符合　E. 非常不符合
11		活动能带给我很大的成就感。 A. 非常符合　B. 比较符合　C. 一般　D. 比较不符合　E. 非常不符合
12		在课上做题时，我感到枯燥无味。 A. 非常符合　B. 比较符合　C. 一般　D. 比较不符合　E. 非常不符合

附录 M　学习动机量表

亲爱的同学，你好！本问卷旨在了解你对此次学习活动的学习动机情况。请你使用下面的量表来回答问题。如果你完全认可这句话，请在题目后面的框里填上7；如果这句话你完全不认可，请在题目后面的框里填上1。如果你对这句话在一定程度上是认可的，那请在1和7之间找出最能描述你对这句话的认可程度的数字，并把数字填在题目后面的框里。答案没有对错之分，只要尽可能准确地回答即可。（1 = 完全不认可，7 = 非常认可）

题目	1 2 3 4 5 6 7
1. 在此次活动中，我更喜欢具有挑战性的内容，这样我可以学到新知识。	
2. 我能够在此次活动中学到知识。	
3. 当我在面对测试题（前面做的测试题）时，我会觉得和别的同学相比我做得很差。	
4. 我觉得我可以把此次活动中学到的东西用在其他学科中。	
5. 我认为我有能力在比例尺单元考试中拿到很好的成绩。	
6. 我确信我可以学习到此次活动中最难的部分。	
7. 在比例尺单元考试中拿到好成绩会让我感到十分满足。	
8. 我在做测试题时，心里总想着那些我不会做的题目。	
9. 活动中如果我学不会比例尺知识，那一定是我的原因。	
10. 学习此次活动中的相关内容对我来说很重要。	
11. 我最关心的是能否在之后的数学测验中获得一个好的分数。	
12. 此次活动中基础概念的学习对我来说不成问题。	
13. 如果能办到，我想要比别的同学在此次活动中学得更好。	
14. 当我在做测试题时，我总在想要是做不好该怎么办。	
15. 我确信自己能够理解学习材料中最复杂的内容。	
16. 对于和此次活动相似的课程，我希望课程内容能吸引我的兴趣，即使它很难学。	
17. 我对此次活动里的内容非常感兴趣。	
18. 只要我足够努力，我就能理解活动中涉及的知识内容。	
19. 当我做测试题时，我会感到紧张不安。	
20. 对于此次活动的学习和测试，我非常有信心可以做得很棒。	
21. 我期望自己在此次活动中有好的表现。	
22. 在此次活动中，最让我感到满足的事情就是尽可能透彻地理解课程内容。	
23. 因为有用处，我觉得此次活动值得学习。	

续附录 M

题目	1 2 3 4 5 6 7
24. 如果有机会，我会选择那些能让我学到最多东西的学一学，即使它们未必对提高成绩有用。	
25. 如果我没弄明白有关问题，那一定是我没尽力的结果。	
26. 我喜欢此次活动的内容。	
27. 理解此次活动的知识内容对我来说非常重要。	
28. 当我在做测试题时，我感觉心跳明显加速。	
29. 我肯定能掌握此次活动中的知识与技能。	
30. 我想在活动中取得好的成绩，这样就可以在家人、朋友或其他人展示我的能力。	
31. 从活动的难度、老师和自我能力等方面考虑，我觉得我能在学习中表现出色。	

参考文献

[1] 巴克教育研究所. 项目学习教师指南: 21世纪的中学教学法 [M]. 任伟, 译. 北京: 教育科学出版社, 2007.

[2] 班杜拉. 思想和行动的社会基础: 社会认知论 [M]. 林颖, 译. 上海: 华东师范大学出版社, 2001.

[3] 布鲁纳. 教育过程 [M]. 邵瑞珍, 译. 北京: 文化教育出版社, 1982.

[4] 曹培杰. 未来学校变革: 国际经验与案例研究 [J]. 电化教育研究, 2018, 11: 114-119.

[5] 车炼红. 分析学生在项目化学习过程中存在的问题及对策 [J]. 智力, 2020 (26): 39-40.

[6] 陈博殷, 钱扬义, 李言萍. 游戏化学习的应用与研究述评: 基于国内外课堂中的"化学游戏化学习" [J]. 远程教育杂志, 2002, 35 (5): 93-104.

[7] 陈卫东, 叶新东, 张际平. 智能教室研究现状与未来展望 [J]. 远程教育杂志, 2011, 29 (4).

[8] 陈怡安. 线上游戏的魅力 [J]. 台湾资讯社会研究, 2002 (3): 207.

[9] 达林·哈蒙德. 高效学习: 我们所知道的理解性教学 [M]. 冯锐, 等, 译. 上海: 华东师范大学出版社, 2010.

[10] 丁东红. 米德文选 [M]. 北京: 社会科学文献出版社, 2009.

[11] 董艳, 静宇, 王晶. PBL: 突破研学旅行困境之剑 [J]. 教育科学研究, 2019 (11): 58-63.

[12] 段春雨. 教育游戏对学生学业成就影响研究: 基于48项实验与准实验研究的元分析 [J]. 开放教育研究, 2017 (4): 65-75.

[13] 冯忠良, 伍新春, 姚梅林, 等. 教育心理学 [M]. 北京: 人民教育出版社, 2015.

[14] 甘容辉, 何高大. 5G时代二语习得游戏化学习路径探究 [J]. 外语教学, 2020 (5): 60-65.

[15] 高文. 维果茨基心理发展理论与社会建构主义 [J]. 全球教育展望,

1999（4）：10-14.

[16] 和文斌，董永权. 教育游戏对学生学习效果的影响研究：基于41项实验和准实验的元分析［J］. 现代教育技术，2021（4）：44-50.

[17] 核心素养研究课题组. 中国学生发展核心素养［J］. 中国教育学刊，2016（10）：1-3.

[18] 赫伊津哈. 游戏的人：文化的游戏要素研究［M］. 付存良，译. 北京：北京大学出版社，2014.

[19] 侯肖，胡久华. 在常规课堂教学中实施PBL：以化学教学为例［J］. 教育学报，2016（4）：39-44.

[20] 胡红杏. PBL：培养学生核心素养的课堂教学活动［J］. 兰州大学学报（社会科学版），2017，45（6）：165-172.

[21] 胡佳怡. PBL及其实践困境的突破［J］. 教学与管理，2021（31）：4.

[22] 华莱士，沃尔夫，刘少杰. 当代社会学理论：对古典理论的扩展［M］. 北京：中国人民大学出版社，2008.

[23] 黄文丹，高理想，谭淑方，等. 新课标背景下游戏化PBL课程的设计及应用研究［D］. 第十三届全球华人探究学习创新应用大会（GCCIL2022）大会论文集，2022：730-735.

[24] 基思·索耶. 剑桥学习科学手册［M］. 徐晓东，等，译. 北京：教育科学出版社，2021.

[25] 卡尔·卡普，卢卡斯·布莱尔，里奇·梅施. 游戏，让学习高效［M］. 陈阵，译. 北京：机械工业出版社，2017.

[26] 莱夫，温格. 情景学习：合法的边缘性参与［M］. 王文静，译. 上海：华东师范大学出版社，2004.

[27] 李晓东. 教育心理学［M］. 北京：北京大学出版社，2020.

[28] 李秀晗，曲茜美. 游戏化学习在儿童数字化阅读中的设计研究［J］. 电化教育研究，2018，39（12）：118-124.

[29] 李宜逊，李虹，德秀齐，等. 游戏化学习促进学生个性化发展的实证研究：以GraphoGame拼音游戏为例［J］. 中国电化教育，2017（5）：95-101.

[30] 李玉斌，宋金玉，姚巧红. 游戏化学习方式对学生学习效果的影响研究：基于35项实验和准实验研究的元分析［J］. 电化教育研究，2019（11）：56-62.

[31] 理查德·迈耶. 走出教育游戏的迷思：科学证据告诉了我们什么［M］.

裴蕾丝,译. 北京:教育科学出版社,2019.

[32] 林聚任. 西方社会建构论思潮研究[M]. 北京:社会科学文献出版社,2016.

[33] 刘瑞. 创客教育背景下的 PBL 评价的理论与实践探析[J]. 教育与装备研究,2019(9):7-11.

[34] 刘兴波,邱岑岑,王广新. 任务强度差异支架对学生游戏化学习动机和沉浸感的影响[J]. 中国远程教育,2020(4):50-57.

[35] 刘焱. 儿童游戏通论[M]. 北京:北京师范大学出版社,2004.

[36] 罗伯特·飞利浦·韦伯. 内容分析法导论[M]. 李明,译. 上海:上海人民出版社,2019.

[37] 吕晓,龙薇. 维果茨基游戏理论述评[J]. 学前教育研究,2006(6):53-55.

[38] 马尔科姆·泰特. 案例研究:方法与应用[M]. 徐世勇,杨付,李超平,等,译. 北京:中国人民大学出版社,2019.

[39] 马红亮. 教育网络游戏设计的方法和原理:以 Quest Atlantis 为例[J]. 远程教育杂志,2015(1):94-99.

[40] 马卡姆. PBLPBL:项目设计及辅导指南[M]. 董艳,译. 北京:光明日报出版社,2015.

[41] 马斯洛. 动机与人格[M]. 许金声,译. 北京:华夏出版社,1987.

[42] 马志强,刘亚琴. 从 PBL 与配对编程到跨学科综合设计:基于 2006—2019 年国际 K-12 计算思维研究的元分析[J]. 远程教育杂志,2019(5):75-84.

[43] 麦戈尼格尔. 游戏改变世界:游戏化如何让现实变得更美好[M]. 闾佳,译. 杭州:浙江人民出版社,2012.

[44] 米哈里·契克森米哈赖. 心流:最优体验心理学[M]. 张定绮,译. 北京:中信出版社,2017.

[45] 穆肃. 准实验研究及其设计方法[J]. 中国电化教育,2001(12):13-16.

[46] 乔恩,巴格利. 全球教育地平线:离我们到底有多远[J]. 北京广播电视大学学报,2012(6):29-34.

[47] 曲茜美,曾嘉灵,尚俊杰. 情境故事视角下的 MOOC 游戏化设计模型研究[J]. 中国远程教育,2019(12):24-33.

[48] 尚俊杰,裴蕾丝. 重塑学习方式:游戏的核心教育价值及应用前景[J].

中国电化教育，2015（5）：40-49.

[49] 尚俊杰，曲茜美. 游戏化教学法［M］. 北京：高等教育出版社，2019.

[50] 苏仰娜. 创客学习视域下的移动学习游戏探索：基于STEM理念的教育游戏积件［J］. 远程教育杂志，2017，35（5）：105-112.

[51] 谭杰，李咏梅. 困境与出路：英语PBL教学模式构建探析［J］. 攀枝花学院学报，2018，35（1）：102-106.

[52] 陶佳，范晨晨. 沉浸式学习理论视域下的游戏化课程目标设计：机理、框架与应用［J］. 远程教育杂志，2021（5）：66-75.

[53] 王淑娟. 美国中小学PBL：问题、改进与借鉴［J］. 基础教育课程，2019（11）：70-78.

[54] 王舒婷，许昌林. "微课"教学模式与传统教学模式的对比分析［J］. 教育现代化，2019（1）：139-141.

[55] 韦巴赫，亨特. 游戏化思维：改变未来商业的新力量［M］. 周逵，王晓丹，译. 杭州：浙江人民出版社，2014.

[56] 夏惠贤，杨伊. 项目学习：模型建构与可为路径［J］. 现代基础教育研究，2021（2）：5-11.

[57] 夏雪梅. 项目化学习设计：学习素养视角下的国际与本土实践［M］. 北京：教育科学出版社，2018.

[58] 谢应宽. B.F.斯金纳强化理论探析［J］. 贵州师范大学学报（自然科学版），2003，21（1）：5.

[59] 于颖，陈文文，于兴华. STEM游戏化学习活动设计框架［J］. 开放教育研究，2021（1）：94-105.

[60] 余明华，张治，祝智庭. 基于学生画像的PBL评价指标体系研究［J］. 电化教育研究，2021（3）：89-95.

[61] 约翰·杜威. 民主主义与教育［M］. 王承绪，译. 北京：人民教育出版社，2020.

[62] 张华. 论核心素养的内涵［J］. 全球教育展望，2016（4）：10-24.

[63] 张靖，傅钢善，郑新. 国际游戏化语言学习研究现状与启示［J］. 电化教育研究，2018，39（2）：93-97.

[64] 张靖，傅钢善，郑新. 教育技术领域中的游戏化：超越游戏的学习催化剂［J］. 电化教育研究，2019，40（3）：20-26.

[65] 张露，胡若楠，曾嘉灵，等. 学习科学视角的分数游戏设计与应用研究［J］. 中国远程教育，2022（3）：68-75.

[66] 张露, 朱秋庭. 美国 Quest to Learn 学校以游戏化学习培养真正的系统思考者与设计者 [J]. 上海教育, 2016 (35).

[67] 张文兰, 刘俊生. 基于设计的研究: 教育技术学研究的一种新范式 [J]. 电化教育研究, 2007 (10): 13-17.

[68] 张文兰, 苏瑞. 境外 PBL 研究领域的热点, 趋势与启示: 基于 CiteSpace 的数据可视化分析 [J]. 远程教育杂志, 2018 (5).

[69] 张文兰, 张思琦, 林君芬, 等. 网络环境下基于课程重构理念的 PBL 设计与实践研究. 电化教育研究 [J]. 2016 (2): 38-45, 53.

[70] 赵言诚, 孙秋华, 姜海丽. 慕课与传统课堂教育的比较与对策 [J]. 黑龙江高教研究, 2016 (8): 156-158.

[71] 赵永乐, 蒋宇, 何莹. 我国教师对教育游戏的接受与使用状况调查 [J]. 开放教育研究, 2022 (1): 51-61.

[72] 中华人民共和国教育部. 国家中长期教育改革和发展规划纲要 (2010—2020 年) [J]. 评价与管理, 2010 (3): 1-17.

[73] 中华人民共和国教育部. 义务教育课程方案和课程标准 (2022 年版) [M]. 北京: 北京师范大学出版社, 2022.

[74] 周序, 郭羽菲. 减轻课后作业负担的关键在于提升课堂教学的有效性: "双减" 政策引发的思考 [J]. 四川师范大学学报 (社会科学版), 2022 (1): 110-116.

[75] 朱鹏, 朱星圳, 丁晟春. 游戏化对 MOOC 用户持续使用意愿的影响研究 [J]. 中国电化教育, 2019 (4): 85-91.

[76] 朱云, 裴蕾丝, 尚俊杰. 游戏化与 MOOC 课程视频的整合途径研究: 以《游戏化教学法》MOOC 为例 [J]. 远程教育杂志, 2017, 35 (6): 95-103.

[77] Altanis I, Retalis S, Petropoulou O. Systematic design and rapid development of motion-based touchless games for enhancing students' thinking skills [J]. Education sciences, 2018, 8 (1): 18.

[78] Araiza-Alba P, Keane T, Chen W S, et al. Immersive virtual reality as a tool to learn problem-solving skills [J]. Computers & education, 2021, 164: 104-121.

[79] Arnab S, Clarke S, Morini L. Co-creativity through play and game design thinking [J]. Electronic journal of e-learning, 2019, 17 (3): 184-198.

[80] Bandura A. Self-efficacy: toward a unifying theory of behavioral change [J].

Psychological review, 1977, 84 (2): 191.

[81] Baran M, Maskan A, Yasar S. Learning physics through project-based learning game techniques [J]. International journal of instruction, 2018, 11 (2): 221-234.

[82] Baser D, Ozden M Y, Karaarslan H. Collaborative project-based learning: an integrative science and technological education project [J]. Research in science & technological education, 2017, 35 (2): 131-148.

[83] Belagra M, Draoui B. Project-based learning and information and communication technologys integration: impacts on motivation [J]. International journal of electrical engineering education, 2018, 55 (4): 293-312.

[84] Bell S. Project-based learning for the 21st century: skills for the future [J]. The clearing house, 2010, 83 (2): 39-43.

[85] Berbegal J, Gil D, Alegre I. Where to locate? a project-based learning activity for a graduate-level course on operations management [J]. The international journal of engineering education, 2017, 33 (5): 1586-1597.

[86] Berger P L. Luckmann T. The social construction of reality: a treatise of the sociology of knowledge [M]. New York: Doubleday, 1966.

[87] Blumenfeld P C, Soloway E, Marx R W, et al. Motivating project-based learning: sustaining the doing, supporting the learning [J]. Educational psychologist, 1991, 26 (3-4): 369-398.

[88] Boaler J. Open and closed mathematics: student experiences and understandings [J]. Journal for research in mathematics education, 1998, 29 (1): 41-62.

[89] Brown J S, Collins A, Duguid P. Situated cognition and the culture of learning [J]. Educational researcher, 1989, 18 (1): 32-42.

[90] Callaghan N. Investigating the role of Minecraft in educational learning environments [J]. Educational media international, 2016, 53 (4): 244-260.

[91] Çelik H C, Ertas H, Ilhan A. The impact of project-based learning on achievement and student views: the case of AutoCAD programming course [J]. Journal of education and learning, 2018, 7 (6): 67-80.

[92] Chen C H, Wang K C, Lin Y H. The comparison of solitary and collaborative modes of game-based learning on students' science learning and motivation [J]. Journal of educational technology & society, 2015, 18 (2): 237-248.

[93] Chen C H, Yang Y C. Revisiting the effects of project-based learning on students academic achievement: a meta-analysis investigating moderators [J]. Educational research review, 2019 (26): 71–81.

[94] Chua Y L, Koh Y Y. Internal competition in engineering education—a case study of project design competition in UNITEN [J]. Advanced science letters, 2017, 23 (2): 708–711.

[95] Chung C H, Lin Y Y. Online 3D gamification for teaching a human resource development course [J]. Journal of computer assisted learning, 2022, 38 (3): 692–706.

[96] Cordova D I, Lepper M R. Intrinsic motivation and the process of learning: Beneficial effects of contextualization, personalization, and choice [J]. Journal of educational psychology, 1996, 88 (4): 715.

[97] Costa C, Tyner K, Henriques S, et al. Game creation in youth media and information literacy education [J]. International journal of game-based learning, 2018, 8 (2): 1–13.

[98] Creswell J W, Garrett A L. The "movement" of mixed methods research and the role of educators [J]. South African journal of education, 2008, 28 (3): 321–333.

[99] Cresswell J W. Educational research: planning, conducting, and evaluating quantitative and qualitative research [M]. Lincoln: Pearson, 2012.

[100] Dado M, Bodemer D. A review of methodological applications of social network analysis in computer-supported collaborative learning [J]. Educational research review, 2017 (22): 159–180.

[101] Daft R L, Weick K E. Toward a model of organizations as interpretation systems [J]. Academy of management review, 1984, 9 (2): 284–295.

[102] DeLeeuw K E, Mayer R E. Cognitive consequences of making computer-based learning activities more game-like [J]. Computers in human behavior, 2011, 27 (5).

[103] Deutsch M. Fifty years of conflict [M] //Festinger L. Retrospections on social psychology. New York: Oxford University Press, 1980: 46–77.

[104] Díaz-Lauzurica B, Moreno-Salinas D. Computational thinking and robotics: a teaching experience in compulsory secondary education with students with high degree of apathy and demotivation [J]. Sustainability, 2019, 11 (18): 5109.

[105] Dindar M. An empirical study on gender, video game play, academic success and complex problem solving skills [J]. Computers & education, 2018, 125: 39-52.

[106] Ebner M, Holzinger A. Successful implementation of user-centered game based learning in higher education: an example from civil engineering [J]. Computers & education, 2007, 49 (3): 873-890.

[107] Edmunds J, Arshavsky N, Glennie E, et al. The relationship between project-based learning and rigor in STEM-focused high schools [J]. Interdisciplinary journal of problem-based learning, 2017, 11 (1): 3.

[108] Eisenhardt K M. Building theories from case study research [M]. Academy of management review, 1989, 14 (4): 532-550.

[109] Eisenhardt K M. Better stories and better constructs: the case for rigor and comparative logic [J]. Academy of management review, 1991, 16 (3): 620-627.

[110] Engström H, Lyu R, Backlund P, et al. Shared learning objectives in interdisciplinary projects: game design in a Sino-Scandinavian Context [J]. Journal of university teaching and learning practice, 2020, 17 (1): 4.

[111] Festinger L. Informal social communication [J]. Psychological review, 1950, 57 (5): 271.

[112] Filsecker M, Hickey D T. A multilevel analysis of the effects of external rewards on elementary students' motivation, engagement and learning in an educational game [J]. Computers & education, 2014, 75: 136-148.

[113] Francese R, Gravino C, Risi M, et al. Using project-based-learning in a mobile application development course—an experience report [J]. Journal of visual languages & computing, 2015, 31: 196-205.

[114] Frank M, Barzilai A. Integrating alternative assessment in a project-based learning course for pre-service science and technology teachers [J]. Assessment & evaluation in higher education, 2004, 29 (1): 41-61.

[115] Gabriele L, Marocco D, Bertacchini F, et al. An educational robotics lab to investigate cognitive strategies and to foster learning in an Arts and humanities course degree [J]. International journal of online engineering, 2017, 13 (4).

[116] Gaeta E, Beltrán-Jaunsaras M E, Cea G, et al. Evaluation of the create@

［116］ school game-based learning-teaching approach［J］. Sensors, 2019, 19 (15): 3251.

［117］ Gee J P. Good video games + good learning: collected essays on video games, learning and literacy［M］. 2nd ed. New York, NY: Peter Lang Publishing Inc, 2013.

［118］ Gelonch-Bosch A, Gonzalez-Rodriguez M, Marojevic V. Collaborative-competitive methodology for wireless communications system education［J］. IEEE communications magazine, 2019, 57 (11): 41 – 47.

［119］ Gerard L F, Varma K, Corliss S B, et al. Professional development for technology-enhanced inquiry science［J］. Review of educational research, 2011, 81 (3): 408 – 448.

［120］ Gestwicki P, McNely B. Interdisciplinary projects in the academic studio ［J］. ACM transactions on computing education (TOCE), 2016, 16 (2): 1 – 24.

［121］ Giannakos M N. Enjoy and learn with educational games: examining factors affecting learning performance［J］. Computers & education, 2013, 68: 429 – 439.

［122］ Grant M M. Getting a grip on project-based learning: theory, cases and recommendations［J］. Meridian: a middle school computer technologies journal, 2002, 5 (1): 83.

［123］ Grizioti M, Kynigos C. Code the mime: a 3D programmable charades game for computational thinking in MaLT2［J］. British journal of educational technology, 2021, 52 (3): 1004 – 1023.

［124］ Hall W, Palmer S, Bennett M. A longitudinal evaluation of a project-based learning initiative in an engineering undergraduate programme［J］. European journal of engineering education, 2012, 37 (2): 155 – 165.

［125］ Hallermann S, Larmer J, Mergendoller J R. PBL in the elementary grades: step-by-step guidance, tools and tips for standards-focused K-5 projects ［M］. 1st ed. Novato, CA: Buck Institute for Education, 2011.

［126］ Hastie P A, Chen S, Guarino A J. Health-related fitness knowledge development through project-sbased learning［J］. Journal of teaching in physical education, 2017, 36 (1): 119 – 125.

［127］ Herriott R E, Firestone W A. Multisite qualitative policy research:

optimizing description and generalizability[J]. Educational researcher, 1983, 12 (2): 14-19.

[128] Hewett K J, Zeng G, Pletcher B C. The acquisition of 21st-century skills through video games: minecraft design process models and their web of class roles [J]. Simulation & gaming, 2020, 51 (3): 336-364.

[129] Hsu M E, Cheng M T. Immersion experiences and behavioural patterns in game-based learning [J]. British journal of educational technology, 2021, 52 (5): 1981-1999.

[130] Huang W, Li X, Shang J. Gamified project-based learning: a systematic review of the research landscape [J]. Sustainability, 2023, 15 (2): 1-19.

[131] Huang Y M, Huang Y M. A scaffolding strategy to develop handheld sensor-based vocabulary games for improving students learning motivation and performance [J]. Educational technology research and development, 2015, 63 (5): 691-708.

[132] Huang R, Spector J M, Yang J. Educational technology a primer for the 21st century [M]. Springer, 2019.

[133] Huizinga J. Homo ludens: a study of the play-element in culture [M]. London: Routledge & Keegan Paul, 1980.

[134] Hung C M, Hwang G J, Huang I. A project-based digital storytelling approach for improving students' learning motivation, problem-solving competence and learning achievement [J]. Educational technology & society, 2012, 15 (4): 368-379.

[135] Hwang G J, Hsu T C, Lai C L, et al. Interaction of problem-based gaming and learning anxiety in language students' English listening performance and progressive behavioral patterns [J]. Computers & education, 2017, 106: 26-42.

[136] Hwang G J, Hung C M, Chen N S. Improving learning achievements, motivations and problem-solving skills through a peer assessment-based game development approach [J]. Educational technology research and development, 2014, 62 (2): 129-145.

[137] Isabelle D A. Gamification of entrepreneurship education [J]. Decision sciences journal of innovative education, 2020, 18 (2): 203-223.

[138] Iten N, Petko D. Learning with serious games: is fun playing the game a

predictor of learning success? [J]. British journal of educational technology, 2016, 47 (1): 151-163.

[139] Johnson D W, Johnson R T. Cooperation and competition: theory and research [M]. Interaction Book Company, 1989.

[140] Johnson D R, Renzulli L, Bunch J, et al. Everyday observations developing a sociological perspective through a portfolio term project [J]. Teaching sociology, 2013, 41 (3): 314-321.

[141] Kapralos B, Fisher S, Clarkson J, et al. A course on serious game design and development using an online problem-based learning approach [J]. Interactive technology and smart education, 2015, 12 (2): 116-136.

[142] Ke F. Designing and integrating purposeful learning in game play: a systematic review [J]. Educational technology research and development, 2016, 64 (2): 219-244.

[143] Ke F, Clark K M, Uysal S. Architecture game-based mathematical learning by Making [J]. International journal of science and mathematics education, 2019, 17 (1): 167-184.

[144] Kizkapan O, Bektas O. The effect of project based learning on seventh grade students academic achievement [J]. International journal of instruction, 2017, 10 (1): 37-54.

[145] Kokotsaki D, Menzies V, Wiggins A. Project-based learning: a review of the literature [J]. Improving schools, 2016, 19 (3): 267-277.

[146] Kourakli M, Altanis I, Retalis S, et al. Towards the improvement of the cognitive, motoric and academic skills of students with special educational needs using Kinect learning games [J]. International journal of child-computer interaction, 2017: 11, 28-39.

[147] Krajcik J S, Czerniak C M. Teaching science in elementary and middle school: a project-based approach [M]. 4th ed. New York, NY: Routledge, 2014.

[148] Kurzel F, Rath M. Project based learning and learning environments [J]. Issues in informing science & information technology, 2007 (4).

[149] Kyewski E, Krämer N C. To gamify or not to gamify? an experimental field study of the influence of badges on motivation, activity, and performance in an online learning course [J]. Computers & education, 2018, 118: 25-37.

[150] Lee J J, Hammer J. Gamification in education: what, how, why bother? [J]. Academic exchange quarterly, 2011, 15 (2): 146.

[151] Lehtinen E, Hannula-Sormunen M, McMullen J, et al. Cultivating mathematical skills: from drill-and-practice to deliberate practice [J]. ZDM mathematics education, 2017, 49 (4): 625-636.

[152] Lu Y L, Lien C J. Are they learning or playing? students perception traits and their learning self-efficacy in a game-based learning environment [J]. Journal of educational computing research, 2020, 57 (8): 1879-1909.

[153] Mantawy I M, Rusch C, Ghimire S, et al. Bridging the gap between academia and practice: project-based class for prestressed concrete applications [J]. Education sciences, 2019, 9 (3): 176.

[154] Markham T. Project based learning a bridge just far enough [J]. Teacher librarian, 2011, 39 (2): 38.

[155] Mohamadi Z. Comparative effect of project-based learning and electronic project-based learning on the development and sustained development of English idiom knowledge [J]. Journal of computing in higher education, 2018, 30 (2): 363-385.

[156] Mou T Y. Students' evaluation of their experiences with project-based learning in a 3D design class [J]. The Asia-Pacific education researcher, 2019: 1-12.

[157] Nelson D. Design based learning delivers required standards in all subjects, K12 [J]. Journal of interdisciplinary studies, 2004, 17 (3): 1-9.

[158] Nousiainen T, Kangas M, Rikala J, et al. Teacher competencies in game-based pedagogy [J]. Teaching and teacher education, 2018: 74, 85-97.

[159] Oguz-Unver A, Arabacioglu S. A comparison of inquiry-based learning (IBL), problem-based learning (PBL) and project-based learning (PJBL) in science education [J]. Academia journal of educational research, 2014, 2 (7): 120-128.

[160] Osman K, Lay A N. MyKimDG module: an interactive platform towards development of twenty-first century skills and improvement of students knowledge in chemistry [J]. Interactive learning environments, 2020: 1-14.

[161] Plass J L, Homer B D, Kinzer C K. Foundations of game-based learning [J]. Educational psychologist, 2015, 50 (4): 258-283.

[162] Prensky M. Fun, play and games: what makes games engaging [J]. Digital

game-based learning, 2001, 5 (1): 5 – 31.

[163] Prigmore M, Taylor R, De Luca D. A case study of autonomy and motivation in a student-led game-making project [J]. Computer science education, 2016, 26 (2 – 3): 129 – 147.

[164] Punia S K, Kumar M, Aggarwal J, et al. Object based learning using multi-dimensional games [J]. Journal of discrete mathematical sciences and cryptography, 2020, 23 (2): 509 – 524.

[165] Rajan K P, Gopanna A, Thomas S P. A project based learning (PBL) Approach involving pet recycling in chemical engineering education [J]. Recycling, 2019, 4 (1): 10.

[166] Dajkovic A I, Ruzic M S, Ljujic B. Board games as educational media: Creating and playing board games for acquiring knowledge of history [J]. IARTEM e-journal, 2019, 11 (2).

[167] Rick J, Rogers Y, Haig C, et al. Learning by doing with shareable interfaces [J]. Children, youth, and environments, 2009, 19 (1): 321 – 342.

[168] Ritzer G. Encyclopedia of social theory [M]. Sage Publications, 2005.

[169] Romero M, Arnab S, Mohamad F, et al. Assessment of co-creativity in the process of game design [J]. Electronic journal of e-learning, 2019, 17 (3): 199 – 206.

[170] Roschelle J. Learning by collaborating: convergent conceptual change [J]. The journal of the learning sciences, 1992, 2 (3): 235 – 276.

[171] Sandrone S, Berthaud J V, Carlson C, et al. Active learning in psychiatry education: current practices and future perspectives [J]. Frontiers in psychiatry, 2020 (11): 211.

[172] Schaffer S P, Chen X, Zhu X, et al. Self-efficacy for cross-disciplinary learning in project-based teams [J]. Journal of engineering education, 2012, 101 (1): 82 – 94.

[173] Schutz A. The phenomenology of the social world [M]. Northwestern University Press, 1972.

[174] Sormunen K, Juuti K, Lavonen J. Maker-centered project-based learning in inclusive classes: supporting students active participation with teacher-directed reflective discussions [J]. International journal of science and mathematics

education, 2020, 18 (4): 691-712.

[175] Subhash S, Cudney E A. Gamified learning in higher education: a systematic review of the literature [J]. Computers in human behavior, 2018: 87, 192-206.

[176] Tamim S R, Grant M M. Definitions and uses: case study of teachers implementing project-based learning [J]. Interdisciplinary journal of problem-based learning, 2013, 7 (2): 3.

[177] Thomas J W. Project based learning overview [M]. Novato, CA: Buck Institute for Education, 1998.

[178] Thomas J W. A review of research on project-based learning [M]. San Rafael, CA: The Autodesk Foundation, 2000.

[179] Thomas J W, Mergendoller J R, Michaelson A. Project based learning: a handbook for middle and high school teachers [M]. 1st ed. Novato, CA: Buck Institute for Education, 1999.

[180] Thorndike E L. Animal learning [M]. New York: Hafner, 1911.

[181] Topalli D, Cagiltay N E. Improving programming skills in engineering education through problem-based game projects with Scratch [J]. Computers & education, 2018, 120: 64-74.

[182] Trilling B, Fadel C. 21st century skills: learning for life in our times [M]. 1st ed. San Francisco, CA: Jossey-Bass, 2009.

[183] Uziak J. A project-based learning approach in an engineering curriculum [J]. Global journal of engineering education, 2016, 18 (2): 119-123.

[184] Van den Bossche P, Gijselaers W H, Segers M, et al. Social and cognitive factors driving teamwork in collaborative learning environments: team learning beliefs and behaviors [J]. Small group research, 2006, 37 (5): 490-521.

[185] Vandercruysse S, Vandewaetere M, Cornillie F, et al. Competition and students perceptions in a game-based language learning environment [J]. Educational technology research and development, 2013, 61 (6): 927-950.

[186] Verschuren P. Case study as a research strategy: some ambiguities and opportunities [J]. International journal of social research methodology, 2003, 6 (2): 121-139.

[187] Virtue E E, Hinnant-Crawford B N. Were doing things that are meaningful: student perspectives of project-based learning across the disciplines [J].

Interdisciplinary journal of problem-based learning, 2019, 13 (2): 9.

[188] Vrugte J, de Jong T, Vandercruysse S, et al. How competition and heterogeneous collaboration interact in prevocational game-based mathematics education [J]. Computers & education, 2015, 89: 42 - 52.

[189] Vygotsky L S. Thought and language [M]. revised edition. Cambridge, MA: MIT Press, 1986.

[190] Wang Y H. Integrating games, e-books and AR techniques to support project-based science learning [J]. Educational technology & society, 2020, 23 (3): 53 - 67.

[191] Warin B, Talbi O, Kolski C, et al. Multi-role project (MRP): a new project-based learning method for STEM [J]. IEEE transactions on education, 2015, 59 (2): 137 - 146.

[191] Wrzesien M, Raya M A. Learning in serious virtual worlds: evaluation of learning effectiveness and appeal to students in the E-junior project [J]. Computers & education, 2010, 55 (1): 178 - 187.

[192] Wu W, Luo Y V. Pedagogy and assessment of student learning in BIM and sustainable design and construction [J]. Journal of information technology in construction (ITcon), 2016, 21 (15): 218 - 232.

[193] Yeo J H, Cho I H, Hwang G H, et al. Impact of gender and prior knowledge on learning performance and motivation in a digital game-based learning biology course [J]. Educational technology research and development, 2022, 70 (3): 989 - 1008.

[194] Yin R K. Case study research: design and methods [M]. Sage Publications, 2009.

[195] Yoon D M, Kim K J. Challenges and opportunities in game artificial intelligence education using Angry Birds [J]. IEEE access, 2015 (3): 793 - 804.

[196] Zou D, Zhang R, Xie H, et al. Digital game-based learning of information literacy: effects of gameplay modes on university students learning performance, motivation, self-efficacy and flow experiences [J]. Australasian journal of educational technology, 2021, 37 (2): 152 - 170.

攻读博士期间科研成果

(一) 发表论文

[1] Huang W, Li X, Shang J. Gamified Project-based Learning：A Systematic Review of the Research Lanscape [J]. Sustainability, 2023, 15 (2)：940.

[2] Huang W, Li X, Shang J. Gamified Project-based Learning：A Systematic Review [C]. International Conference on Blended Learning, Springer, Cham, 2022.

[3] Tan S, Huang W, Shang J. Research Status and Trends of the Gamification Design for Visually Impaired People in Virtual Reality [C]. International Conference on Human Computer, Springer, Cham, 2022：637 - 651.

[4] 黄文丹, 高理想, 谭淑方, 等. 新课标背景下游戏化项目式学习课程的设计及应用研究 [D] //第十三届全球华人探究学习创新应用大会 (GCCIL2022) 大会论文集. 金华：华人探究学习学会, 2022：730 - 735.

[5] Huang W, Miao R, Shang J. Research on the Mode and Application of the Combination of Game-based Learning and Project-based Learning [C]. 29th International Conference on Computers in Education, ICCE 2021. Asia-Pacific society for computers in education, 2021：763 - 765.

[6] 黄文丹, 尚俊杰. 技术驱动外语教学：应用及策略研究 [D] //中国高等教育学会学习科学研究分会 2021 学术年会论文集. 中国高等教育学会学习科学研究分会, 2021：265 - 271.

[7] Huang W. The Use of HPT Model to Analyze the Issue of Public School Teacher Turnover in China [C]. Proceedings of the 2020 4th International Conference on Deep Learning Technologies (ICDLT), 2020：69 - 74.

[8] 黄文丹, 缪蓉. 基于新技术环境下的小学英语情境教学探究 [D] //第十三届全球华人探究学习创新应用大会 (GCCIL2019) 大会论文集. 金华：华人探究学习学会, 2019：327 - 334.

（二）参与课题

[1] 教育部教师司委托课题"提升教师学习科学素养研究"（课题编号：JSSKT2020011）。

[2] 北京市海淀区教育科学"十三五"规划群体课题：提升教师学习科学素养：学习科学与课堂教学融合实践研究（课题编号：HDQT202003）。

[3] 北京大学"教学新思路2.0"课题：基于学习科学的高校混合教学设计研究——以《教学设计与教学开发》课程为例（课题编号：2020YB005）。

后　　记

　　在临毕业的深夜里，我常会回望在北京大学校园内度过的那些难忘瞬间。今晚，当笔触触及这段记忆，睡意全无，心潮澎湃，情感涌动。五年的光阴，见证了我的蜕变与成长，心中充满了深深的感激之情。

　　我要特别感谢我的导师尚俊杰教授。在攻读博士学位的岁月里，尚老师为我的研究工作提供了无数关键性的指导，每当我迷茫困惑，他都能指引我找到正确的方向和解决之道，让我重燃希望之光。每回从与尚老师的研讨中走出来，我都仿佛吞下了一颗定心丸，踏实而坚定。尚老师不仅学识渊博，更以其亲和力和温和的语气，在我们日复一日的学术交流中给予我们信心。他竭尽全力地支持我们，鼓励我们珍惜时光，勤奋学习，并在学术研究的各个领域（如研究思路的提出、学术会议与期刊的投稿、实验资源的提供、行业资讯的分享等）给予我们全面的支持。

　　尚老师身上所体现的勤奋踏实、团结互助、体谅分担、宽厚待人、乐于分享等美德，深深影响并激励着我们团队中的每一位成员。我不仅深受其益，更渴望将这些美好品质继续传承，将这份正能量广泛传播，让更多的人感受到它的力量。

　　衷心感谢我的硕士导师缪蓉教授。在她的引导下，我踏上了探索科研的旅程。我发表的第一篇论文，尽管现在看来稍显稚嫩，但其中蕴含着缪老师无私的指导与支持，也见证了我迈出科研生涯的第一步。缪老师总是强调在研究中要深入思考，追求深度与透彻。她的教诲如同明灯，照亮了我前行的道路。缪老师平易近人，她总是很替我们着想，也尽可能地给予我们支持。

　　衷心感谢教育技术系的每一位老师，你们慷慨地分享知识和智慧，让每一堂课都充满了收获。尚老师以其通俗易懂和富有幽默感的授课方式，引领我们深入了解学习科学和游戏化学习；缪老师像揭开神秘面纱一样，将脑科学的深奥知识呈现在我们面前；贾老师通过实践指导，让我们掌握了 RPGMaker、Moodle、EndNote 等软件，以及多种数据分析技巧；筱萌老师不仅传授了"教育创业"的理念，更以她那灿烂的笑容感染了我们每一位学生；汪老师引导我们阅读了一系列教育技术的经典著作,并激励我们追求世界级的研究水平;郭老师带我们穿梭历史,回顾了信息技术在人类历史上的重要革命;赵老师让我们体验了最新教育软件的功能,还教会了我们录制课程的技术;吴峰老师从绩效技术的视角出发,启迪我们对教育的新理解,我的期末作业更是在他的指点下得以发表;王老师系统地教会了我们如何设计一门课程。此外,我也要向其他院系的教师们表达我的感激之情,他们的教诲同样为我带来了宝贵的知识财富……

我要向尚老师团队的伙伴们表达深深的谢意:石祝、若楠师姐、理想、夏琪师姐、玥颖、淑方、鹏鹏、均奕、嘉灵、霍老师、李卓、媛媛、志辉、海那儿老师、李琦老师、秀晗师姐、张露师姐、钰茹、奕霖……正是有了你们的帮助与陪伴,我才能在这个温馨的大家庭中感受到无尽的温暖和力量。虽然未来我们可能各奔东西,但心中的这份深厚情谊将永远不会消逝。同时,我也要感谢教育学院的其他老师们,特别是309、102、203办公室的所有老师,你们总是那么耐心地帮我解决问题,给予我鼓励和支持。你们的笑容,将永远铭记在我心中。

感谢北京人大附中航天城学校的刘姝君老师为我的活动设计提供宝贵的指导意见。感谢参与此次准实验研究的桂林市建安小学的校长、主任、老师,以及学生:唐校长在收到我请求到该校做实验的第二天,就同意让我入校开展研究;李主任在与我进行多次交流后,帮我排除困难,以最快速度启动了研究活动;黄校长在百忙之中,抽出时间与我多次共同讨论活动流程,并组织学生开展活动;学校的学生积极参与此次活动,并配合完成访谈、问卷填写等事项。事实上在与学生的互动中,我们早已成了朋友。活动结束的当天下午,正值学校的自由活动时间,我也准备踏出校门。这时许多学生向我跑来,围着我问什么时候还能再见到我,给他们再组织一次这样的活动。那一刻,我的心里充满不舍与感动。

感谢我的父母和男友。我的每一次成长,都离不开父母的鼓励、支持和信任,他们是我最温暖的避风港,也是我敢做敢闯的坚强后盾。最重要的,是父母的实干、善良、诚信、质朴、宽容等品质为我树立了一个好榜样。我与男友异地恋爱六年,这期间我们周围发生了很多变故,但庆幸我们始终保持着同一个信念,并共同面对和克服。于我而言,他也是我最亲密的战友。今年我们将步入婚姻殿堂,继续携手向前。

感谢曾经给予我帮助的所有人,许多名字未能一一列举,但我始终都记得。感谢自己,尽管博士期间我经常担心自己无法完成好这项研究,但还是会不断给自己打气，克服畏难情绪。更多时候，我将自己的生活调成"静音模式"，在一个个无声的日与夜里默默积淀。同时，感恩拥有这一段难忘的青春岁月，它已幻化成一股坚实的力量，助我在未来的日子里乘风破浪，勇往直前！

最后，我要感谢伟大的祖国赋予我深造的宝贵机会；同时衷心感谢北京大学提供的优越学习环境和卓越平台。愿祖国繁荣昌盛、国泰民安，愿北大校史流芳千载、辉煌永续！

黄文丹
2023 年 3 月